ADVAITA VEDĀNTA

ADVAITA VEDĀNTA

Ser el Ser

Prabhuji

ADVAITA VEDĀNTA
SER EL SER
POR PRABHUJI

Primera edición

Impreso en Round Top, Nueva York, Estados Unidos

Publicado por Prabhuji Mission
Sitio: prabhuji.net

Avadhutashram
PO Box 900
Cairo, NY, 12413
USA

Pintura en la tapa por Prabhuji:
«Soy el que soy»
Acrílico en lienzo, Nueva York
Tamaño del lienzo: 24" x 24"

Library of Congress Control Number: 2019902077
ISBN-13: 978-1-945894-16-9

Índice

Palabras del autor 3

Prefacio 7

Introducción 11

Capítulo 1: ¿Qué es el *vedānta*? 17

Las escuelas ortodoxas y heterodoxas 17

El significado del término *vedānta* 20

¿Qué es el *vedānta*? 22

¿Para quién es el *vedānta*? 25

¿De qué habla el *vedānta*? 26

Brahma-vidyā o 'la sabiduría del Ser' 27

Yoga-vidyā o 'la sabiduría del yoga' 30

Capítulo 2: El conocimiento y la sabiduría 33

Jñāna y *ajñāna* o 'el conocimiento' y 'la ignorancia' 33

La comprensión 36

Conocimiento trascendental y relativo 38

El conocimiento y la sabiduría 40

Capítulo 3: *Ātma-vicāraṇa* o 'la autoinvestigación' 43

Capítulo 4: La literatura sagrada 55

Los Vedas 57

Las secciones de cada Veda 65

Tri-vidyā o 'tres clases de conocimiento' 67

Los *vedāṅgas* y los *upāṅgas* 70
El triple canon vedántico 72
Los *upaniṣads* 73
Los *prakaraṇa-granṭhas* 79

Capítulo 5: Brahman 81
Saguṇa-brahman 85
Nirguṇa-brahman 87
Brahman es *sac-cid-ānanda* 92
Sat - Brahman es existencia 92
Cit - Brahman es consciencia 93
Ānanda - Brahman es dicha 94
Lo manifestado y lo no manifestado 95

Capítulo 6: La ilusión o *māyā* 99

Capítulo 7: Dios (Īśvara) y el alma (*jīva*) 113

Capítulo 8: El mundo o *jagat* 123
Los niveles de realidad 125
Mithyā o 'no real' 129
Los cinco factores del universo objetual 130
El sustrato (*adhiṣṭāna*), la apariencia (*āropita*) y la superimposición (*adhyāsa*) 133

Capítulo 9: La causalidad del *vedānta* o *vivarta-vāda* 137

Capítulo 10: La creación según el *advaita* 149

Capítulo 11: Una visión científica de nuestra percepción del mundo 161

Capítulo 12: Las metas de los seres humanos o *puruṣārthas* 171
Los *puruṣārthas* o 'las metas de los seres humanos' 173
Artha o 'la riqueza' o 'la seguridad' 174
Kāma o 'el placer' 177
Dharma o 'la ética' o 'rectitud' 182
Mokṣa o 'la liberación' 188

Capítulo 13: Las cinco aflicciones o *kleśas* 193
La ignorancia o *avidyā* 194
El egoísmo o *asmitā* 206
La atracción y la repulsión, o *rāga* y *dveṣa* 207
Abhiniveśa o 'el apego a la vida' 210
La visión vedántica 213

Capítulo 14: La disciplina espiritual cuádruple o *sādhana-catuṣṭaya* 219
1. *Viveka* o 'el discernimiento' 224
2. *Vairāgya* o 'desapasionamiento, desapego' 229
3. *Ṣaṭ-sampat* o 'el tesoro de las seis virtudes' 232
3.1. *Śama* o 'serenidad' 233
3.2. *Dama* o 'control de los sentidos' 234
3.3. *Uparati* o 'renuncia al deseo mundano' 236
3.4. *Titikṣā* o 'tolerancia' 238
3.5. *Śraddhā* o 'confianza' o 'fe' 240
3.6. *Samādhāna* o 'la atención al Ser' 243
4. *Mumukṣutva* o 'la aspiración a la liberación' 244

Capítulo 15: Las disciplinas en la vía del autodescubrimiento 249
1. *Śravaṇa* o 'audición' 251
2. *Manana* o 'reflexión' 253
3. *Nididhyāsana* o 'meditación vedántica' 254
4. *Ātma-sākṣātkāra* o 'la percepción directa del Ser' 255

Capítulo 16: La epistemología vedántica 259
Āroha-panthā o 'método ascendente' 260
Avaroha-panthā o 'el método descendente' 264
Pramāṇas o 'los medios de adquirir conocimiento' 265

Capítulo 17: La consciencia 269

Capítulo 18: La liberación o *mukti* 277
Jīvan-mukta o 'el liberado en vida' 281
Mumukṣu o 'el aspirante idóneo' 285
La Verdad no es un medio 287
La motivación del buscador 288

Epílogo 291
Aceptar la soledad 289
Solo la realidad es 295

Apéndice: La vida y obra de Śrī Śaṅkarācārya 299
Pronunciación del idioma sánscrito 344
Sobre Prabhuji 351
Sobre la Misión Prabhuji 365
Sobre el Avadhutashram 367
El Sendero Retroprogresivo 369
Prabhuji hoy 371

ॐ अज्ञानतिमिरान्धस्य ज्ञानाञ्जनशलाकया ।
चक्षुरुन्मीलितं येन तस्मै श्रीगुरवे नमः ॥

oṁ ajñāna-timirāndhasya
jñānāñjana-śalākayā
cakṣur unmīlitaṁ yena
tasmai śrī-gurave namaḥ

Reverencias a ese santo Gurú que, aplicando el ungüento [medicina] del conocimiento [espiritual], elimina la oscuridad de la ignorancia de los cegados [no iluminados] y les abre los ojos.

Este libro está dedicado, con profundo agradecimiento y eterno respeto, a los santos pies de loto de mis amados maestros Su Divina Gracia Avadhūta Śrī Brahmānanda Bābājī Mahārāja (Guru Mahārāja) y Su Divina Gracia Bhakti-kavi Atulānanda Ācārya Mahārāja (Gurudeva).

Palabras del autor

La historia de mi vida no es más que un largo viaje, desde lo que creía ser, hasta lo que realmente soy... un auténtico peregrinaje, tanto interior como exterior. Es un relato de trascendencia de lo personal y lo universal, de lo parcial y lo total, de lo ilusorio y lo real, de lo aparente y lo verdadero. Mi vida es un vuelo más allá de lo temporal y lo eterno, de la oscuridad y la luz, de lo humano y lo divino. Esta historia no es pública, sino profundamente privada e íntima.

Solo lo que empieza, termina; solo lo que principia, finaliza. Pero quien vive en el presente no nace ni muere, porque lo que carece de comienzo no perece jamás.

Soy discípulo de un veedor, de un ser iluminado y de alguien que es nadie. Fui iniciado en mi infancia espiritual por la luz de la luna. Me inspiré en una gaviota que más que ninguna otra cosa en la vida amaba volar.

Enamorado de lo imposible, atravesé el universo obsesionado por una estrella. Anduve infinitos senderos, siguiendo las huellas de quienes pudieron ver… Cual océano que anhela el agua, busqué mi hogar dentro de mi propia casa.

Soy un simple intermediario que comparte su experiencia con los demás. No soy guía, *coach*, profesor, instructor, educador, psicólogo, iluminador, pedagogo, evangelista, rabino, *posek halajá*, sanador, terapeuta, satsanguista, psíquico, líder, médium, salvador ni gurú. Soy solo un caminante a quien puedes preguntarle sobre la dirección que buscas. Con gusto te señalo un lugar donde todo se calma al llegar... más allá del sol y las estrellas, de tus deseos y anhelos, del tiempo y el espacio, de los conceptos y conclusiones y más allá de todo lo que crees ser o imaginas que serás.

Soy solo un capricho o quizás un chiste del cielo y el único error de mis amados maestros espirituales.

Conscientes del abismo que separa la revelación y nuestras obras, vivimos en un intento frustrado de expresar con fidelidad el misterio del espíritu.

Pinto suspiros, esperanzas, silencios, aspiraciones y melancolías... paisajes interiores y atardeceres del alma. Soy pintor de lo indescriptible, lo inexpresable, lo indefinible e inconfesable de nuestras profundidades... O quizás solo escribo colores y pinto palabras.

Desde la infancia, ventanitas de papel cautivaron mi atención; a través de ellas recorrí lugares, conocí personas e hice amistades. Aquellas *maṇḍalas* diminutas han sido mi verdadera escuela primaria, mi escuela secundaria y mi universidad. Cual avezados maestros, esas *yantras* me han guiado a través de la contemplación, la atención, la concentración, la observación y la meditación.

Al igual que un médico estudia el organismo humano, o un abogado estudia leyes, he dedicado mi vida al estudio de mí mismo. Puedo decir con certeza que sé lo que reside y vive en este corazón.

No es mi intención convencer a nadie de nada. No ofrezco ninguna teología o filosofía, ni predico o enseño, sino que solo pienso en voz alta. El eco de estas palabras puede conducir a ese infinito espacio donde todo es paz, silencio, amor, existencia, consciencia y dicha absoluta.

No me busques a mí. Búscate a ti. No me necesitas a mí ni a nadie, porque lo único que realmente importa eres tú. Lo que anhelas yace en ti, aquí y ahora, como lo que eres.

No soy un mercader de información repetida, ni pretendo hacer negocio con mi espiritualidad. No enseño creencias ni filosofías. Solo hablo de lo que veo y únicamente comparto lo que sé.

Escapa de la fama, porque la verdadera gloria no se basa en la opinión pública, sino en lo que eres en realidad. Lo importante no es lo que otros piensen de ti, sino tu propia apreciación acerca de quién eres.

Elige la dicha en vez del éxito, la vida en lugar de la reputación, la sabiduría por encima de la información. Si tienes éxito, no conocerás solo la admiración, sino también los verdaderos celos. Sin embargo, la envidia es el tributo de la mediocridad al talento y una aceptación abierta de la propia inferioridad.

Te aconsejo volar libremente y jamás temer equivocarte. Aprende el arte de transformar tus errores en lecciones. Jamás culpes a otros de tus faltas: recuerda que asumir la completa responsabilidad de tu vida es un signo de madurez. Volando aprendes que lo importante no es tocar el cielo, sino poseer el valor para desplegar tus alas. Cuanto más alto te eleves, el mundo te parecerá más graciosamente pequeño e insignificante. Caminando, tarde o temprano comprenderás que toda búsqueda comienza y finaliza en ti.

Tu bienqueriente incondicional,
Prabhuji

Prefacio

nāsad āsīn no sad āsīt tadānīm
nāsīd rajo no vyomā paro yat
kim āvarīvaḥ kuha kasya śarmann
ambhaḥ kim āsīd gahanam gabhīram

Entonces no existía lo existente ni lo inexistente. No existía el espacio etéreo, ni la bóveda celeste que está más allá de este. ¿Qué cubría? ¿Dónde? ¿Bajo la protección de quién? ¿Existía el agua, insondable y profunda?

(*Ṛg Veda*, 10.129.1)

La búsqueda de la realidad ha apasionado a muchos desde los primeros albores de la humanidad. El legado de dicha pasión son los grandes monumentos escriturales como la Biblia, el Corán, el Zend Advesta, el Dhammapada, el Tao Te Ching y demás. Pilato pregunta en el Evangelio de Juan (18:38), «¿qué es la Verdad?». Esta pregunta ha despertado enconados debates entre teólogos, filósofos, lógicos y estudiosos.

La Verdad absoluta es inmodificable y completamente indiferente a los cambios de tiempo, espacio y circunstancias. El *advaita vedānta,* o '*vedānta* no dual', la denomina *Brahman*. La realidad es permanente y no está sujeta a modificaciones. Obviamente, si algo cambia de la noche a la mañana no debe ser aceptado como verídico. Podemos soñar que somos una mariposa, un pez, o incluso Superman, pero al despertar, recuperamos nuestra identidad anterior. Por lo tanto, distinguimos entre la realidad cotidiana y los sueños porque estos últimos son ficticios.

A la luz de lo mencionado, ¿acaso el mundo que percibimos puede considerarse real? El *advaita* postula que lo que percibimos a través de los sentidos es ilusorio porque está sujeto a cambio constante. En otras palabras, ningún fenómeno temporal debe ser considerado real.

Podemos percibir el movimiento de las manecillas del reloj porque la esfera del reloj permanece estática. De la misma manera, la percepción de cualquier movimiento requiere tanto un elemento cambiante como un componente invariable. La esfera de nombres y formas es mudable o ilusoria, mientras que la realidad es el fundamento inmutable. El *Vedānta Sūtra* declara de manera enfática *athāto brahma jijñāsā* o «ahora investigaremos a Brahman, o 'lo absoluto'» y sugiere explorar el trasfondo permanente del mundo, es decir, el fundamento inmutable del universo entero.

Toda búsqueda de la realidad basada únicamente en la lógica es infructuosa, porque la mente es capaz de argumentar en favor de cualquier verdad, como los sofistas solían hacer. Sin embargo, el buscador sincero intuye lo trascendental y formula la misma pregunta que Miguel de Unamuno en su libro *Del sentimiento trágico de la vida*: «¿Es solo verdadero lo racional? ¿Podría haber una realidad que por su naturaleza es inasequible a la razón y tal vez incluso opuesta a ella?».

Mientras no logremos trascender el nivel mental —saturado de ideas, conceptos, conclusiones e hipótesis lógicas— continuaremos desarrollando meras teorías filosóficas. Una demanda de Verdad mezquina solo originará nuevas doctrinas. El fruto de una débil urgencia de realidad es solo otra filosofía. Pero la sed sincera y honesta de la Verdad desemboca en una visión reveladora de la realidad que trasciende el pensamiento.

La mente es memoria; es la bodega de nuestro pasado, y como tal, es un instrumento inadecuado para buscar lo desconocido. Siendo la mente un producto del pasado, lejos de aspirar a la realidad, solo puede soñar con sus propias proyecciones; es incapaz de encontrar la Verdad y ni siquiera puede buscarla: no busca lo desconocido sino lo opuesto a lo conocido.

Para explicarlo en las palabras de Alejandro Jodorowsky: «Los Buscadores de la Verdad, dándose cuenta de que era imposible encontrarla, se convirtieron en Buscadores de la Mentira. A medida que la descubrían y la eliminaban, se iban esfumando. Al desaparecer ellos, brilló la Verdad».

La mayoría de los buscadores espirituales confeccionan un concepto mental de la iluminación basado en libros y charlas. Al perseguir la iluminación, no aspiran a un estado de consciencia puro sino a su propia versión de este. Pero cualquier esfuerzo por lograr la iluminación es superfluo, porque la consciencia ya es: ya somos aquello que ambicionamos ser.

Cuando esta búsqueda nazca de una genuina necesidad existencial de descubrimiento, continuará hasta que acaricie la realidad. Solo una búsqueda vital, seria y sincera puede concluir en la luz de lo que es, tal como es.

Introducción

Jñāna significa literalmente 'conocimiento', 'sabiduría', 'comprensión' o 'cognición', que se refiere a un conocimiento existencial. Los griegos denominaban *epiginosko* (ἐπιγινώσκω) a este poder revelador. La palabra *yoga* significa 'unión'. Así, *jñāna-yoga* es un sendero que apunta a realizar la unión esencial entre la parte y el Todo mediante el conocimiento. Es una de las cuatro vías yóguicas clásicas de desarrollo, la cual desemboca en la disolución de la ignorancia y la revelación no solo de que el mundo es una proyección ilusoria sino de que nuestra auténtica naturaleza es Brahman.

El *jñāna-yoga* está estrechamente asociado con el *advaita*, o la línea del *vedānta* que reconoce una única realidad tras este universo de nombres y formas. Este sistema yóguico constituye el aspecto práctico de la escuela del *vedānta*. Según la visión del *jñāna*, el Ātman reside en todo lugar y en toda criatura.

Esta vía de sabiduría te lleva a descubrir que el centro de tu existencia no es solo tuyo, sino que es el centro de todo lo que existe: el Ser o la consciencia. Propone restructurar la concepción occidental de la consciencia. Desde nuestra perspectiva dual y relativa, consideramos que la consciencia es una facultad o capacidad que poseemos. Pero desde la perspectiva absoluta, es la consciencia la que nos posee a nosotros; la consciencia no nos pertenece, sino que somos nosotros quienes le pertenecemos a ella. Ella nos precede, ya que, como mentes, ocupamos un lugar subsecuente en el proceso de la manifestación cósmica.

El *jñāna-yoga* es considerada una senda destructiva, dado que contribuye a la evaporación de nuestro habitual estado cognitivo de sujeto-objeto. Nos anima a cuestionar la fuente de nuestra existencia porque su enseñanza básica es que nuestra verdadera naturaleza es divina, la realidad última que yace en lo profundo de cada criatura viviente.

Aunque el *jñāna-yoga* es el sendero de la sabiduría por excelencia, cabe aclarar que no se trata del conocimiento que es conocido por un conocedor; sino que es la sabiduría que elimina toda diferencia entre el conocimiento, el conocedor y lo conocido. *Jñāna* no es el resultado del pensamiento sino de la toma de consciencia de la realidad.

Muchos consideran que embarcarse en una búsqueda interna es un acto egoísta. Sin embargo, examinar nuestra propia consciencia es una indagación universal y no personal. Al observar, caen los muros que demarcan nuestra supuesta individualidad y se evaporan las diferencias. Obviamente, lo que intuimos está más allá del dominio mental y no acepta definición alguna. Sin embargo, no debemos frustrarnos por esta incapacidad de verbalizarlo, ya que estamos buscando precisamente lo inefable.

El *jñāna-yoga* apunta hacia *aparokṣa anubhava*, o 'la experiencia directa de nuestra propia autenticidad': a realizar a *ātman*, como la realidad absoluta, o Brahman.

En el *Kaṭha Upaniṣad* leemos:

nāyam ātmā pravacanena labhyo
na medhayā na bahunā śrutena
yam evaiṣa vṛṇute tena labhyaḥ
tasyaiṣa ātmā vivṛṇute tanūm svām

> Este Ser no puede ser alcanzado mediante el estudio de las escrituras, mediante la percepción intelectual o escuchando (sobre este) de manera frecuente; solo puede alcanzarlo aquel a quien el Ser elige. A él, el Ser le revela su verdadera naturaleza.
>
> (*Kaṭha Upaniṣad*, 1.2.23)

El *jñāna-yoga* no aspira al conocimiento intelectual, pero en lugar de rechazar la mente, la utiliza para alcanzar un proceso evolutivo más amplio. El intelecto explora y examina su propio funcionamiento. Más que una investigación filosófica, el *vedānta* promueve una autoindagación: un estudio del acto cognitivo mismo.

El estudio de los *upaniṣads* es un aspecto importante de este sendero, pero es un error creer que la erudición será suficiente para conducirnos a la autorealización. Las escrituras, las enseñanzas del maestro y la *sādhana* están destinadas a despertar la memoria del discípulo. El ego es solo olvido o amnesia. Esta sabiduría no puede ser inculcada como en la escuela, porque el *jñāna-yoga* no es un proceso de estudio sino más bien de recuerdo de lo que realmente somos, de nuestra auténtica naturaleza.

En la actualidad, adquirimos conocimiento mucho más rápido que sabiduría. Nuestra habilidad nos permite fabricar teléfonos celulares, pero nuestras conversaciones carecen de profundidad. Armamos computadoras avanzadas, pero terminamos perdiendo el tiempo en juegos. Hemos hecho grandes progresos en la superficie, pero estamos estancados internamente. Aunque hemos madurado superficialmente, estamos estancados en la niñez en el ámbito psicológico y espiritual.

Cuando nos aburríamos de niños, buscábamos de manera obsesiva formas de matar el tiempo. Ya en la edad adulta, algunos acuden a periódicos, radio, televisión, computadoras, y otros a la espiritualidad. Muchos han convertido la búsqueda de la Verdad en una diversión que consiste en 'vitrinear' en diferentes retiros, cursos, maestros, libros y demás. Si nuestra vida espiritual es solo otra recreación, la búsqueda se limitará a la palabrería y, con toda seguridad, nos mantendrá en la superficie. Al usar la vida espiritual como un entretenimiento, convertimos a Dios en otra diversión y la iluminación en una simple fuente de placer.

El misterio de lo desconocido no se rastrea de la misma manera que el dinero, la fama o el sexo. La mente no puede buscar lo que desconoce; solo desea aquello que logra proyectar desde su propio contenido. Si intentamos pensar en Dios, terminamos con una proyección mental de nuestro pasado. Pensar acerca de la Verdad se convierte en un trabajo relacionado con una herencia cultural de nuestra sociedad. La Verdad no acepta objetualización y, por ende, no puede ser buscada. Una vez encontrada, pierde su vitalidad. En esta vida, la consciencia es lo único que, a pesar de ser indefinible, es imposible de ignorar.

La Verdad se revela por sí misma cuando cesa toda búsqueda. Al dejar de perseguir nuestras proyecciones mentales de la Verdad, nos damos cuenta de que estamos iluminados. Tal como lo expresa el Maestro Kokuan en *Los diez cuadros del pastoreo del buey* de la tradición *Zen*:

> La mediocridad ha desaparecido. La mente está limpia de limitación. No busco ningún estado de iluminación; tampoco permanezco donde no existe la iluminación. Como no persisto en ninguna condición, los ojos no pueden verme. Si cientos de pájaros cubriesen mi camino de flores, semejante alabanza carecería de sentido.

Como una entidad egoica, eres una ilusión; un ser irreal no puede pretender ser auténtico. La Verdad solo puede revelarse en un momento libre de lo conocido, de la memoria, del pasado. No podemos buscar, alcanzar, lograr ni saber la Verdad: solo podemos serla. De pronto, notamos que somos aquello que ambicionamos. Obviamente, no podemos encontrar la Verdad buscándola, pero sin la búsqueda jamás la encontraríamos.

Capítulo 1

¿Qué es el *Vedānta*?

Las escuelas ortodoxas y heterodoxas

La filosofía hindú incluye escuelas ortodoxas (*āstikas*), basadas en los Vedas, y escuelas heterodoxas (*nāstikas*), que no aceptan la autoridad espiritual védica.

Sanātana-dharma, o hinduismo como se denomina en la actualidad, es un término colectivo que incluye a seis escuelas ortodoxas, también llamadas *ṣad-darśanas* o *ṣat-śāstras*. El *Haya-śīrṣa Pañcarātra* las enumera del siguiente modo:

gautamasya kaṇādasya
kapilasya patañjaleḥ
vyāsasya jaimineś cāpi
darśanāni ṣad eva hi

Las *darśanas* son de hecho seis: la de Gautama (*nyāya*), Kaṇāda (*vaiśeṣika*), Kapila (*sāṅkhya*),

Patañjali (*yoga*), Vyāsa (*uttara-mīmāṁsā*) y Jaimini (*pūrva-mīmāṁsā*).

(*Haya-śīrṣa Pañcarātra*)

- *Nyāya,* fundada por Gautama Ṛṣi, explora las fuentes de conocimiento.
- *Vaiśeṣika,* fundada por Kaṇāda Ṛṣi, es un sistema empírico de atomismo.
- *Sāṁkhya,* fundada por Kapila Muni, es un sistema que postula el dualismo de la consciencia y la materia.
- *Yoga,* fundada por Patañjali Maharṣi, es una escuela que enfatiza la concentración, la contemplación y la meditación.
- *Pūrva-mīmāṁsā,* fundada por Jaimini, explica los mantras del *Ṛg Veda* que se entonan en sacrificios de fuego. Este sistema no acepta la mística ni el ascetismo.
- *Uttara-mīmāṁsā* o *vedānta,* fundada por Bādarāyaṇa o Vyāsa, enseña la sabiduría revelada principalmente en los *āraṇyakas* ('Escrituras del Bosque') y los *upaniṣads.* La filosofía *vedānta* incluye tres principales escuelas: la dualista (*dvaita*) de Mādhavācārya, la monista cualificada (*viśiṣṭādvaita*) de Rāmānujācārya, y la monista (*advaita*) de Śaṅkarācārya, que es la escuela analizada con detenimiento en este libro.

Los primeros cuatro sistemas filosóficos aceptan la autoridad de los Vedas, pero no derivan sus principios filosóficos de ellos. Por su parte, las últimas dos se basan textualmente en los Vedas.

akṣapādaḥ kaṇādaś ca
kapilo jaiminis tathā
vyāsaḥ patañjaliś caite
vaidikāḥ sūtra-kārakāḥ

bṛhaspaty ārhatau buddho
veda-mārga-virodhinaḥ
ete 'dhikāritāṁ vīkṣya
sarve śāstra-pravartakāḥ

Akṣapāda (o Gautama), Kaṇāda, Kapila, Jaimini, Vyāsa y Patañjali son todos ellos autores de los *sūtras* filosóficos y creen en los Vedas. Bṛhaspati, Ārhata (Jina) y Buda se oponen al sendero religioso de los Vedas. En vista de la variada idoneidad de los individuos, todos se han convertido en expositores de sistemas autorizados de religión y filosofía.

(*Sarva-siddhānta-saṅgraha*, 1.23-24)

Las escuelas *nāstikas* mencionadas son:

- *Cārvāka*, que es un sistema de pensamiento materialista que acepta el libre albedrío.
- Budismo.
- Jainismo.
- *Ājīvika* es una filosofía materialista que niega el libre albedrío.

El significado del término *vedānta*

Etimológicamente, el término *vedānta* está compuesto de las palabras *veda* (conocimiento, sabiduría) y *anta* (final, conclusión). *Vedānta* tiene dos significados:

1. El conocimiento espiritual más elevado o la culminación de la sabiduría.
2. La parte de los Vedas que se escribió en último lugar, ya que el *vedānta* se basa en los *upaniṣads*, la última sección de los Vedas.

En el *Muktikā Upaniṣad*, encontramos este término usado con ambos significados. Hanumān le pregunta al Señor Rāma acerca de su naturaleza o estado y los medios para la liberación. Él responde:

sādhu pṛṣṭaṁ mahā-bāho
vadāmi śṛṇu tattvataḥ
vedānte supratiṣṭho 'haṁ
vedāntaṁ samupāśraya

vedāntāḥ ke raghu-śreṣṭha
vartante kutra te vada
hanūmañ chṛṇu vakṣyāmi
vedānta-sthitim añjasā

niśvāsa-bhūtā me viṣṇor
vedā jātāḥ suvistarāḥ
tileṣu tailavad vede
vedāntaḥ supratiṣṭhitaḥ

rāma vedāḥ kati vidhās
teṣāṁ śākhāś ca rāghava
tāsūpaniṣadāḥ kāḥ syuḥ
kṛpayā vada tattvataḥ

«Buena pregunta». Te diré: «estoy bien establecido en el *vedānta*». [Hanumān preguntó:] «¡Oh, el mejor entre los Raghus! Por favor, dime, ¿qué son los *vedāntas* y dónde se hallan?» [Rāma respondió] «Los Vedas, en toda su extensión, son mi aliento, el *vedānta* está bien establecido en ellos, como el aceite en el sésamo. ¡Oh, Rama! Por favor, dime cuántos son los Vedas y cuántas ramas tienen. De estos, ¿qué son los *upaniṣads*?».

(*Muktikā Upaniṣad*, 1.7-10)

Otro nombre de la escuela *vedānta* es *uttara-mīmāṁsā*, o 'superación del *mīmāṁsā*', con el fin de contraponerlo a la antigua doctrina *mīmāṁsā*. Para diferenciar al nuevo *vedānta*, se acuñó el retrónimo *pūrva-mīmāṁsā* que significa 'el *mīmāṁsā* previo, anterior o antiguo'.

Śaṅkarācārya define el término *vedānta* en relación con el *uttara-mimāṁsa* en su descripción general de las escuelas filosóficas de la India, llamada *Sarva-siddhānta-saṅgraha*:

bhavaty uttara-mīmāmsā
tvaṣṭādhyāyī dvidhā ca sā
devatā-jñāna-kāṇḍābhyām
vyāsa-sūtra dvayos samam

pūrvādhyāya-catuṣkeṇa
mantra-vācyātra devatā
saṅkarṣaṇoditā taddhi
devatā-kāṇḍam ucyate

bhāṣya caturbhir adhyāyair
bhagavat-pāda-nirmitam
cakre vivaraṇa tasya
tad vedānta pracakṣate

El *uttara-mīmāṁsā* consta de ocho capítulos y se divide en dos secciones: *devatā-kāṇḍa* (la sección de las deidades) y *jñāna-kāṇḍa* (la sección de la sabiduría). Ambas secciones contienen *sūtras* compuestos por Vyāsa. En los primeros cuatro capítulos, las deidades mencionadas en los mantras (védicos) son descritas por Śaṅkarṣṇa (Vyāsa), por lo tanto, se denomina *devatā-kāṇḍa*. Posteriormente, Bhagavatpāda (Vyāsa) compuso un comentario de cuatro capítulos. Su explicación de esta sabiduría se llama *vedānta*.

(*Sarva-siddhānta-saṅgraha*, 1.20-22)

¿Qué es el *vedānta*?

Los estudiosos occidentales de indología consideran que el *vedānta* es una filosofía, una escuela de pensamiento o un sistema teológico. Este libro no presenta una perspectiva académica del *vedānta*, sino la visión que la tradición vedántica alberga sobre sí misma. El *vedānta* se autodefine como un instrumento de conocimiento, o *pramāṇa*, que ofrece un método revelado por una fuente no humana para experimentar nuestra auténtica naturaleza divina.

> *vedanto nāmopaniṣat-pramāṇaṁ tad upakārīṇi śārīraka-sūtrādīni.*
>
> El *vedānta* es el medio de conocimiento (*pramāṇa*) de los *upaniṣads*. El *Śāriraka Sūtra* y otros libros ayudan a exponer correctamente su significado.
>
> (Śrī Sadānanda Yogindra Sarasvatī, *Vedānta-sāra*, 3)

El *vedānta* es un *sampradāya*, o 'una tradición de enseñanza oral', transmitida a lo largo de una cadena de sucesión discipular (*evaṁ paramparā-prāptam*, *Bhagavad-gītā*, 4.2).

El hinduismo no cuenta con figura autoritaria como el Papa en el catolicismo. Diferentes linajes interpretan las escrituras según sus propias perspectivas. Originalmente, las familias enviaban a sus hijos pequeños a vivir con gurús que impartían educación espiritual. El discípulo solía residir en el *guru-kula* (la casa del maestro) durante por lo menos doce años, desde la niñez hasta la juventud. El programa de estudios de un *āśrama* incluía adoración, *haṭha-yoga*, sánscrito, música, las sagradas escrituras y los valores esenciales como veracidad, compasión, no violencia, etcétera. Esta educación era de carácter integral e incluía diferentes aspectos de la vida. El aprendizaje junto a un maestro vincula la enseñanza teórica e intelectual con la formación del discípulo.

Hoy en día, la mayoría de las personas carecen de tiempo para afrontar el entrenamiento espiritual adecuado. El estudio del *vedānta*, o en general de la vida espiritual, se ha vuelto más bien un pasatiempo o un hobby. Cuando el *vedānta* se enseña a través de libros o conferencias en internet, las enseñanzas se simplifican para llegar a un público más amplio que no accedería a este conocimiento por otros medios. Quien no haya trabajado de manera directa y personal con un maestro espiritual no podrá entender por qué no se puede aprender *vedānta* solamente de una pantalla.

Como nos instruye bellamente el *Muṇḍaka Upaniṣad*:

parīkṣya lokān karma-citān brāhmaṇo
nirveda-māyān nāsty akṛtaḥ kṛtena
tad vijñānārthaṁ sa gurum evābhigacchet
samitpāṇiḥ śrotriyaṁ brahma-niṣṭham

> Dejemos que un *brāhmaṇa* que haya examinado los mundos producidos por el karma esté libre de deseos, pensando, "no hay nada eterno producido por el karma"; y para adquirir el conocimiento de lo eterno, que, con el combustible en sus manos para el sacrificio, se acerque a un gurú que esté bien versado en los Vedas y situado en Brahman.
>
> (*Muṇḍaka Upaniṣad*, 1.12)

Sin duda, el *vedānta* no es una filosofía popular destinada a las masas porque no es solo teoría sino también práctica. La teoría podría aprenderse de un libro, pero el aspecto práctico solo se asimila viviendo con un maestro espiritual realizado que pertenezca a una línea de sucesión discipular. El proceso de aprendizaje se desarrolla en el marco de una relación personal entre maestro y discípulo. No en vano la palabra *upaniṣad* significa 'sentarse junto al maestro'.

¿Para quién es el *vedānta*?

vivekino viraktasya
śamādi guṇa-śālinaḥ
mumukṣor eva hi brahma-
jijñāsā-yogyatā matā

> Solo una persona dotada de discriminación y desapasionamiento, que posee la calma y las virtudes afines, y anhela la liberación, es considerada cualificada para indagar sobre Brahman.
>
> (*Viveka-cūḍāmaṇi*, 17)

El *vedānta* está destinado a buscadores de la Verdad, es decir, a quienes desean conocer su propia realidad y la realidad de todo. Solo quien aspira a la liberación, o *mokṣa*, es apto para el *vedānta*. ¿Liberación de qué? Liberación del condicionamiento limitante, en otras palabras, de la mente. Tan solo para aspirar a la liberación de los condicionamientos, se requiere un elevado nivel espiritual. A este ser avanzado, se lo denomina en sánscrito *mumukṣu*, palabra que proviene de la raíz *muc* que significa 'liberar'.

Además de deseo de liberación, un *mumukṣu* debe poseer las cualidades necesarias para asimilar las enseñanzas. Algunas de dichas cualidades, poco desarrolladas en la mayoría de las personas, son desapasionamiento, desapego, compromiso firme con la liberación, estabilidad mental, y demás. Las escrituras detallan las cualidades que se requieren para emprender este sendero retroprogresivo.

¿De qué habla el *vedānta*?

El renombrado maestro vedántico Sadānanda Yogīndra Sarasvatī explicó el tema del *vedānta* al comienzo de su libro *Vedānta-sāra*:

> *viṣayaḥ— jīva-brahmaikyaṁ śuddha-caitanyaṁ prameyaṁ tatra eva vedāntānāṁ tātparyāt.*
>
> El tema [del *vedānta*] es probar la identidad del ser individual y Brahman, que es de la naturaleza de la consciencia pura y debe realizarse. Porque, de hecho, este es el significado de los textos *vedānta*.
>
> (*Vedānta-sāra*, 27)

> *prayojanaṁ tu— tad aikya-prameya-gatājñāna-nivrittiḥ sva-svarūpānandāvāptiś ca "tarati śokam ātma-vit" (Cha. U. 7.1.3) ity ādi-śruteḥ*

"brahma-vid brahma iva bhavati" (Muṇḍ. U., 3.2.9) ity ādi-śruteś ca.

La necesidad [del estudio del *vedānta*] es disipar la ignorancia relacionada con esa identidad que se va a realizar, así como el logro de la dicha resultante de la realización del propio Ser. Como en estos pasajes del *śruti*: «El conocedor del Ser supera el dolor» (*Chāndogya Upaniṣad*, 7.1.3), «Aquel que conoce a Brahman se convierte en Brahman» (*Muṇḍaka Upaniṣad*, 3.2.9).

(*Vedānta-sāra*, 29)

El *vedānta* trata dos temas centrales: *Brahma-vidyā* y *yoga-vidyā*.

Brahma-vidyā o 'la sabiduría del Ser'

tasmai sa vidvān-upasannāya samyak
praśānta-cittāya śamānvitāya
yenākṣaraṁ puruṣaṁ veda satyaṁ
provāca tāṁ tattvato brahma-vidyām

A aquellos que se han acercado así, cuyos corazones están bien subyugados y que tienen control sobre sus sentidos, que se les enseñe verdaderamente el *Brahma-vidyā* por el cual se conoce al verdadero Puruṣa inmortal.

(*Muṇḍaka Upaniṣad*, 13)

Vidyā significa 'conocimiento', mientras que Brahma o Brahman es la esencia y el fundamento de todo y de todos los seres. Brahman es un término sánscrito que proviene de la raíz *bṛh*, que significa 'expandirse' o 'difundir'. Etimológicamente, Brahman quiere decir 'expansión' o 'difusión'. Esta palabra indica que Brahman es omnipresente y trasciende toda limitación de espacio, tiempo y causalidad. Brahman es infinito, ya que no está limitado por el espacio; es eterno, puesto que trasciende el tiempo; es inmutable, dado que está más allá de la causalidad.

No podremos alcanzar *brahma-vidyā*, o 'la sabiduría del Ser', exclusivamente a través del esfuerzo mental o del estudio intelectual. El *jñāna-yoga* es mucho más que una teoría, filosofía, doctrina, o conocimiento lógico deductivo: es una visión existencial. No es cuestión de comprender o de saber algo, sino de serlo, y ese es uno de sus importantes mensajes.

El Señor Kṛṣṇa declara:

sarvasya cāhaṁ hṛdi sanniviṣṭo
mattaḥ smṛtir jñānam apohanaṁ ca
vedaiś ca sarvair aham eva vedyo
vedāntakṛd vedavid eva cāham

Yo me encuentro situado en todos los corazones. Yo soy el origen del recuerdo, la sabiduría y el olvido. Es a mí a quien hay que conocer a través de todos los Vedas. De hecho, yo soy el compilador del *vedānta* y el conocedor de los Vedas.

(*Bhagavad-gītā*, 15.15)

Es decir que el Señor Kṛṣṇa nos informa que «es a mí» —al Ser— a quien se debe conocer a través de los Vedas; y el *jñāna-yoga* consiste exactamente en eso: en percibir nuestro verdadero y auténtico yo, el Ser infinito. Realizarlo es experimentar la divinidad; es realizar a Dios...

En el texto del *Gītā* mencionado, Kṛṣṇa declara que es el origen del recuerdo... porque, de igual modo que la ignorancia constituye un olvido, la sabiduría a la que se refiere el hinduismo es el recuerdo, algo que confirma el *Atharva Veda*:

punar ehi vācas pate
devena manasā saha
vasoṣpate ni ramaya
mayyevāstu mayi śrutam

> ¡Oh, Señor de la palabra! Sé tan amable de regresar con inteligencia divina; incúlcala en mí, ¡oh, Señor de todas las bendiciones!, para que tu sabiduría habite dentro de mí.
>
> (*Atharva Veda*, 1.1.2)

La sabiduría de *jñāna-yoga* consiste en el recuerdo de uno mismo. Solo entonces, realizaremos que el infierno y el paraíso no son más que estados de olvido o de recuerdo de uno mismo.

sa yo ha vai tat paramaṁ brahma veda
brahmaiva bhavati nāsyābrahma-vit kule bhavati
tarati śokaṁ tarati pāpmānaṁ guhā-
granthibhyo vimukto 'mṛto bhavati

> Aquel que conoce a ese Brahman supremo se convierte incluso en Brahman; y en su linaje no nacerá nadie que no conozca a Brahman. El conocedor de Brahman va más allá del dolor, la virtud y el vicio; se libera del nudo del corazón y finalmente se vuelve inmortal.
>
> (*Muṇḍaka Upaniṣad*, 3.2.9)

Yoga-vidyā o 'la sabiduría del yoga'

Si bien es cierto que *Brahma-vidyā* constituye la esencia del *vedānta*, asimilarla sería imposible sin el apoyo de *yoga-vidyā*. Este tema es tratado extensamente en las escrituras y es fundamental comprenderlo con claridad.

Yoga-vidyā es una manera de prepararse para asimilar las verdades del *vedānta*, lo que implica desarrollar ciertas actitudes, comportamientos y la visión correcta de los frutos de nuestras acciones y de todo lo que nos ocurre en la vida. *Yoga-vidyā* constituye un estilo de vida preparatorio y purificador que apoya nuestra evolución y nuestro desarrollo en el proceso del conocimiento de Brahman. Sin embargo, no es una técnica o una práctica desconectada de la revelación védica y la visión vedántica.

En su libro *Aparokṣānubhūti*, Śaṅkarācārya detalla las prácticas de *yoga-vidyā* como un medio para realizar *Brahma-vidyā*, describiendo la importancia de estas prácticas preparatorias con las siguientes palabras:

tri-pañcāṅgān yato vakṣye
pūrvoktasyaiva siddhaye
taiś ca sarvaiḥ sadā kāryaṁ
nididhyāsanam eva tu

nityābhyāsād-ṛte prāptir
na bhavet sac-cid-ātmanaḥ
tasmād brahma nididhyāsej
jijñāsuḥ śreyase ciram

> Ahora, para alcanzar este [conocimiento] mencionado, expondré los quince pasos que se deben practicar siempre para facilitar la meditación profunda. El Ātman que es existencia y conocimiento absolutos no puede realizarse sin una práctica constante. Entonces, aquel que busca conocimiento debe meditar durante mucho tiempo en Brahman para alcanzar la aspiración deseada.
>
> (*Aparokṣānubhūti*, 100-101)

Para conocer realmente a una persona, debemos prestar más atención a sus acciones que a sus palabras. *Brahma-vidyā* y *yoga-vidyā* deben apoyarse mutuamente en armonía. El *brahma-vidyā* perderá su efectividad si no somos lo suficientemente puros para retenerlo; escucharemos explicaciones muy bonitas, pero seremos incapaces de asimilarlas y mucho menos de aplicarlas a nuestra vida. En Occidente hoy en día, se practica un *yoga-vidyā* parcial, mientras que la evolución deseada solo puede lograrse incorporando el verdadero *Brahma-vidyā*.

Capítulo 2

El conocimiento y la sabiduría

Jñāna y *ajñāna* o 'el conocimiento' y 'la ignorancia'

Jñāna es un término sánscrito que significa 'conocimiento'. *Jñāna* —también pronunciado *gñāna*— proviene de la raíz verbal *jña* que significa 'saber', 'captar', 'percibir', 'comprender', 'conocer' o 'entender'. Si le anteponemos el prefijo *a*, que quiere decir 'no', obtenemos el término *ajñāna* que significa 'ignorancia' o 'ausencia de conocimiento'. Referirse a la ignorancia como 'no-conocimiento' es como definir la oscuridad como 'no-luz'. Al igual que la oscuridad, la ignorancia carece de existencia propia, sino que es la ausencia de la luz de la sabiduría.

Jñāna es saberse a uno mismo como Brahman y realizar la propia realidad como un ser trascendental más allá del tiempo y el espacio.

Jñāna tiene un carácter existencial, puesto que equivale a renunciar a lo que escuchamos acerca de nosotros y a conocernos sin ningún intermediario.

Más que proporcionar información, explicaciones y respuestas, esta vía nos inspira a inquirir; nos incita a dudar, a investigar acerca de nosotros mismos y de nuestra propia esencia.

Ajñāna significa que nos creemos hacedores de lo que nos ocurre. Constituye una equivocación, una falsa identificación con el cuerpo físico, la mente, los sentidos, el *prāṇa* y, en general, los vehículos ilusorios. Resulta obvio que actuar según una idea errónea acerca de nosotros mismos no puede conducirnos a una vida feliz.

A causa de *ajñāna*, la mente trata de definir lo que percibe: divide lo indivisible y crea la fantasía denominada *māyā*. La ilusión es la falsa apariencia de la multiplicidad, la percepción de la diversidad en lo que en realidad es el Uno sin segundo.

En el *Bhagavad-gītā*, Kṛṣṇa explica claramente que *jñāna* consiste en el discernimiento entre *kṣetra*, o 'el campo', que es nuestro aspecto periférico, y *kṣetrajña*, o 'el conocedor del campo', que es el núcleo central de nuestra existencia.

kṣetra-jñaṁ cāpi māṁ viddhi
sarva-kṣetreṣu bhārata
kṣetra-kṣetra-jñayor jñānaṁ
yat taj jñānaṁ mataṁ mama

¡Oh, vástago de Bharata!, conóceme como el conocedor del campo en todos y cada uno de los campos. Yo considero sabiduría al conocimiento del campo y del conocedor del campo.

(*Bhagavad-gītā*, 13.3)

Kṛṣṇa enfatiza que el auténtico sabio, quien realmente va más allá de la dualidad de este mundo relativo, es aquel que sabe y realiza la diferencia entre ambos:

kṣetra-kṣetra-jñayor evam
antaraṁ jñāna-cakṣuṣā
bhūta-prakṛti-mokṣaṁ ca
ye vidur yānti te param

> Aquellos que saben, mediante el ojo de la sabiduría, la diferencia entre el campo y su conocedor, y los que diferencian la liberación de la naturaleza material (*prakṛti*), se dirigen al Supremo.
>
> (*Bhagavad-gītā*, 13.35)

Los *upaniṣads* también nos hablan del despertar de nuestro ojo intuitivo, que es indispensable para abordar 'aquello'.

na saṁdṛśe tiṣṭhati rūpam asya
na cakṣuṣā paśyati kaścanainam
hṛdā manīṣa manasā 'bhiklṛpto
ya etad vidur amṛtās te bhavanti

> El Ser cósmico (Puruṣa) no es un objeto de visión. Nadie puede verlo con sus ojos [o percibirlo mediante cualquier otro órgano sensorial]. Este se revela en el corazón, solo cuando la mente es pura y

> piensa constantemente en él. Habiéndolo experimentado correctamente, uno se vuelve inmortal.
>
> (*Kaṭha Upaniṣad*, 2.3-9)

Del mismo modo, el filósofo Richard de Saint Víctor se refirió a tres ojos: el ojo de la carne (*cogitatio*), el ojo de la inteligencia (*meditatio*) y el ojo del alma (*contemplatio*).

La Biblia se refiere a los ojos espirituales capaces de discernir lo divino o lo trascendental cuando habla de los ojos físicos y espirituales de Agar (Génesis 21: 14-19), el profeta Balaam (Números 22:21-28 y 22:31), el siervo de Eliseo (2 Reyes 6:15-17).

También el Nuevo Testamento nos describe cómo los ojos de los discípulos de Jesús estaban cegados por la incredulidad mientras viajaban a Emaús (Lucas 24:13-16, 29-31). En la oración de Pablo por la Iglesia (Efesios 1:17-19), San Pablo reza para que los ojos de los corazones de sus hermanos y hermanas espirituales se iluminen para que puedan conocer a Dios.

La comprensión

Tanto la comprensión como la existencia misma son autoluminosas, o *svataḥ-prakāśatva*: existimos sabiendo o sabemos que existimos. La comprensión de la propia existencia es innata a todo ser humano. En el universo, todo posee un determinado nivel de comprensión, un sentido de existencia natural y espontáneo. El conocimiento y la comprensión son señales de la consciencia y emanan desde lo profundo de la existencia misma. Sin importar nuestro nivel de desarrollo, todos comprendemos, aunque nunca se nos haya enseñado el modo de hacerlo. El entendimiento en su nivel más básico y esencial es el de nuestra propia existencia.

El poder de comprensión de la consciencia no es una actividad mental porque precede al razonamiento. Es más, solo cuando cesa el pensamiento, emerge la comprensión como acto de la consciencia: comienza justo donde finaliza la actividad mental.

Es un gran error creer que pensar más mejora la comprensión. Muy al contrario: la comprensión clara sucede en ausencia de pensamiento. Tal como lo afirma Patañjali en su *Yoga Sūtra* (1.2), *yogaś-citta-vṛtti-nirodhaḥ* o «yoga consiste en la cesación de la actividad mental».

Aunque nos parezca que la comprensión es el resultado del pensar, el *vedānta* explica que no está condicionada por un proceso mental o emocional previo y que carece de causalidad. La comprensión de la consciencia no depende siquiera de alguien que comprenda.

El ser humano tiene capacidad de entender, pero solo con relación a su propia historia y sus experiencias almacenadas. El conocimiento humano está vinculado a un acopio de información. Como egos, somos lo que recordamos haber escuchado acerca de nosotros mismos.

Relacionamos la comprensión con una supuesta consciencia personal o individual. Sin embargo, el fenómeno egoico existe solo con relación a la memoria. Aunque creemos en la existencia del individuo consciente, no existe, de hecho, una entidad o un sujeto al cual se le pueda atribuir consciencia.

Este «yo» aprehende trozos de información que dependen de ciertas condiciones que son relativas porque poseen sus propias causas. La verdadera comprensión está libre de relatividad causal; es ilimitada, y, por ende, es imposible de asimilar a través del ego condicionado.

La consciencia a la cual se refiere el *vedānta* reside en la raíz de todo y de todos; no es inteligente, sino que es la inteligencia misma que establece un orden inalterable. Aunque la consciencia no pueda ser vista, ella ve a quien trata de verla. Es autoluminosa porque puede ser conocida, aunque carece de causalidad.

Solo la consciencia puede conocerse y comprenderse a sí misma. Nada ajeno a ella puede comprenderla. La comprensión de la consciencia emerge junto con la evaporación de la consciencia personal. El fenómeno egoico limitado es incapaz de comprender lo ilimitado: solo lo ilimitado puede ser recipiente de lo ilimitado. La meditación permite que la consciencia sea reconocida.

Conocimiento trascendental y relativo

De acuerdo con el budismo, existen dos clases de conocimiento: *prajñā* y *vijñāna*. *Prajñā* es sabiduría trascendental en el nivel de la consciencia, mientras que *vijñāna* es información diferenciada o relativa que distingue al sujeto del objeto. Aunque *prajñā* subyace en la base de todo *vijñāna*, *vijñāna* no es consciente de *prajñā* y la considera innecesaria. Sin embargo, *vijñāna* no proporciona de ninguna manera conocimiento imperecedero o estable.

Gnosis es el término griego más común para denotar conocimiento. *Ginosko* significa conocimiento más detallado. Por último, *epiginosko* se refiere a la sabiduría trascendental, una palabra que se encuentra en el Nuevo Testamento.

> Porque yo testifico a su favor de los que tienen celo de Dios, pero no conforme a un pleno conocimiento (ἐπίγνωσιν o *epiginosko*).
>
> (Romanos, 10:2)

La naturaleza de la consciencia es integradora. El *vedānta* no se interesa en las investigaciones científicas de la realidad. Para el *vedānta*, tanto la realidad observada como el sujeto observador son transitorios. De hecho, no existe un ente estable capaz de diferenciar un conocimiento permanente. El conocimiento existe, pero no es diferenciable. El conocimiento mismo es consciencia y, en consecuencia, cualquier parte de esta es igualmente consciente. La naturaleza de la consciencia y de su conocimiento no es diferenciada. La naturaleza integradora de la consciencia impide la diferenciación del conocimiento.

La consciencia es la base y el fundamento de la realidad; es 'lo que es' y no depende de ninguna causa exterior a ella misma para existir. Ella es la razón de sí misma. Dado que carece de causa, su saber no es el resultado de la actividad racional. Es el origen y la fuente del conocimiento: conoce y comprende más allá de la causalidad. Su entendimiento no se deriva de una secuencia de pensamientos. Es totalmente autónoma, ya que no depende de ningún otro agente para existir ni emerge como resultado de procesos mentales o emocionales.

El conocimiento y la sabiduría

El conocimiento y la sabiduría parecen similares, pero son completamente distintos. Es importante que el buscador reconozca claramente la diferencia entre ambos.

El conocimiento se adquiere aprendiendo de lo que leemos y escuchamos; pertenece pues al dominio mental. La sabiduría se deriva de aprender de lo que nos ocurre; pertenece por tanto al reino del espíritu.

El conocimiento procede del prójimo; la sabiduría siempre florece desde y en uno mismo.

El conocimiento proviene de lo externo, de afuera, de la superficie; la sabiduría nace desde las profundidades de nuestra existencia.

El conocimiento toca la mente; la sabiduría nos toca a nosotros.

El conocimiento cambia la manera de pensar; la sabiduría propicia una completa metamorfosis.

El conocimiento es información: una biblioteca o un ordenador poseen información, pero no sabiduría; la sabiduría conlleva transformación.

El conocimiento se transmite de profesor a estudiante; la sabiduría pertenece al ámbito de maestro y discípulo.

El conocimiento ayuda a disimular nuestra ignorancia; la sabiduría nos torna conscientes de nuestra ignorancia.

Con el conocimiento creemos que sabemos; con la sabiduría, realmente sabemos.

El conocimiento brinda respuestas; la sabiduría inspira a buscarlas.

El conocimiento tiene que ver con las palabras; la sabiduría es cuestión de asociación, de silenciosa comunión.

El conocimiento se adquiere mediante técnicas, métodos y soluciones; la sabiduría nos hace cobrar consciencia de que no hay soluciones porque nosotros mismos somos el problema.

El conocimiento puede transferirse, aunque quien lo entregue nunca haya visto o experimentado lo que enseña. Un ciego puede impartir fácilmente una conferencia sobre pintura. La sabiduría, en cambio, es un signo de la realización de Dios.

El conocimiento atañe a muchas cosas; la sabiduría consiste en sabernos a nosotros mismos.

El conocimiento es útil, pero solo para operar en este mundo de nombres y formas. Lo precisamos cuando nos movemos en la superficie, pero a medida que profundizamos, descubrimos su inutilidad. Incluso puede convertirse en nuestro problema interno.

Si bien el conocimiento es de gran ayuda para saber de qué trata la meditación, es un gran obstáculo para meditar.

En el *Bhagavad-gītā*, leemos:

daṇḍo damayatām asmi
nītir asmi jigīṣatām
maunaṁ caivāsmi guhyānāṁ
jñānaṁ jñānavatām aham

> Entre los castigadores, soy el cetro; entre los buscadores de la victoria, soy el arte de gobernar; entre los secretos, soy el silencio; yo soy la sabiduría de los sabios.
>
> (*Bhagavad-gītā*, 10.38)

El conocimiento se expresa como civilización y cultura, mientras que la sabiduría desemboca en la realización de nuestra auténtica naturaleza como *sac-cid-ānanda*, o 'existencia, consciencia y dicha absoluta'. La vida y la muerte se funden en la infinita existencia eterna (*sat*); el conocimiento, el conocedor y lo conocido se disuelven en el océano de consciencia pura y absoluta (*cit*); y el amor, el amante y lo amado desaparecen en la dicha suprema (*ānanda*).

Capítulo 3

Ātma-vicāraṇa o 'la autoinvestigación'

Vicāraṇa es investigación y *ātma-vicāraṇa* es la indagación específica del Ser. Por ende, también se puede traducir como autoexaminación o autoinvestigación.

ko 'haṁ katham idaṁ jātaṁ
ko vai kartā 'sya vidyate
upādānaṁ kim astīha
vicāraḥ so 'yam īdṛśaḥ

nāhaṁ bhūta-gaṇo deho
nāhaṁ cākṣa-gaṇas tathā
etad vilakṣaṇaḥ kaścid
vicāraḥ so 'yam īdṛśaḥ

¿Quién soy? ¿Cómo se creó este [mundo]? ¿Quién es su creador? ¿De qué material está hecho? Este es el camino de la *vicāra* (indagación). No soy ni el cuerpo, una combinación de los [cinco] elementos [de la materia], ni soy un agregado de los sentidos; yo soy algo diferente. Este es el camino de este *vicāra*.

(*Aparokṣānubhūti*, 12-13)

saṅghāto vāsmi bhūtānāṁ
karaṇānāṁ tathaiva ca
vyastaṁ vānyatamo vāsmi ko
vāsmīti vicārayet

vyastaṁ nāhaṁ samastaṁ vā
bhūtam indriyam eva vā
jñeyatvāt karaṇatvāc ca
jñātānyo 'smād ghaṭādi-vat

Uno debe discernir del siguiente modo: ¿Quién soy yo? ¿Soy una combinación de los elementos o de los sentidos, o soy uno de ellos por separado? No soy ninguno de los elementos separados ni su agregado; de manera similar, no soy ninguno de los sentidos ni su agregado; porque son objetos e instrumentos de conocimiento, como jarras y hachas, respectivamente. El conocedor es diferente de todos estos.

(Śaṅkarācārya, *Upadeśa-sāhasrī*, 15.19-20)

La palabra *yo* es quizás la más utilizada en nuestra vida cotidiana: «yo quiero», «yo no quiero», «yo pienso», «yo creo», «yo soy esto o aquello», etcétera. Sin embargo, es una tarea sumamente compleja responder a la pregunta: «¿Quién o qué soy yo?». Desde los primeros intentos comenzamos a darnos cuenta de que nuestro conocimiento acerca de lo que somos es sumamente precario, por no decir ínfimo o nulo. Dicho de otro modo, no tardamos en arribar a la conclusión de que, sencillamente, no tenemos ni la más mínima idea de quiénes somos.

«Yo soy Miguel», «yo soy Juan», «yo soy María», «yo soy Jacqueline», son respuestas que brindan alguna información acerca de nuestro nombre, pero no acerca de lo que realmente somos.

«Yo soy profesor», «médico», «secretaria», son respuestas que se refieren a nuestra actividad o profesión, pero no a lo que realmente somos.

«Yo soy chileno», «ruso», «chino», son respuestas que se refieren al lugar geográfico donde el cuerpo físico se manifestó, pero no nos dicen nada con respecto a lo que somos verdaderamente.

El nombre, la nacionalidad y el cuerpo son nuestros, pero no somos nosotros.

El ego, lo que creemos ser, es el resultado de la masa, el producto de la sociedad para controlarnos, dominarnos, manipularnos y privarnos de nuestra libertad.

Es importante comprender que el ego —o lo que creemos ser— es una idea ajena acerca de nosotros que hemos adoptado como propia.

Quienes nos han hipnotizado nos han hecho creer que somos lo que ellos creen que somos y, en consecuencia, hemos aceptado conclusiones ajenas en torno a nuestra identidad.

La idea «yo» es la base de todas las demás ideas. El pensamiento «yo» es la viga maestra que sustenta la totalidad del fenómeno mental. Si este pensamiento «yo» desaparece, no puede existir ningún otro pensamiento porque carecerá de base. Al detenerse la identificación ilusoria con la idea «yo», se detendrá también el continuo vagabundeo mental y la actividad que lo acompaña y, a la postre, también se disipará la experiencia dual de «sujeto-objeto», dando lugar a la realidad del Ser supremo no dual.

«¿Quién soy yo?» no solo es una pregunta que nos formulamos a nosotros mismos, acerca de nosotros mismos, sino que es una expresión de la más elevada y noble rebeldía.

Esa pregunta nos restituye la dignidad y nos acepta como la única autoridad acerca de nosotros y de lo que somos.

La autoindagación es la enseñanza esencial y básica del *jñāna-yoga*. Desde su comienzo, el *Vedānta Sūtra* nos ordena inquirir acerca de Brahman:

Oṁ athāto brahma jijñāsā

> *Oṁ*, ahora, uno debe inquirir acerca de Brahman.
>
> (*Vedānta Sūtra*, 1.1.1)

Brahma-jñāna, o 'la sabiduría del Brahman', es la sabiduría del Ser: lo único que nos libera realmente de la desdicha y la ilusión.

Según la explicación brindada por Ṛbhu a Nidāgha en el *Varāha Upaniṣad*, *vicāraṇa* es el segundo de los siete estados (*bhūmikās*) en el proceso de desarrollar sabiduría.

jñāna-bhūmiḥ śubhecchā syāt
prathamā samudīritā
vicāraṇā dvitīyā tu
tṛtīyā tanu-mānasā

sattvāpattiś caturthī syāt
tato 'saṁsakti nāmikā
padārtha-bhāvanā ṣaṣṭī
saptamī turyagā smṛtā

La primera etapa en el desarrollo de *jñāna* es *śubheccha* (buen deseo), la segunda es *vicāraṇā* (indagación), la tercera es *tanu-mānasa* (relacionado con el cuerpo y la mente), la cuarta es *sattvāpatti* (logro de *sattva*), la quinta es *asaṁsakti* (desapego), la sexta es *padārtha-bhāvanā* (análisis de objetos), y la séptima es *turyagā* (cuarta o etapa final).

(*Varāha Upaniṣad*, 4.1-2)

En el *Yoga-vasiṣṭha* («*Nirvāṇa-prakaraṇa*», 120.2), Manu le enseña al rey Ikṣvāku las siete etapas del yoga. Su lista es diferente de la de Ṛbhu, pero también incluye la indagación, o *vicāraṇa*, como segunda etapa.

El *Aparokṣānubhūti* de Śaṅkarācārya dice:

notpadyate vinā jñānaṁ
vicāreṇānya-sādhanaiḥ

yathā padārtha-bhānaṁ hi
prakāśena vinā kvacit

La sabiduría no ocurre mediante la práctica (*sādhana*) carente de investigación (*vicāraṇa*), así como no es posible percibir objetos en ausencia de luz.

(*Aparokṣānubhūti*, 11)

En general, la gente suele asociar directamente el *ātma-vicāra* con el gran maestro y santo del hinduismo, conocido como Śrī Bhagavān Rāmaṇa Maharṣi de Tiruvanmalai, aunque su antigüedad se remonta a los gloriosos días de los *upaniṣads*, tal como podemos constatar en el *Kaṭha Upaniṣad*:

taṁ durdarśaṁ gūḍham anupraviṣṭaṁ
guhāhitaṁ gahvareṣṭaṁ purāṇam
adyātma-yogādhigamena devaṁ
matvā dhīro harṣa-śokau jahāti

Sabiendo la divinidad (*deva*) el cual es difícil de percibir, quien ha entrado en un lugar recóndito, que reside en la cavidad del corazón, que mora en lo profundo, mediante el dominio de meditación [indagación], aquel que es inmutable, renuncia a la felicidad y la tristeza.

(*Kaṭha Upaniṣad*, 1.2.12)

También en el *Bhagavad-gītā*, encontramos una guía y dirección muy similar al respecto:

śanaiḥ śanair uparamed
buddhyā dhṛti-gṛhītayā
ātma-saṁsthaṁ manaḥ kṛtvā
na kiñcid api cintayet

> Con un intelecto firme, uno debe progresivamente tranquilizarse e ir posando la mente en el Ser, uno no debe pensar en nada en absoluto.
>
> (*Bhagavad-gītā*, 6.25)

yato yato niścarati
manaś cañcalam asthiram
tatas tato niyamyaitad
ātmanyeva vaśaṁ nayet

> Allí donde la mente inestable y voluble se desvíe, uno debe traerla bajo el dominio del Ser.
>
> (*Bhagavad-gītā*, 6.26)

No debemos creer que la autoindagación es un mero ejercicio verbal; de hecho, *ātma-vicāra* suministra al yogui la fuerza propia de la curiosidad irrefrenable. Muchas cosas banales despiertan nuestra curiosidad: gritos en la calle o los cuchicheos de los vecinos. Sin embargo, el autoanálisis infunde en nosotros una curiosidad a vida o muerte por percibir directamente y experimentar la presencia que somos.

La ola solo conoce el mar desapareciendo. Somos olas en un océano infinito de consciencia...

Ātma-vicāra encuentra su máxima expresión en la pregunta «¿Quién soy yo?», que es sumamente significativa, porque por primera vez abandonamos al otro, al prójimo, a lo externo, como medio de información acerca de nosotros mismos, de qué y quiénes somos...

Preguntar «¿Quién soy yo?» es dejar de considerar las conclusiones a las que otros han llegado acerca de nosotros, conclusiones de las que han logrado convencernos, hasta tal punto que todo el conocimiento acerca de lo que somos proviene de los demás.

La persistencia en la autoindagación a través de la pregunta «¿Quién soy yo?» impide la aparición de pensamientos y mantiene la mente en su origen.

Es un proceso destructivo en el sentido de que se sirve de la negación, o *neti-neti*: 'esto no, esto no', que va negando todo lo ilusorio y falso en nosotros hasta que solo queda lo que realmente somos: la consciencia pura, *sac-cid-ānanda* (existencia, consciencia y dicha). Al ir descartando lo que no somos, nos desnudamos de toda falsa identificación. Negamos lo que vive, para descubrir la vida. Negamos lo que existe, para desvelar la existencia. Negamos lo que somos, para ser... el Ser.

> *athāta ādeśo neti neti na hy etasmād iti nety anyat param asty atha nāma dheya satyasya satyam iti.*

> Entonces, por consiguiente, la instrucción es *neti neti* o 'no esto, no esto'. No hay otra

instrucción más excelente que *neti*, o 'no esto'; se denomina la verdad de las verdades.

(*Bṛhad-āraṇyaka Upaniṣad*, 2.3.6)

niṣidhya nikhilopādhīn
neti netīti vākyataḥ
vidyādaikyaṁ mahā-vākyair
jīvātma-paramātmanoḥ

A través de un proceso de negación del condicionamiento (*upādhis*) con la ayuda de la declaración de las escrituras 'no es esto, no es esto', la unidad del alma individual y el alma suprema debe realizarse, como lo indican los *mahā-vākyas*.

(*Ātma-bodha*, 30)

Si bien la luz de la consciencia lo ilumina todo, en nuestro estado cognitivo dual no podemos concebir una consciencia que no esté relacionada con objetos. *Neti-neti*, o la negación de lo objetual, conduce a la experiencia de la consciencia pura, que es el Ser en ausencia de objetos. Consciencia de Kṛṣṇa, consciencia absoluta o consciencia trascendental, son algunos de los nombres con los cuales se designa el estado en que la consciencia es consciente de sí misma.

Aunque el *jñāna-yoga* es la cúspide de la religión, abraza dentro de sí cierto escepticismo, porque no requiere fe sino duda. Más que a la creencia, apunta a la búsqueda y el descubrimiento.

Neti-neti es un proceso tan destructivo en su negación como el escepticismo en su duda. Pero mientras la razón conduce al filósofo a comprender que piensa y, por lo tanto, que existe, la autoindagación lleva al *jñāna-yogī* a la realización existencial del Ser. La respuesta que la mente puede alcanzar es *cogito, sum*, o «pienso, existo»; la respuesta del *ṛṣi* es «existo, existo». La mente y su lógica no pueden hacer que un René Descartes dé el salto desde la mente a la dimensión trascendental.

tat tvam asy ādi vākyena
svātmā hi pratipāditaḥ
neti neti śrutir brūyād
anṛtaṁ pāñca-bhautikam

> Con frases como «tú eres eso», nuestro propio Ser se afirma. Sobre lo que es falso y está compuesto de los cinco elementos, el *śruti* (escritura) dice: «No esto, no esto».
>
> (*Avadhūta Gīta*, 1.25)

El *jñāna-yogī* renuncia a toda duda para permanecer con una sola pregunta: «¿Quién soy yo?» Es la flecha de la indagación que señala directamente al indagador, a su naturaleza, a «¿Quién o qué soy yo?» En todo lo que se refiere a la búsqueda de nosotros mismos, no hay lugar para la fe; es decir, no es necesario creer en algo o alguien.

Por más que la pregunta acerca de lo que somos nazca en el intelecto, la respuesta se encuentra en el silencio de la meditación. Es existencial; no se puede describir, sino ser. La respuesta correcta consiste en ser simplemente lo que uno es. No hay necesidad de transformarse en otra cosa, sino tan solo ser lo que somos y lo que siempre hemos sido: aquello que no podemos dejar de ser. Para una religión como el hinduismo, en la que Dios no es una creencia sino una experiencia, no una fe en algo o en alguien, sino la experiencia del Todo... la respuesta es la Verdad.

El *ātma-vicāra* no procede del Ser sino de la mente. El yo al que el ego se refiere en su pregunta no es sino el mismo ego. Sin embargo, esa pregunta es como un tipo de ácido capaz de diluir a quien trabaja con él —es decir, al ego— y dejar al descubierto el Ser.

Aunque «¿Quién soy yo?» es un pensamiento, no obstante, es capaz de disolver todo pensamiento y, finalmente, de disolverse a sí mismo. Esa pregunta es como un ácido que quema todo lo ilusorio, todo lo inexistente, dejando tan solo lo que es verdadero y auténtico.

bhātīty ukte jagat-sarvaṁ
bhānaṁ brahmaiva kevalam
marubhūmau jalaṁ sarvaṁ
marubhūmātram eva tat
jagat-trayam idam sarvaṁ
cin-mātraṁ sva-vicārataḥ

Si se dice que el universo brilla, entonces solo Brahman brilla. [El espejismo de] toda el agua en un oasis, en realidad, no es más que el oasis mismo. A través de la indagación del Ser, los tres mundos [superior, inferior e intermedio] se revelan como una única naturaleza de la consciencia (*cit*).

(*Varāha Upaniṣad*, 2.72)

Capítulo 4

La literatura sagrada

El primer paso en este sendero es estudiar la literatura vedántica. El esfuerzo intelectual es indispensable en las etapas iniciales porque proporciona una base sólida. El razonamiento debe usarse solo para entender las escrituras sagradas y no para alentar especulaciones mentales áridas. Dicho razonamiento se denomina *ṣruti anugṛhīta tarka*, o 'razonamiento lógico que es coherente con la revelación'. Las enseñanzas vedánticas no amplían nuestro acopio de conocimiento, sino que funcionan como un ácido que destruye el complejo mental.

> *śruty anugṛhīta eva hy atra tarko 'nubhavāṅga-tvenāśrīyate.*
>
> Pero una lógica tan seca y engañosa no se aplica aquí, solo se debe usar la lógica en consonancia con las escrituras reveladas, ya que contribuye a la realización.
>
> (Śaṅkarācārya, *Brahma Sūtra Bhāṣya*, 2.1.6)

Basándose en las enseñanzas upanishádicas, el *jñāni* utiliza la mente para indagar, investigar y aventurarse en la fascinante búsqueda de sí mismo. Purifica su intelecto, o *buddhi*, cuestionando su propia realidad, fuente y origen. Como podemos leer en el sagrado *Ṛg Veda*:

> *apaśyāma hiraṇyayaṁ. dhībhiś cana manasā svebhir akṣabhiḥ somasya svebhir akṣabhiḥ.*
>
> Hemos visto lo brillante y dorado a través de los ojos de la contemplación y el intelecto.
>
> (*Ṛg Veda*, 1.139.2)

El *Muṇḍaka Upaniṣad* describe la literatura védica de la siguiente manera:

> *tatrāparā, ṛg-vedo yajur-vedaḥ sāma-vedo 'tharva-vedaḥ śikṣā kalpo vyākaraṇaṁ niruktaṁ chando jyotiṣam iti atha parā, yayā tad akśaram adhigamyate.*
>
> El conocimiento inferior se compone de los cuatro Vedas: el *Ṛg*, el *Yajur*, el *Sāma* y el *Atharva* [y] los seis *vedāṅgas*: fonética, rituales, gramática, etimología, métrica y astrología. Ahora, el conocimiento superior es el que conduce a la inmortalidad [o el que va más allá del significado literal].
>
> (*Muṇḍaka Upaniṣad*, 1.5)

La vía del *jñāna-yoga* es una invitación a descorrer el velo de la ilusión. Mientras caminan por este sendero, los aspirantes descubren dentro de sí mismos lo que han buscado durante tanto tiempo.

Los Vedas

El *vedānta* se origina en los Vedas. El término sánscrito *veda* proviene de la raíz *vid*, que significa 'conocimiento'. El tesoro del conocimiento védico es tanto material como espiritual. No procede de una mente limitada y, en consecuencia, recibe el nombre de *apauruṣeya*, o 'no proveniente de humanos'.

chandāṁsi yajñāḥ kratavo vratāni
bhūtaṁ bhavyaṁ yac ca vedā vadanti
asmān māyī sṛjate viśvam etat
tasmiṁś cānyo māyayā san-niruddhaḥ

> Los Vedas sagrados, las ofrendas, los sacrificios, las penitencias, el pasado, el futuro y todo lo que los Vedas declaran han emanado del *māyīn* (fuente de *māyā*, es decir, Brahman). Brahman proyecta el universo a través del poder de su *māyā*. Nuevamente, en este universo Brahman como *jīva* está enredado a través de *māyā*.
>
> (*Śvetāśvatara Upaniṣad*, 4.9)

El *Mahābhārata*, Bhīṣma reafirma esta declaración:

tapasvino dhṛti-mataḥ
śruti-vijñāna-cakṣuṣaḥ
sarvam ārṣaṁ hi manyante
vyāhṛtaṁ viditātmanaḥ

tasyaivaṁ gata-tṛṣṇasya
vijvarasya nirāśiṣaḥ
kā vivakṣāsti vedeṣu
nirārambhasya sarvaśaḥ

Las personas dedicadas a las penitencias, inteligentes y que tienen los *śrutis* y el conocimiento a la vista, consideran que los mandatos de los Vedas que han sido declarados y recopilados por los *ṛṣis* son las palabras de lo divino. ¿Qué puede alguien decir con respecto al contenido de los Vedas cuando resultan ser las palabras del Ser supremo mismo, que está completamente libre de deseo, que no tiene la fiebre de la envidia y la aversión, que no es adicto a nada, y quien no experimenta ningún esfuerzo?
(*Mahābhārata*, «*Śānti-pārva*», 260.10-11)

Muchos académicos tratan de estimar la antigüedad de los Vedas. Algunos consideran que tienen 2 500 años de antigüedad, otros aseguran 5 000 años y otros se aventuran a los 8 000 años. Sin embargo, los Vedas se transmitieron oralmente de maestro a discípulo mucho tiempo antes de haberse consignado por escrito. La realidad es que los Vedas son eternos y carecen de un comienzo en los anales de la historia.

El *Śrīmad-devī-bhāgavatam* nos informa que en su origen el sagrado Veda era solo uno, pero fue dividido posteriormente por Vyāsa-deva:

dvāpare dvāpare viṣṇur
vyāsa-rūpeṇa sarvadā
vedam ekaṁ sa bahudhā
kurute hita-kāmyayā

> En cada Dvāpara-yuga, Viṣṇu en la forma de Vyāsa, deseando beneficiar [al mundo], siempre divide el Veda único en muchos.
> (*Śrīmad-devī-bhāgavatam*, 1.3.19)

El *Mahābhārata* explica que los cuatro discípulos de Śrī Vyāsa-deva le pidieron establecer los Vedas por mediación de ellos. Vyāsa les concedió su deseo y dividió el Veda en cuatro para que cada uno descendiese a la Tierra y enseñase una parte de esta sabiduría.

catvāras te vayaṁ śiṣyā
guru-putraś ca pañcamaḥ
iha vedāḥ pratiṣṭherann
eṣa naḥ kāṅkṣito varaḥ

> Somos cuatro discípulos y el quinto es el hijo de nuestro gurú. ¡Permite que los Vedas se establezcan en nosotros!; este es nuestro deseo.
> (*Mahābhārata*, «*Śānti-parva*», 327.38)

El *Bhāgavata-purāṇa* lo describe con más detalle:

cātur-hotraṁ karma śuddhaṁ
prajānāṁ vīkṣya vaidikam
vyadadhād yajña-santatyai
vedam ekaṁ catur-vidham

Viendo que los sacrificios védicos ejecutados por los cuatro sacerdotes tenían un efecto purificador para los seres humanos, él dividió el único Veda en cuatro para que prosiguiesen los sacrificios.

(*Bhāgavata Purāṇa*, 1.4.19)

ṛg-yajus-sāmātharvākhyā
vedāś catvāra uddhṛtāḥ
itihāsa-purāṇaṁ ca
pañcamo veda ucyate

Las cuatro divisiones de las fuentes originales de conocimiento, los cuatro Vedas, a saber, *Ṛg*, *Yajur*, *Sāma* y *Atharva*, se hicieron por separado. Los hechos históricos y las historias auténticas que se mencionan en los *purāṇas* se denominan el quinto Veda.

(*Bhāgavata Purāṇa*, 1.4.20)

tatra ṛg-veda-dharaḥ pailaḥ
sāmago jaiminiḥ kaviḥ
vaiśampāyana evaiko
niṣṇāto yajuṣām uta

Después de que los Vedas fueran divididos en cuatro partes, Paila Ṛṣi se convirtió en el compilador de la *Ṛg Veda*, Jaimini en el compilador de la *Sāma Veda*, mientras que Vaiśampāyana llegó a ser glorificado por el *Yajur Veda*.

(*Bhāgavata Purāṇa*, 1.4.21)

atharvāṅgirasām āsīt
sumantur dāruṇo muniḥ
itihāsa-purāṇānāṁ
pitā me romaharṣaṇaḥ

A Sumantu Muni Aṅgirā, que era un devoto muy activo, se le confió el *Atharva Veda*. Y a mi padre, Romaharṣaṇa, se le encomendaron los *purāṇas* y los registros históricos.

(*Bhāgavata Purāṇa*, 1.4.22)

ta eta ṛṣayo vedaṁ
svaṁ svaṁ vyasyann anekadhā
śiṣyaiḥ praśiṣyais tac-chiṣyair
vedās te śākhino 'bhavan

Todos estos sabios eruditos, a su vez, transmitieron los Vedas que se les confiaron a sus muchos discípulos, a los discípulos de sus discípulos y a los discípulos de los discípulos de sus discípulos, y así se formaron las ramas respectivas de los seguidores de los Vedas.

(*Bhāgavata Purāṇa*, 1.4.23)

El siguiente verso describe cómo los Vedas y el resto de los *śāstras* emanaron de las cuatro bocas de Brahmā:

maitreya uvāca-
ṛg-yajuḥ-sāmātharvākhyān
vedān pūrvādibhir mukhaiḥ
śāstram ijyāṁ stuti-stomaṁ
prāyaś-cittaṁ vyadhāt kramāt

Maitreya dijo: «El Señor Brahmā manifestó el *Ṛg*, *Yajuḥ*, *Sāma* y *Atharva Vedas* de sus bocas orientadas hacia el este, sur, oeste y norte respectivamente. De la misma manera, gradualmente produjo las escrituras que no se habían pronunciado antes (*śāstra*), los rituales sacerdotales (*ijyā*), los temas de recitación (*stuti-stoma*) y las actividades trascendentales (*prāyaś-citta*)».

(*Bhāgavata Purāṇa*, 3.12.37)

āyur-vedaṁ dhanur-vedaṁ
gāndharvaṁ vedam ātmanaḥ
sthāpatyaṁ cāsṛjad vedaṁ
kramāt pūrvādibhir mukhaiḥ

Empezando desde la cara frontal en este orden, también creó de sus cuatro bocas el *Āyur Veda* (la medicina), el *Dhanur Veda* (el arte de la guerra), el *Gāndharva Veda* (el arte de la música) y el *Sthāpatya Veda* (la arquitectura).

(*Bhāgavata Purāṇa*, 3.12.38)

itihāsa-purāṇāni
pañcamaṁ vedam īśvaraḥ
sarvebhya eva vaktrebhyaḥ
sasṛje sarva-darśanaḥ

Entonces el todopoderoso Señor creó el quinto Veda, los *itihāsas* y los *purāṇas*, y todos los *darśanas* a través de todas sus bocas.
(*Bhāgavata Purāṇa*, 3.12.39)

Cada sección de los Vedas enfatiza diferentes temas:

1. El *Ṛg Veda,* o 'Veda de los mantras', es el Veda principal. Consiste mayormente en la glorificación de los *devas* y los poderes de la manifestación cósmica. Se divide en diez libros (*maṇḍalas*) que contienen un total de 1 028 himnos (*sūktas*), compuestos de 10 580 mantras. El sacerdote védico que entona esos himnos se denomina *hotṛ*. Los principales dioses del *Ṛg Veda* son Indra, Agni, Soma, Mitra, Varuṇa, Uṣas, Savitṛ, Viṣṇu, Rudra, Pūṣan, Bṛhaspati, Pṛthivī, Sūrya, Vāyu, Āpas, Parjanya, Vāc, los *maruts*, los *ādityas*, los *viśva-devas* y los *ṛbhus*.
2. El *Yajur Veda*, o 'Veda del sacrificio': Su nombre proviene del término sánscrito *yajus*, que significa 'sacrificio'. Se ocupa de la liturgia y proporciona instrucciones para las ceremonias védicas. El sacerdote védico que recita estos versos se denomina *adhvaryu*. El *Yajur Veda* contiene dos *saṁhitās*, o 'colecciones de versos',

que incluyen himnos para rituales: el *Śukla Yajur Veda* (*Yajur Veda* blanco) y *Kṛṣṇa Yajur Veda* (el *Yajur Veda* negro); este último también cuenta con comentarios en prosa e instrucciones detalladas. El texto consta en total de 1 975 mantras escritos en forma poética y también en prosa, divididos en 40 capítulos: los primeros 39 incluyen himnos, poemas y mantras para ceremonias importantes de adoración y rituales; el capítulo restante, que habla solo acerca del conocimiento trascendental, es precisamente el célebre *Īśāvāsya Upaniṣad*. Se le denomina también *Vājasaneyī Saṁhitā* debido a que es el único *upaniṣad* que figura en la porción *saṁhitā* del *Śukla Yajur Veda*.

3. El *Sāma Veda*, o 'Veda de los cánticos': Su nombre deriva de la palabra *sāman*, que se refiere a un tipo de 'metro poético y consiste principalmente en cantos devocionales divididos en 27 cantos, conteniendo una recopilación de 1 875 himnos. Sirve como libro de oraciones para el sacerdote que dirige los sacrificios, a quien se denomina el *udgātṛ*. Está estrechamente vinculado al *Ṛg Veda* y utiliza varias de sus estrofas, especialmente de sus *maṇḍalas* octava y novena.
4. El *Atharva Veda,* o 'Veda de Atharvan' lleva el nombre de Atharvan, el antiguo sabio védico que compiló la mayor parte de este Veda, si bien otras secciones se le atribuyen al *ṛṣi* Aṅgiras. Consta de 731 *sūktas*. El presente texto no representa a la religión del sacerdocio, sino a la del pueblo.

Aborda diversos temas sumamente prácticos y domésticos e incluye aproximadamente 6 000 mantras cuyas vibraciones están destinadas en especial a preservar la buena salud y prolongar la vida.

Las secciones de cada Veda

Cada Veda consta de cuatro secciones:

1. *Mantra Saṁhitās*: Estas son colecciones de *stotras*, o 'himnos', y mantras métricos recitados durante los ritos sacrificiales. Revisten suma importancia porque la eficacia y el éxito de los sacrificios dependen de su correcta recitación. El *Ṛg Veda Saṁhitā* es el más grande y antiguo de todos los *mantra-saṁhitās*.
2. *Brāhmaṇas*: Se trata de la parte sacrificial de los Vedas. Contiene información detallada, comentarios e importantes explicaciones sobre los diferentes sacrificios, o *yajñas*, y sus significados. Posteriormente, grandes *ṛṣis* como Manu, Nārada y Yajñavalkya recogieron las semillas del conocimiento de los *brāhmaṇas* y las elaboraron sistemáticamente, dando nacimiento a los *sūtras*. En los *sūtras*, encontramos la primera guía sistemática sobre los sacrificios védicos y la adoración ritual en el hogar. Por ejemplo, el *Śrauta Sūtra* ofrece orientación sobre cómo ejecutar sacrificios védicos de fuego como el *agni-hotra*,

el *darśa-pūrṇa-māsa*, el *cātur-māsya*, el *paśu-yāga* y los sacrificios *aśva-medha*, *rāja-sūya* y *vāja-peya*. El *Gṛhya Sūtra* suministra instrucciones para el seguidor del *sanātana-dharma* sobre el modo de realizar las ceremonias y rituales familiares en el hogar. La conexión entre el *Dharma Sūtra* y el *Gṛhya Sūtra* es muy íntima. El *Dharma Sūtra* nos brinda explicaciones acerca del *varṇāśrama-dharma*, el cual determina las conductas y los deberes de cada individuo como parte integral de la sociedad védica.

3. *Āraṇyakas*: Esta parte de los Vedas está dedicada a la adoración. El significado de *araṇya* es 'bosque', mientras que *āraṇyakas* quiere decir 'compuesto en el bosque'. Se trata de textos que profundizan en la sabiduría de los *brāhmaṇas* y también incluyen detalles importantes acerca de la meditación, el yoga y el aspecto esotérico de los ritos. Estos tratados ayudan a prepararse para una vida de desapego.
4. *Upaniṣads*: Estos textos se dedican al *jñāna*. La palabra *upaniṣad* compuesta por el prefijo *upa* (cerca), el prefijo *ni* (abajo), y el verbo *śad* (sentarse) se traduce generalmente como 'sentarse cerca, debajo o a los pies (del maestro)'. Sin embargo, al verbo *sad* también se le asignan otros significados que darán una connotación diferente de la palabra. Al traducir el término *sad* como 'destruir', *upaniṣad* significa 'lo que elimina la oscuridad de la ignorancia'; si traducimos *sad* como 'aflojar', *upaniṣad* significa

'aquello que afloja (los nudos de las dudas, los malentendidos, las inferencias lógicas incorrectas, etcétera)'. Por último, *sad* puede entenderse como 'poner en marcha', indicando que los *upaniṣads* activan la sabiduría del buscador. Los *upaniṣads* son la sección filosófica y la conclusión última de los Vedas.

Tri-vidyā o 'tres clases de conocimiento'

El Veda también se subdivide en tres partes según el tipo de sabiduría que imparten. Esta clasificación se llama *tri-vidyā*, o 'tres tipos de conocimiento':

1. *Karma-kāṇḍa*, también denominada *Veda-pūrva*, es el conocimiento sobre las acciones que otorgan beneficios. Se encuentra en los *mantra-saṁhitās* y los *brāhmaṇas.* Esta sección es muy larga porque se ocupa de los deseos y los medios para satisfacerlos. Está relacionada con rituales, sacrificios y mantras. *Veda-pūrva* incluye:

Dharma: La ética religiosa.
Kāma: Las actividades religiosas y rituales para obtener placeres.
Artha: Las actividades necesarias para la seguridad.

El *Muṇḍaka Upaniṣad* explica esta sección:

tad etat satyaṁ mantreṣu karmāṇi kavayo
yāny apaśyāṁs tāni tretāyām bahudhā santatāni
tāny ācaratha niyataṁ satya-kāmā
eṣa vaḥ panthāḥ sukṛtasya loke

Sabe que eso es la Verdad: en los mantras se prescriben varios karmas que fueron realizados por los sabios *ṛṣis*. En el *Tretā-yuga*, estos karmas eran populares y muchos los practicaban. Incluso si estos karmas se practican ahora, ciertamente se puede adquirir el objeto deseado. Este es el modo legítimo de alcanzar cualquier mundo celestial que desees.

(*Muṇḍaka Upaniṣad*, 1.2.1)

2. *Upāsanā-kāṇḍa*: La presente sección se encuentra en los *āraṇyakas* y explica el aspecto esotérico de los rituales. Si comparamos los Vedas con el cuerpo humano, la porción *karma-kāṇḍa* se correspondería con las extremidades, mientras la sección *upāsanā-kāṇḍa* sería el corazón, porque está destinada a ayudar a concentrar la atención en el Supremo y cultivar la devoción por Dios.

El *Muṇḍaka Upaniṣad* describe esta porción de los Vedas así:

tapaḥ śraddhe ye hy upavasanty araṇye
śāntā vidvāṁso bhaikṣya-caryāṁ carantaḥ

sūrya-dvāreṇa te virajāḥ prayānti
yatrāmṛtaḥ sa puruṣo hy avyayātmā

Esos sabios que hacen penitencia con fe, en el bosque (soledad), que controlan sus sentidos, viviendo una vida sencilla de mendicantes, van al mundo solar de la luz, donde se consumen sus méritos y deméritos, donde habita el supremo Puruṣa (Dios con forma) inmortal e imperecedero.

(*Muṇḍaka Upaniṣad*, 1.2.11)

3. *Jñāna-kāṇḍa,* también denominada *Veda ānta*, es una sección más reducida que se ocupa exclusivamente del deseo de liberación, o *mokṣa*. Esta sabiduría se imparte en los *upaniṣads*. Mientras que *karma-kāṇḍa* enseña a satisfacer los deseos a través de acciones sin violar el *dharma*, *jñāna-kāṇḍa* apunta al deseo de liberación a través de la sabiduría en lugar de las acciones.

El *Muṇḍaka Upaniṣad* también se refiere a la porción *vedānta* de los Vedas de la siguiente manera:

divyo hy amūrtaḥ puruṣaḥ
sabāhyābhyantaro hy ajaḥ
aprāṇo hy amanāḥ śubhro
hy akṣarāt parataḥ paraḥ

El Ser divino no tiene forma, en verdad; está tanto dentro como fuera. Es no nacido, puro y precede tanto a la vida como a la mente. En verdad, es más elevado incluso que lo indestructible [causal], ¡a pesar de lo excelso que es!

(*Muṇḍaka Upaniṣad*, 2.1.2)

Los *vedāṅgas* y los *upāṅgas*

aṅgopāṅgopavedā syur
vedasyaivopakārakā
dharmārtha-kāma-mokṣāṇām
aśrayā syuś catur-daśa

vedāṅgāni ṣad etāni
śikṣā vyākaraṇa tathā
nirukta jyautiṣa kalpaś
chando vicitirity api

Los miembros auxiliares (*aṅgas* de los Vedas), los miembros secundarios (*upāṅgas*) y los Vedas suplementarios (*upavedas*) son todos útiles para los Vedas mismos. Son las fuentes del conocimiento acerca del deber (*dharma*), la riqueza (*artha*), el deseo (*kāma*) y la liberación final (*mokṣa*). Hay catorce de ellos.

(*Sarva-siddhānta-saṅgraha*, 1.2-3)

Para comprender los Vedas, los estudiantes deben aprender sánscrito. Los aspirantes espirituales no pueden basarse en traducciones de las escrituras, ya que a menudo no son fieles al original. Por ejemplo, algunos escritos fueron traducidos del sánscrito al alemán o francés y luego al inglés o español, lo que distorsiona el mensaje original. Los estudiantes de *vedānta* también deben familiarizarse con las seis disciplinas auxiliares que se presentan en los *vedāṅgas*:

1. Fonética (*śikṣā*): La pronunciación en sánscrito es especialmente importante, ya que los mantras pierden su eficacia y potencia energética si se pronuncian inadecuadamente.
2. Gramática (*vyākaraṇa*): Es esencial para comprender las escrituras.
3. Prosodia (*chandas*): Es una rama de la lingüística que analiza y representa formalmente diversos elementos de la expresión oral como el acento, los tonos y la entonación.
4. Etimología (*nirukta*): Estudia el origen de las palabras.
5. Astrología y astronomía (*jyotiṣa*): Según la tradición védica, nuestra vida se rige por el movimiento planetario. La astrología nos ayuda a establecer fechas y horas propicias para casamientos, rituales y demás, basado en la posición de los planetas.
6. Ritualismo (*kalpa*): Comprende el conocimiento acerca de ceremonias y rituales purificadores, que son importantes para el desarrollo del aspirante.

Los *upāṅgas* son textos complementarios que incluyen:

1. Análisis.
2. Lógica.
3. Literatura puránica, que se divide en *itihāsas* y *mahā-purāṇas*. Los *itihāsas* más conocidos son el *Mahābhārata* y el *Rāmāyaṇa*.
4. *Dharma-śāstras*: Tratados sobre leyes y regulaciones morales.

El triple canon vedántico

Prasthāna-trayī, o 'las tres fuentes', es el cuerpo de escrituras acreditadas de las escuelas vedánticas; son tres tipos de textos: *śruti*, *smṛti* y *nyāya*. Se supone que todo estudiante de *vedānta* debe familiarizarse con estas tres ramas de conocimiento.

1. *Śruti-prasthāna*: Este término procede de la raíz sánscrita *śru* que significa 'escuchar' porque se trata de la sabiduría revelada a los videntes de la antigüedad en sus meditaciones. La revelación divina se permitió escuchar a los *ṛṣis*, por lo que nos referimos a esta como 'lo escuchado'. El conocimiento denominado *śruti* es la revelación misma cuyo origen no es humano, por lo cual se denomina *apauruṣeyā*. Es el conocimiento perfecto libre de las limitaciones e imperfecciones del intelecto humano. Se refiere especialmente a los cuatro Vedas originales, que incluyen los

upaniṣads, sobre los cuales Śaṅkarācārya elaboró comentarios.

2. *Smṛti-prasthāna*: La palabra *smṛti* significa 'lo recordado'. El *smṛti* enseña las experiencias trascendentales de los sabios de antaño. Si bien el *śruti* ocupa el lugar principal en la jerarquía védica, el *smṛti* se sitúa en un lugar secundario con la excepción del *Bhagavad-gītā*. Aunque el *Bhagavad-gītā* sea un *smṛti*, se acepta como *śruti* debido a que proviene de Kṛṣṇa. También se le llama *sadhāna-prasthāna*, o 'la fuente de la práctica'.
3. *Nyāya-prasthāna*: El término *nyāya* significa 'lógica'. El *Brahma Sūtra*, también llamado *Vedānta Sūtra*, sistematiza la sabiduría contenida en los *upaniṣads* y el *smṛti*. Es una escritura extensa y compleja que expone el conocimiento upanishádico de una manera lógica y organizada.
4. *Nyāya*: *Brahma Sūtra* o *Vedānta Sūtra* es una obra que sistematiza la sabiduría contenida tanto en los *upaniṣads* como en el *smṛti*. Es un texto extenso y complicado que expone de manera lógica y ordenada el conocimiento upanishádico.

Los *upaniṣads*

Los *upaniṣads* no se asemejan a ningún texto filosófico occidental, desde los tiempos de la antigua Grecia hasta la época actual. En lugar de ideas o conclusiones filosóficas, los textos vedánticos relatan la experiencia espiritual interna. Los *upaniṣads* no son para ser estudiados, sino para ser escuchados en el silencio de la meditación. El mensaje upanishádico sobrepasa el ámbito filosófico. No incentiva la reflexión filosófica o la fe en mitos o dogmas. Las manipulaciones mentales no nos ayudarán a asimilar estas revelaciones auténticas, sino que solo el silencio lo permitirá.

śrī-rāma uvāca-
ṛg-vedādi-vibhāgena
vedāś catvārāīr itāḥ
teṣāṁ śākhā hy anekāḥ
syus tāsūpaniṣadas tathā

ṛg-vedasya tu śākhāḥ syur
ekaviṁśati-saṅkhyakāḥ
navādhika-śataṁ śākhā
yajuṣo mārutātmaja

sahasra-saṅkhyayā jātāḥ
śākhāḥ sāmnaḥ parantapa
atharvaṇasya śākhāḥ syuḥ
pañcāśad-bhedato hare

ekaikasyāstu śākhāyā
ekaikopaniṣan matā
tāsām ekām ṛcaṁ yaś ca
paṭhate bhaktito mayi

El Señor Rāma dijo: hay cuatro Vedas, *Ṛg Veda* y demás. Dentro de ellos existen

> muchas ramas y *upaniṣads*. *Ṛg Veda* tiene 21 ramas y *Yajur* tiene 109. *Sāma* tiene 1 000 y *Atharva* tiene 50. Cada rama tiene un *upaniṣad*. Incluso leyendo un verso de ellos con devoción, uno alcanza un estado de unión conmigo, que es difícil de alcanzar incluso para los sabios.
>
> (*Mukti Upaniṣad*, 11-14)

Mientras el conocimiento que ofrece la sección *karma-kāṇḍa* es un medio, lo que el *jñāna-kāṇḍa* ofrece es el fin en sí mismo. Para obtener aquello de lo cual carecemos, necesitamos aprender los medios para lograrlo. El conocimiento difiere de la meta. Pero si deseamos conocer nuestra realidad, o realizar nuestra propia naturaleza, el conocimiento es, claramente, un fin en sí mismo.

Por lo general, los *upaniṣads* fueron escritos como versos poéticos o diálogos entre un maestro y su discípulo. La palabra *upaniṣad* (sentarse cerca o a los pies del maestro) sugiere un proceso de enseñanza íntima. El significado de este término se amplió hasta implicar las enseñanzas secretas impartidas por los gurús a sus discípulos.

Según la tradición, es una colección formada por 108 textos —aunque su número asciende a casi 150— que contiene valiosísimos testimonios fidedignos recibidos directamente de los sabios védicos de la antigüedad. Aunque estos textos abordan los mismos temas, los enfocan desde diferentes perspectivas.

Los *upaniṣads* concluyen la serie que comenzó con las cuatro colecciones de *saṁhitas*: *Ṛg*, *Yajur*, *Sāma* y *Atharva*.

Estas cuatro agrupaciones literarias comprenden la revelación védica denominada *śruti*, o 'lo oído'. A partir de los *upaniṣads*, la literatura védica deja de llamarse *śruti* y pasa a denominarse *smṛti*, o 'lo recordado'. En cierto modo, la literatura sagrada de la India hasta los *upaniṣads* puede considerarse revelación pura, mientras que los textos posteriores se basan más en la tradición.

Los siguientes 108 *upaniṣads* son aceptados por la tradición védica:

Los 10 *upaniṣads del Ṛg Veda*:
Principal *upaniṣad*: *Aitareya Upaniṣad.*
Vedānta upaniṣads: *Ātma-bodha Upaniṣad*, *Kauṣītaki-brāhmaṇa Upaniṣad* y *Mudgala Upaniṣad.*

- *Sannyāsa upaniṣad*: *Nirvāṇa Upaniṣad.*
- *Yoga upaniṣads*: *Nāda-bindu Upaniṣad.*
- *Vaiṣṇava upaniṣads*: no existen.
- *Śaiva upaniṣads*: *Akṣa-mālika Upaniṣad.*
- *Śākta upaniṣads*: *Tripura Upaniṣad*, *Bahvṛca Upaniṣad* y *Saubhāgya-lakṣmi Upaniṣad.*

Los 19 *upaniṣads* del *Śukla Yajur Veda*:
Principales *upaniṣads*: *Iśāvāsya Upaniṣad* y *Bṛhad-āranyaka Upaniṣad.*

- *Vedānta upaniṣads*: *Adhyātma Upaniṣad*, *Nirālamba Upaniṣad*, *Paiṅgala Upaniṣad*, *Mantrika Upaniṣad*, *Muktika Upaniṣad* y *Subāla Upaniṣad.*
- *Sannyāsa upaniṣads*: *Advaya-tāraka Upaniṣad*,

Jābāla Upaniṣad, Turīyātīta Upaniṣad, Paramahaṁsa Upaniṣad, Bhikṣuka Upaniṣad, Yājña-valkya Upaniṣad y *Śātyāyanīya Upaniṣad.*

- *Yoga upaniṣads*: *Tri-śikhi-brāhmaṇa Upaniṣad, Maṇḍala-brāhmaṇa Upaniṣad* y *Haṁsa Upaniṣad.*
- *Vaiṣṇava upaniṣads*: *Tāra-sāra Upaniṣad.*
- *Śaiva upaniṣads*: no hay.
- *Śākta upaniṣads*: no hay.

Los 32 *upaniṣads* del *Kṛṣṇa Yajur Veda*:
Principales *upaniṣads*: *Kaṭha Upaniṣad* y *Taittirīya Upaniṣad.*

- *Vedānta upaniṣads*: *Akṣya Upaniṣad, Ekākṣara Upaniṣad, Garbha Upaniṣad, Prāṇāgni-hotra Upaniṣad, Śvetāśvatara Upaniṣad, Śārīraka Upaniṣad, Śuka-rahasya Upaniṣad, Skanda Upaniṣad* y *Sarva-sāra Upaniṣad.*
- *Sannyāsa upaniṣads*: *Kaṭha-rudra Upaniṣad* y *Brahma Upaniṣad.*
- *Yoga upaniṣads*: *Amṛta-bindūpaniṣad, Amṛta-nāda Upaniṣad, Kṣurika Upaniṣad, Tejo-bindūpaniṣad, Dhyāna-bindu Upaniṣad, Brahma-vidya Upaniṣad, Yoga-kuṇḍaly Upaniṣad, Yoga-tattva Upaniṣad, Yoga-śikha Upaniṣad, Varāha Upaniṣad* y *Avadhūta Upaniṣad.*
- *Vaiṣṇava upaniṣads*: *Kali-santaraṇa Upaniṣad* y *Mahā-nārāyaṇa Upaniṣad.*
- *Śaiva upaniṣads*: *Kālāgni-rudra Upaniṣad, Kaivalya Upaniṣad, Dakṣina-mūrty Upaniṣad, Pañca-brahma Upaniṣad* y *Rudra-hṛdaya Upaniṣad.*
- *Śākta upaniṣads*: *Sarasvatī-rahasya Upaniṣad.*

Los 16 *upaniṣads* del *Sāma Veda*:
Principales *upaniṣads*: *Kena Upaniṣad* y *Chāndogya Upaniṣad.*

- *Vedānta Upaniṣads*: *Maha Upaniṣad, Maitrāyaṇy Upaniṣad, Vajra-sūcika Upaniṣad* y *Sāvitry Upaniṣad.*
- *Sannyāsa Upaniṣads*: *Arunya Upaniṣad, Kuṇḍika Upaniṣad, Maitreyya Upaniṣad* y *Sannyāsa Upaniṣad.*
- *Yoga Upaniṣads*: *Jābālyupa Upaniṣad* y *Yoga-cūḍāmanya Upaniṣad.*
- *Vaiṣṇava Upaniṣads*: *Avyakta Upaniṣad* y *Vāsudeva Upaniṣad.*
- *Śaiva Upaniṣads*: *Darśana Upaniṣad* (*Jābāla-darśana Upaniṣad*) y *Rudrākṣa-jābāla Upaniṣad.*
- *Śākta Upaniṣads*: No hay.

Los 31 *upaniṣads* del *Atharvā Veda*:
Principales *upaniṣads*: *Praśna Upaniṣad, Māṇḍūkya Upaniṣad* y *Muṇḍaka Upaniṣad.*

- *Vedānta Upaniṣads*: *Ātma Upaniṣad* y *Sūrya Upaniṣad.*
- *Sannyāsa Upaniṣads*: *Nārada-parivrājaka Upaniṣad, Para-brahma Upaniṣad* y *Parama-haṁsa-parivrājaka Upaniṣad.*
- *Yoga Upaniṣads*: *Pāśupata-brahma Upaniṣad, Mahā-vākya Upaniṣad* y *Śāṇḍilya Upaniṣad.*
- *Vaiṣṇava Upaniṣads*: *Kṛṣṇa Upaniṣad, Gāruḍa Upaniṣad, Gopāla-tāpaniya Upaniṣad, Tripād-vibhūti-mahā-nārāyaṇa Upaniṣad, Dattātreya Upaniṣad, Nṛsiṅha-tāpanīya Upaniṣad, Rāma-tāpaniya Upaniṣad, Rāma-rahasya Upaniṣad* y *Hayagrīva Upaniṣad.*

- *Śaiva Upaniṣads*: *Atharva-śikha Upaniṣad*, *Atharva-śira Upaniṣad*, *Gaṇapatya Upaniṣad* y *Bṛhaj-jābāla Upaniṣad*.
- *Śākta Upaniṣads*: *Annapūrṇa Upaniṣad*, *Tripurā-tapinya Upaniṣad*, *Devya Upaniṣad*, *Bhāvana Upaniṣad* y *Sīta Upaniṣad*.

Los *prakaraṇa-granṭhas*

Además de los *śāstras* que tratan acerca de la realidad última o Brahman, existe otra clase de libros, llamados *prakaraṇa-granṭhas*, que explican la terminología utilizada en los *śāstras*. Los *prakaraṇas* son textos breves con explicaciones simples de los temas básicos de *vedānta*. Están destinados a principiantes en que aún no están familiarizados con los *upaniṣads* o el *Bhagavad-gītā*. Los *prakaraṇa-granṭhas* más conocidos son:

- *Viveka-cūḍāmaṇi*
- *Upadeśa-sāhasrī*
- *Ātma-bodha*
- *Aparokṣānu-bhūti*
- *Daśa-ślokī*
- *Śata-ślokī*
- *Vākya-vṛtti*
- *Pañcīkaraṇam*
- *Prabodhasudhākara*
- *Tattva-bodhā*
- *Vedānta-sara*
- *Pañcadaśī*

Capítulo 5

Brahman

tiryag ūrdvam adhaḥ pūrṇaṁ
sac-cid-ānandam advayam
anantaṁ nityam ekaṁ yat
tad brahmety avadhārayet

Realiza que 'eso' es Brahman, que es la existencia, el conocimiento y la dicha absolutos (*sac-cid-ānanda*), que es no dual, infinito, eterno, uno, e impregna todos los espacios: arriba y abajo y todo lo que existe entre ellos.

(*Ātma-bodha*, 56)

Según la revelación de los *ṛṣis* vedánticos, tras el universo de nombres y formas reside una única realidad denominada Brahman. Este constituye la naturaleza singular en lo profundo de este mundo de multiplicidad. Brahman no es ni materia ni energía, debido a que estas existen solo dentro de los límites del tiempo y el espacio.

Solo puede ser considerado consciencia pura. Brahman no es dependiente ni relativo a nada ni nadie.

El *Taittirīya Upaniṣad* se refiere a Brahman de la siguiente manera:

satyaṁ jñānam anantaṁ brahma

> Brahman es [de la naturaleza de] la existencia pura (*satyam*), la omnisciencia (*jñānam*) y la infinitud (*anantaṁ*).
>
> (*Taittirīya Upaniṣad*, 2.1.1)

El *advaita vedānta* indica que Brahman es la única realidad (*brahma satyaṁ*) y que el mundo tiene una existencia temporal (*jagan mithyā*).

brahma satyaṁ jagan mithyā
jīvo brahmaiva nāparaḥ

> Brahman es real. El universo es falso. La *jīva* es Brahman mismo: no es diferente de Brahman.
>
> (Śaṅkarācārya, *Brahma-jñānāvalī-mālā*, 20a)

Esta afirmación hunde sus raíces en el *Nirālambha Upaniṣad*:

tapa iti ca brahma satyaṁ jagan-mithyety aparokṣa-jñānāgninā brahmādy aiśvaryāśā siddha-saṅkalpa-bīja-santāpaṁ tapaḥ.

> ¿Qué es *tapas*? *Tapas* es el acto de quemar —a través del fuego de la cognición directa del conocimiento de que Brahman es la Verdad y el universo es falso— la semilla del deseo, profundamente enraizada, de alcanzar los poderes de Brahman, y demás.
>
> (*Nirālamba Upaniṣad*, 35)

Esta premisa también es sostenida por otros *upaniṣads*:

sad eva somyedam arga āsīd ekam evādvitīyam

> Mi querido Śvetaketu, en el principio, antes de la creación del universo (*idam arga*), solo existía la realidad (*sat*) de Brahman, el Uno sin segundo (*ekam evādvitīyam*).
>
> (*Chāndogya Upaniṣad,* 6.2.1)

Según los sabios upanishádicos, Brahman posee dos aspectos: *saguṇa* y *nirguṇa*. Saguṇa o Apara-brahman es Brahman condicionado por los *upādhis* de *māyā,* o 'agentes limitativos de la ilusión'. *Nirguṇa* es Brahman carente de toda característica o cualidad. También se denomina Para-brahman o 'Brahman supremo'.

El *Kaṭha Upaniṣad* describe con claridad ambos aspectos de Brahman:

agnir yathaiko bhuvanaṁ praviṣṭo
rūpaṁ rūpaṁ pratirūpo babhūva
ekas tathā sarva-bhūtāntarātmā
rūpaṁ rūpaṁ pratirūpo bahiś ca

Así como el fuego es uno, pero al entrar en el mundo, asume diferentes formas dependiendo el objeto que consume, así también el Ser no dual, que habita en todos los seres, adquiere la forma de cada criatura en la que entra.

(*Kaṭha Upaniṣad*, 2.2.9)

vyāyur yathaiko bhuvanaṁ praviṣṭo
rūpaṁ rūpaṁ pratirūpo babhūva
ekas tathā sarva-bhūtāntarātmā
rūpaṁ rūpaṁ pratirūpo bahiś ca

Al igual que el aire es uno, pero adquiere diferentes formas cuando ingresa en diferentes objetos, también el Ser no dual adquiere la forma de cada criatura en la que entra.

(*Kaṭha Upaniṣad*, 2.2.10)

sūryo yathā sarva-lokasya cakṣuḥ
na lipyate cākṣuṣair bāhya-doṣaiḥ
ekas tathā sarva-bhūtāntarātmā
na lipyate loka-duḥkhena bāhyaḥ

Al igual que el sol, que es el ojo del mundo, no está manchado por manchas oculares o por cosas externas reveladas por él, así también el Ser, que mora en todos los seres, no está manchado por la miseria del mundo. ¡Porque el Ser trasciende todo!

(*Kaṭha Upaniṣad*, 2.2.11)

Saguṇa-brahman

Los *upaniṣads* describen tanto el aspecto trascendente como el inmanente de Brahman. Brahman asume los *upādhis* de *māyā* y se manifiesta como el universo y su creador. Desde el punto de vista relativo, es omnipresente. Brahman en su aspecto inmanente no solo reside en el universo, sino que se convierte en este. Sin embargo, a pesar de convertirse en el universo Brahman no se agota en este, porque en su naturaleza esencial continúa siendo trascendental. El *Śvetāśvatara Upaniṣad* se refiere a Brahman como el que impregna todo:

tileṣu tailaṁ dadhinīva sarpir
āpaḥ srotaḥ svaraṇīṣu cāgniḥ
evam ātmā 'tmani gṛhyate 'sau sat
yenainaṁ tapasāyo 'nupaśyati

> Como el aceite en el sésamo, como la mantequilla en la cuajada, como el agua en los arroyos subterráneos, como el fuego [escondido] en la leña, del mismo modo el Ser se percibe dentro de uno mismo mediante la Verdad y la concentración.
>
> (*Śvetāśvatara Upaniṣad*, 2.15)

De acuerdo con la revelación upanishádica, Brahman existía en un principio y creó el universo manifestándolo de sí mismo. Brahman impregna el universo. No existe un segundo principio que proporcione materiales para crear. La creación procede de Brahman como la tela que emana de la araña o como las chispas vuelan del fuego.

Brahman es tanto la causa material como eficiente del universo. Es la esencia de todo. Todo depende de este.

sarvaṁ khalv idaṁ brahma
taj jalān iti śānta upāsīta

> Brahman es el origen, el fin y el sustento de todo [este universo]. Por lo tanto, uno debe meditar tranquilamente en Brahman.
> (*Chāndogya Upaniṣad*, 3.14.1)

El *Chāndogya Upaniṣad* menciona en este verso el término Taj-jalān, que es un nombre secreto de Brahman a través del cual puede ser adorado. Taj-jalān se compone de las palabras *taj-ja* (el creador de esto), *taj-la* (el destructor de esto) y *tad-an* (el aliento de esto). Según el comentario de Śaṅkara (*bhāṣya*), el nombre Taj-jalān resume los atributos de Brahman como creador, preservador y destructor del universo.

> *kathaṁ sarvasya brahmatvam? ityata āha—taj-jalān iti; tasmād brahmaṇo jātaṁ tejo-'vannādi-krameṇa sarvam, atas taj-jam; tathā tena iva janana-krameṇa pratilomatayā tasminn eva brahmaṇi līyate tad-ātmatayā śliṣyata iti tal-lam, tathā tasminn eva sthiti-kāle 'n iti prāṇiti ceṣṭata iti. evaṁ brahmātmatayā triṣu kāleṣv aviśiṣṭaṁ tad vayyatir ekeṇāg murahaṇāt.*

> Pero, ¿cómo puede el carácter de Brahman pertenecer a todos? Se explica como Tajjalān: 'comienza, termina y continúa en este'. Todo, comenzando con la luz, la comida, etcétera, nace de Brahman, de ahí el *taj-ja*, o 'comienza en este'. De manera similar, en un orden inverso al del nacimiento, todo esto se disuelve en Brahman (se vuelve idéntico a él): de ahí *tal-la*, o 'termina en él'. De la misma manera, durante la existencia, todo vive y se mueve en este; por lo tanto, *tad-an*, o 'continúa o respira en este'. Por lo tanto, en los tres periodos de tiempo (creación, mantenimiento y disolución) este universo sigue siendo uno con Brahman y nunca se conoce aparte de este.
>
> (Śaṅkarācārya, *Chāndogya Upaniṣad Bhāṣya*, 3.14.1)

Nirguṇa-brahman

La palabra sánscrita *guṇa* significa 'cualidad' y *nir* quiere decir 'sin'; *nirguṇa* es 'aquello que carece de toda cualidad'. Las cualidades residen en aquello que cualifican, por lo tanto, crean una relación cualificador-cualificado en la plataforma dual. Brahman no permite tal relación, ya que es lo único que realmente existe. Al trascender toda limitación, Brahman es el Uno sin segundo. Debido a que lo absoluto no admite cualidad alguna, se denomina Nirguṇa-brahman.

eko devaḥ sarva-bhūteṣu gūḍhaḥ
sarva-vyāpī sarva-bhūtāntarātmā
karmādhyakṣa sarva-bhūtādhivāsaḥ
sākṣī cetā kevalo nirguṇaś ca

> El Señor no dual y resplandeciente está oculto en todos los seres. Penetrándolo todo y morando en todas las cosas, el Ser más íntimo de todas las criaturas, el impulsor de las acciones, es el testigo, el animador y el absoluto, liberado de las *guṇas*.
>
> (*Śvetāśvatara Upaniṣad*, 6.11)

Nirguṇa-brahman es indescriptible mediante definiciones verbales porque no se le pueden adjudicar cualidades o atributos. Es imposible de objetualizar o definir mediante las palabras, no porque sea complicado sino porque antecede al lenguaje. La única manera de describirle es a través de un método denominado *neti, neti*, o 'no esto, no esto', que es la negación de los atributos empíricos, las definiciones y las relaciones. Siendo indefinible e inconcebible, únicamente las declaraciones negativas constituyen afirmaciones legítimas acerca de lo absoluto carente de cualidades.

Este mundo relativo es una realidad formada por pares de opuestos. Si sabemos lo que es el frío es porque hemos experimentado el calor; si reconocemos el dolor es porque conocemos el placer; si sentimos alegría con toda seguridad sentimos sufrimiento. Cada uno de estos ejemplos es un par de opuestos. Es completamente imposible conocer una polaridad e ignorar la otra: están interrelacionados.

Si alguien hubiera estado encerrado en una habitación iluminada desde su nacimiento, ciertamente no sabría qué es la oscuridad, pero tampoco sabría qué es la luz.

Nuestro conocimiento acerca del mundo fenoménico se basa en los pares de opuestos. Toda palabra o expresión que utilizamos en este mundo dual es necesariamente relativa. Solo comprendemos la existencia de algo con relación a su opuesto. Por lo tanto, es imposible para la mente humana concebir a Brahman como la única realidad existente. Referirnos a Brahman como absoluto o infinito son meros esfuerzos por verbalizar lo que no puede ser definido con palabras.

A través de nuestra mente, comprendemos la palabra *infinito* relacionándola con la palabra *finito*.

La mente finita no puede concebir ideas como eternidad o infinitud, porque si pudiera decir 'infinitud', esta infinitud dejaría de ser infinita. Un 'infinito'que puede ser definido mentalmente es necesariamente limitado, ya que toda definición implica una limitación. Cualquier límite crearía una realidad secundaria fuera de ese borde, y no pueden existir dos infinitos.

Términos como *infinito* o *eterno* son adjetivos, es decir, palabras que se utilizan para calificar un objeto o una persona. Sin embargo, todo objeto o persona se encuentra limitado por el espacio y el tiempo, mientras que Brahman es trascendental a cualquier forma de limitación. Evidentemente, ningún adjetivo es adecuado para referirse a Brahman. Los maestros han utilizado estas palabras solo para facilitar nuestra comprensión intelectual. En repetidas ocasiones, los *upaniṣads* le atribuyen a Brahman cualidades irreconciliables para demostrar que es completamente diferente de todo lo conocido por la mente y los sentidos.

> *taj janita-vāsanā-rūpaṁ ca sarva-jñaṁ sarva-śakti sopakhyaṁ bhavati. kriyā-kāraka-phalātmakaṁ ca sarva-vyavahārāspadam. tad eva brahma vigata-sarvopādhi-viśeṣam samyag darśana-viṣayaṁ, ajam ajaram amṛtam abhayam, vāṅ manasayor apy aviṣayam advaitatvāt 'neti neti' iti nirdiśyate.*
>
> El Brahman, omnisciente y omnipotente, está condicionado por la naturaleza de las impresiones que surgen de los elementos. Consiste en acciones, sus factores y resultados, y constituye la base de todas las actividades. Ese mismo Brahman, desprovisto de todo adjunto limitante, es el objeto de la percepción correcta. No ha nacido ni decae; es inmortal, inalcanzable incluso por el habla y la mente. Al ser no dual, se predica con palabras como 'no esto, no esto'.
>
> (Śaṅkarācārya, *Bṛhad-āraṇyaka Upaniṣad Bhāṣya*, 2.3.1)

Solo al trascender la realidad limitada por espacio, tiempo y causalidad, se experimenta a Brahman como el Uno sin segundo.

Brahman carece de forma. Las formas y los nombres existen dentro del contexto del tiempo y el espacio. Tal como lo indica el *Bṛhad-āraṇyaka Upaniṣad* (4.4.19): *neha nānāsti kiñcana*, o «no existe ninguna forma separada de la Verdad absoluta no dual».

Brahman es indivisible. De acuerdo con el *vedānta*, existen tres clases de distinciones:

1. *Sajātīya-bheda*: Las distinciones entre objetos de la misma naturaleza.
2. *Vijatīya-bheda*: Las distinciones entre objetos de diferente naturaleza.
3. *Svagata-bheda*: Las distinciones entre diferentes partes de un mismo objeto.

> *sajātīya-vijātīya-svagata-bheda-rahitā anubhūtiḥ sattā.*
>
> El estado en el cual se carece de distinciones con respecto a sus propias partes, su propia naturaleza, así como otras naturalezas.
>
> (Śaṅkarācārya, *Viṣṇu-sahāsra-nāma Bhāṣya*, *śloka* 75)

Siendo la única realidad, Brahman no posee las dos primeras clases de división. Siendo amorfo, carece de partes y, por lo tanto, tampoco posee *svagata-bheda*. Brahman es inmutable, puesto que toda división implicaría un supuesto cambio.

Brahman es *sac-cid-ānanda*

Brahman es *sac-cid-ānanda*, o 'existencia (*sat*), consciencia (*cid*) y dicha (*ānanda*)'.

nitya-śuddha-cidānanda-
sat-tāmātro 'ham avyayaḥ
nitya-buddha-viśuddhaika
sac-cid-ānandam asmy aham

No soy nada más que *sat* (existencia), *ānanda* (dicha) y *cit* (consciencia) incondicionada y pura. Soy el *sac-cid-ānanda* que es eterno, iluminado y puro.

(*Tejo-bindu Upaniṣad*, 2.11)

Sat - Brahman es existencia

yataḥ sarvāṇi bhūtāni
pratibhānti sthitāni ca
yatraivopaśamaṁ yānti
tasmai satyātmane namae

Salutaciones a aquel que es la realidad misma, de quien proceden todos los seres, de quien se manifiestan, de quien dependen y en quien al final se extinguen.

(*Yoga-vāsiṣṭha*, «*Vairāgya-prakaraṇa*», 1.1.1)

Brahman no existe, sino que es la existencia misma, o *sat*. Los sabios vedánticos relacionan la realidad con la perpetuidad. Si algo se encuentra sujeto a cambios, o si su manifestación es temporal, no lo consideran como real. No podemos definir claramente una entidad que en un determinado momento es un gato, luego una gallina, posteriormente un elefante, para finalmente transformarse en una tortuga. No podemos considerar real una entidad que vemos durante un segundo y luego se desintegra. Por ejemplo, la realidad del sueño aparece durante un tiempo determinado para después esfumarse de manera definitiva: es una ilusión, ya que posee un principio y un fin. Lo real existe ayer, hoy y mañana. Solo a aquello que es inmutable puede considerarse real; por lo tanto, siendo la inmutabilidad absoluta, Brahman es la única realidad.

Brahman es la pantalla en la que se proyecta el juego de la vida (*līlā*). Todo lo que vemos en la película existe porque la pantalla está presente. Brahman es *adhiṣṭhāna*, o 'el sustrato', que yace tras la realidad relativa de nombres y formas.

Cit - Brahman es consciencia

jñātājñānaṁ tathā jñeyaṁ
draṣṭā darśana dṛśyabhūḥ
kartā hetuḥ kriyā yasmāt
tasmai jñātmane namaḥ

Él es el conocedor, el conocimiento y todo lo
que debe conocerse. Él es el veedor, el acto

de ver y todo lo que es visto. Él es el actor, la causa y el efecto. Por tanto, salutaciones a él que es el conocimiento mismo.

(*Yoga-vāsiṣṭha*, «*Vairāgya-prakaraṇa*», 1.1.2)

Brahman es la consciencia misma (*cit*). Toda entidad en la creación que parece ser consciente, toma prestada la consciencia de Brahman, que es la única fuente de la consciencia. Si miramos superficialmente, el cuerpo o la mente de una persona parecen ser conscientes. Sin embargo, el cuerpo no es capaz de experimentar nada si está desconectado de la mente. A su vez, una mente anestesiada pierde la consciencia y el contacto con el entorno. Esto demuestra que la consciencia no constituye una parte integral de la mente porque de ser así, no sería posible separar la una de la otra. El hecho de que, aunque el cuerpo físico esté presente, pueda carecer de consciencia, demuestra que este no es el origen de la consciencia. Brahman no solo es la fuente y el origen de la consciencia, sino que es la consciencia misma.

Ānanda - Brahman es dicha

sphuranti śīkarā yasmād
ānandasyāmbare 'vanau
sarveṣāṁ jīvanaṁ tasmai
brahmānandātmane namaḥ

Salutaciones a él que es la dicha suprema misma. De quien fluye el rocío del deleite,

> como el agua que brota de una fuente, tanto
> en el cielo como en la tierra, y que es la vida
> de todo.
>
> (*Yoga-vāsiṣṭha*, «*Vairāgya-prakaraṇa*», 1.1.3)

Brahman es *ānanda*, o 'dicha absoluta'. No debe confundirse con la felicidad, la cual está relacionada con la percepción sensorial. La felicidad pertenece a la plataforma relativa del tiempo, el espacio y la causalidad. Relacionamos nuestro disfrute con objetos o personas. Vivimos esforzándonos para alcanzarlos como si la felicidad se encontrara en ellos. Sin embargo, si analizamos en un laboratorio diferentes joyas, billetes, cigarrillos, cerveza y autos, no encontraremos felicidad. Cuando disfrutamos una pintura o una canción, la experimentamos en lo profundo de nuestro corazón. Por lo tanto, la dicha no yace la plataforma dual sino en las profundidades de nuestro interior. La felicidad es relativa porque tiene un opuesto: la tristeza. Pero *ānanda* es dicha absoluta, ya que trasciende tanto a la felicidad como a la aflicción. La esencia de lo que somos, o Brahman, es dicha.

Lo manifestado y lo no manifestado

A través de los sentidos, contemplamos la realidad relativa de nombres y formas, que está constituida por una capa superficial de materia burda que cubre innumerables estratos cada vez más sutiles, hasta arribar a los más internos y profundos del universo.

Materia, energía y espíritu no deben ser considerados como separados o desconectados entre sí, sino que solo son diferentes estados de la consciencia que pueden compararse a los diversos estados del agua: hielo, líquido y vapor.

Hace ya bastante tiempo que los físicos enfocan su búsqueda en los planos más sutiles de la materia, con la idea de que, si descubrieran la forma más sutil de energía, implicaría que nuestra realidad objetual está constituida de diferentes expresiones o manifestaciones de ese estado primordial.

La realidad —el Ser inmanifestado— yace en la base del mundo de nombres y formas como la raíz misma de lo manifestado. Lo manifestado no se contrapone a lo no manifestado, sino que es la expresión de lo no manifestado.

La creación, o todo lo que somos capaces de percibir a través de los sentidos, no es sino una expresión de esa existencia pura, de ese dominio trascendental. El Ser único es el plano esencial que se expresa como diversidad: el Uno tornándose muchos, la unidad manifestándose como multiplicidad.

La vida es abstracta, mientras que lo que vive es su expresión concreta. La existencia es lo sutil, mientras que lo existente es su burda manifestación. El Ser es lo inmanifiesto, mientras que la manifestación del Ser constituye todo lo que es.

El Ser, Brahman, es la vida o la existencia, la fuente y origen de todo lo que fue, es y será, tal como lo mencionan tanto el *Vedānta Sūtra* (1.1.2) como el *Bhāgavata Purāṇa* (1.1.1):

oṁ janmādyasya yataḥ

> *Oṁ* (Brahman) es aquello de lo que proceden la creación, la conservación y la destrucción de esta manifestación.
>
> (*Vedānta Sūtra,* 1.1.2)

El cuerpo no es más que el aspecto superficial de nuestra realidad. En la medida en que nos interiorizamos, vamos adquiriendo la consciencia del Ser, o del nivel esencial que realmente somos. El *jñāna-yoga* aspira a la experiencia directa del fundamento mismo de la existencia, o la base subjetual del mundo objetual: una realización que enriquece los distintos ámbitos de nuestra vida. Por esa razón, el *jñāna-yoga* no ve al Ser como algo a alcanzar u obtener por medio de una determinada práctica. Es un descubrimiento y una revelación, porque se trata de nuestra auténtica naturaleza o lo que verdaderamente somos.

rāja-vidyā rāja-guhyaṁ
pavitram idam uttamam
pratyakṣāvagamaṁ dharmyaṁ
susukhaṁ kartum avyayam

> Este es el rey de toda sabiduría y el soberano misterio. Es puro y excelente. Cabe la posibilidad de experimentarlo directamente, de acuerdo con el *dharma* imperecedero y fácil de ejecutar.
>
> (*Bhagavad-gītā,* 9.2)

En la vía de la sabiduría, reconocemos dos aspectos diferentes: la realización del Todo como unidad en nosotros mismos y la contemplación del Todo subyaciendo en la diversidad del universo de nombres y formas. Se trata de reconocer el Todo en las profundidades de nuestro interior y, al abrir los ojos, ver que cada ser constituye una expresión de esa misma totalidad.

La ignorancia conduce a muchos a la errónea conclusión de que el *jñānī* es una persona desconectada del mundo y de la sociedad; una persona interesada tan solo en sí misma e insensible para con el prójimo. Sin embargo, nada más alejado de la realidad. En la medida en que se despierta al Todo como la esencia misma de lo que es, el *jñānī* se torna consciente de que la diversidad es tan solo una manifestación de dicha unidad. De esta manera, la realización del Ser no nos separa de los demás ni tampoco nos sitúa por encima de ellos, sino que crea una intimidad y un acercamiento con todo y con todos los seres.

Capítulo 6

La ilusión o *māyā*

A lo largo de la historia, explicar la relación entre Dios y el universo ha supuesto un gran desafío tanto para filósofos y como para teólogos: ¿cómo un Dios ilimitado y absolutamente puro crea un mundo limitado e impuro? En varios de sus tratados (*kārikās*), Gauḍapāda enfatiza que Brahman se torna una multiplicidad diferenciada debido a *māyā*. *Māyā* proyecta el mundo relativo y dual sobre el Brahman supremo, que es no nacido, eterno e indiferenciado.

kalpayaty ātman-ātmānam
ātmā devaḥ svamāyayā
sa eva budhyate bhedān
iti vedānta-niścayaa

> El Ātman resplandeciente se imagina a sí mismo y por sí mismo a través de su *māyā*; es solo esto lo que otorga consciencia a las entidades; esta es la conclusión del *vedānta* (*upaniṣads*).
>
> (*Gauḍapādīya Kārikā*, 2.12)

prāṇādibhir anantaiś ca
bhāvair etair vikalpitaḥ
māyaiṣā tasya devasya
yayā saṁmohitaḥ svayam

> [Ātman] es imaginado como la vida (*prāṇa*) y otras innumerables entidades. Este es el *māyā* del resplandeciente [Ātman] por el cual este mismo ha sido engañado.
>
> (*Gauḍapādīya Kārikā*, 2.19)

El principio *māyā* es un pilar fundamental del *advaita vedānta*. El término *māyā* comenzó a evolucionar en el periodo del *Ṛg Veda*. Fue Śaṅkara quien le otorgó el significado particular que posee en la actualidad. Su visión es tan diferente del resto de las escuelas filosóficas que sus detractores llaman a su sistema *māyā-vāda*. En sus comentarios sobre el *Vedānta Sūtra*, Śaṅkara se refiere a *māyā* como ilusión, o la falsa percepción de multiplicidad.

eka eva parameśvaraḥ kuṭastha-nityo vijñāna-dhātur avidyayā māyayā māyāvi vad anekadhā vibhāvyate nānyo vijñāna-dhātur astīti.

> El Señor eterno es uno, inmutable, eterno, cuya sustancia es la consciencia, y quien, por medio de *avidyā* (nesciencia), que se denomina *māyā*, se manifiesta de diversas maneras, así como un mago se presenta de diferentes formas mediante sus poderes mágicos.
>
> (Śaṅkarācārya, *Brahma Sūtra Bhāṣya*, 1.3.19)

El mundo tal como lo percibimos no posee una existencia independiente y absoluta. Su realidad es empírica y solo existe mientras lo percibamos a través de los sentidos. Si tuviéramos sentidos diferentes, nuestro entorno nos parecería completamente distinto.

En tanto que inmutable y Uno sin segundo, Brahman transciende la mente. Confundida por la ignorancia, la mente percibe multiplicidad en el mundo objetual porque *māyā* se superpone sobre Brahman. Es imposible lograr el verdadero conocimiento de Brahman a través de una mente impura y limitada por conceptos como tiempo, espacio y causalidad. Este universo aparente permanecerá hasta que logremos trascender *māyā* con la ayuda del conocimiento. Al realizar a Brahman, *māyā* se desvanece.

Śaṅkara se refiere de diversas maneras al principio que es responsable de la proyección del universo fenoménico: *māyā* (ilusión), *avidyā* (ignorancia), *ajñāna* (ausencia de conocimiento) y *avyakta* (inmanifiesto). En su libro *Viveka-cūḍāmaṇi*, describe la naturaleza de *māyā* de la siguiente manera:

san nāpyasan nāpy ubhayātmikā no
bhinnāpy ubhayātmikā no
sāṅgāpy anaṅgāpy ubhayātmikā no
mahādbhutā anirvacanīya-rūpā

Si preguntas acerca de su forma, no se puede expresar: es indescriptible. No es real ni irreal, ni tampoco es una mezcla de ambos. ¿Es distinto del Ātman? No está separado ni es independiente; no es parte del Ātman, aunque tampoco se puede decir que sea no parte del Ātman. No es el cuerpo. Es lo más maravilloso y está más allá de toda descripción.

(*Viveka-cūḍāmaṇi*, 109)

El paradójico principio de *māyā* se puede explicar desde dos perspectivas: empírica (*vyāvahārika*) y trascendental (*pāramārthika*). La primera corresponde a quienes están cegados por *avidyā* y tratan de comprender a Brahman a través de la mente; la segunda es para los iluminados que han experimentado plenamente su auténtica naturaleza.

evaṁ paramārthāyāṁ sarva-vyavahārābhavaṁ vadanti vedāntāḥ sarve.

De esta manera, la totalidad de los textos vedánticos declaran el cese de todos los asuntos fenoménicos mundanos (*vyavahārābhāva*) para quien ha alcanzado el estado más elevado de realidad (*paramārtha*).

(Śaṅkarācārya, *Brahma Sūtra Bhāṣya*, 2.1.14)

evaṁ nirūpitānāṁ pramāṇānāṁ prāmāṇyaṁ dvi-vidham— vyāvahārika-tattvāvedakatvaṁ pāramārthika-tattvāvedakatvañ ceti.

La validez de los medios de conocimiento que se han descrito de la manera mencionada

con anterioridad es de dos tipos: la de la realidad convencional y la realidad absoluta.
(Dharmarāja Adhvarīndra, *Vedānta-paribhāṣā*, capítulo 7)

Desde la perspectiva empírica, la naturaleza de *māyā* es inconcebible e inefable, o *anirvacanīya*, que significa *sattvena asattvena va anirvacanīya* o 'no puede describirse como real o irreal', ya que *māyā* no es ni real ni irreal.

- *Māyā* no es real: Si *māyā* fuese real, existiría algo fuera de Brahman. *Māyā* es temporal y se desvanece con el despertar de la consciencia.
- *Māyā* no es irreal: Si *māyā* fuese irreal, sus efectos no se percibirían incluso mientras la ignorancia humana perdurase.
- *Māyā* no es real e irreal simultáneamente: Si *māyā* fuera real e irreal al mismo tiempo, esto sería una contradicción.

El conocimiento humano recae dentro de las fronteras de la ilusión. Nuestra percepción mental está limitada por tiempo, espacio y causalidad. Por eso, no es imposible conocer a *māyā*. En realidad, *māyā* no tiene una existencia real, sino solo empírica. Su realidad no es absoluta, sino relativa a nuestra mente y sentidos. El mundo relativo de nombres y formas es ilusorio, por lo que no cabe preguntar cómo ha sido creado.

Conocer algo requiere una distancia entre el conocedor y lo conocido. No podemos conocer a *māyā*, ya que no está separada del conocedor. *Māyā* no es un poder ajeno a nosotros: como fenómenos egoicos, somos *māyā*. Nuestra existencia egoica es intrínsecamente ilusoria y, en consecuencia, *māyā* permanece inconcebible e inexplicable.

Los escritos de Śaṅkara y sus seguidores describen las características de *māyā* desde la perspectiva empírica. En su comentario sobre el *Vedānta Sūtra*, Śaṅkara señala que toda actividad empírica en el mundo relativo no es más que *adhyāsa*, o 'superimposición', entre el Ser y el no Ser (*pratyag-ātmany api anātmādhyāsa*). *Avyakta* (inmanifiesto), o *māyā*, constituye el principio proyector de *prakṛti* (la materia primordial) que otorga cualidades limitantes tanto a Īśvara (Dios) como a las *jīvas* (almas). Su naturaleza es relativa y sus efectos son solo aparentes. Cabe destacar que el término *māyā* denota los atributos limitativos de Dios, mientras que *avidyā* (la ignorancia) se refiere a los adjuntos limitantes de la *jīva*. Los sabios explican que el origen de *adhyāsa* (superimposición) es *avidyā* (ignorancia). Por eso, a pesar de que *māyā* carece de un comienzo en el espacio y el tiempo, es posible erradicarla mediante el conocimiento (*vidyā*) de Brahman.

> *vidyāyāṁ hi satyām udite savitari śārvaraṁ iva tamaḥ praṇāśam upagacchati avidyā.*
>
> Cuando amanece el conocimiento, la nesciencia perece como la oscuridad de la noche al salir el sol.
>
> (Śaṅkarācārya, *Bhagavad-gītā Bhāṣya*, 2.69)

Desde la perspectiva trascendental, *māyā* no existe. Todo interrogante intelectual acerca de *māyā* requiere conceptos empíricos. Para quienes han realizado su verdadera naturaleza como Brahman, *māyā* carece de realidad y la relación entre *māyā* y Brahman es absurda. Los seres iluminados son conscientes de que no existe la diferenciación, la dualidad o la limitación. Saben que ni *māyā* ni el universo objetual existen; en otras palabras, solo Brahman es.

Como afirma Śaṅkara en su comentario sobre el *Vedānta-sūtra*:

> *tasmād antyena pramāṇena pratipadita ātmaikatve samastasya prāciīnasya bheda-vyavahārasya bādhitatvān nānekātmaka brahma-kalpanāvakāśo 'sti.*
>
> Por lo tanto, a consecuencia de la unidad del Ser, tal como nos muestra la prueba final del conocimiento válido, no habría forma de imaginar que Brahman consta de varios elementos, ya que todas las actividades anteriores que implican diferencias han sido aniquiladas.
>
> (Śaṅkarācārya, *Brahma Sūtra Bhāṣya*, 2.1.14)

Además, dice en su *Aparokṣānubhūti*:

> *sadaivātmā viśuddho 'sti*
> *hy aśuddho bhāti vai sadā*

yathaiva dvi-vidhā rajjur
jñānino 'jñānino 'niśam

Ātman, aunque es siempre puro para la persona sabia, siempre parece ser impuro para la persona ignorante, así como una cuerda siempre parece ser dos cosas diferentes para la persona que conoce y para la ignorante, respectivamente.

(*Aparokṣānubhūti*, 68)

Aunque Brahman aparenta ser el universo, su pureza absoluta no se ve afectada en lo más mínimo por las limitaciones del mundo relativo. Una conocida parábola vedántica dice que, si caminamos por el jardín al anochecer, podemos confundir una cuerda con una serpiente; sin embargo, las cualidades ilusorias atribuidas a la cuerda no afectan a la cuerda en lo más mínimo. Aunque la confundamos con una serpiente, la naturaleza original de la cuerda permanece sin cambios. De la misma manera, la arcilla puede asumir la forma de un jarro o un macetero, pero su existencia como arcilla no cambia. El oro permanece inmutable, aunque adopte formas de anillos, aros, medallones o brazaletes. Brahman puede convertirse en la realidad objetual mediante *māyā*, y aun así no sufre cambio alguno: permanece como el Uno sin segundo, o *ekam evādvitīyam*.

yad adhyāsas tat-kṛtena doṣeṇa guṇena vā
'ṇumātreṇāpi sa na saṁbadhyate.

> Siendo tal el caso, la cosa que es objeto de la superimposición no se ve afectada en lo más mínimo por el mal o el bien causado por la superimposición.
>
> (Śaṅkarācārya, *Brahma Sūtra Bhāṣya*, «*Adhyāsa-prakaraṇa*»)

Tal como se explicó con anterioridad, Brahman es verdad, conocimiento, infinitud y pureza, mientras el mundo objetual es ilusión, ignorancia, finitud, e impureza.

ātmā jñāna-mayaḥ puṇyo
deho māṁsa-mayo 'śuciḥ
tayor aikyaṁ prapaśyanti
kim ajñānam ataḥ param

> Ātman es todo consciencia y santidad, mientras que el cuerpo es todo carne e impureza; sin embargo, las personas ven a estos dos como uno. ¿Qué sino esto podría llamarse ignorancia?
>
> (*Aparokṣānubhūti*, 19)

Entonces, cabe preguntar: ¿de qué manera el Brahman puro e infinito puede ser el origen de una realidad impura y limitada? La razón es incapaz de aceptar que la eternidad sea el origen la temporalidad. La objetualización de lo indiferenciado quebranta nuestra lógica. Si Brahman es el origen del universo objetual, las limitaciones presentes en el efecto deberían de residir en la causa. Cualitativamente, el efecto no puede ser diferente de su causa. Las deficiencias de la creación deberían originarse en el creador. Sin embargo, según las enseñanzas no duales del *advaita vedānta*, Brahman no es la causa u origen del universo objetual.

Desde la perspectiva empírica, ni Brahman ni *māyā* son la única causa del mundo: ambos se combinan en una sola causa. *Māyā* es causa de los elementos mutables e inertes, mientras que Brahman es causa de los principios de manifestación y realidad. Tal como lo afirma este verso:

māyāṁ tu prakṛtiṁ vidyān
māyinaṁ ca maheśvaram
tasyāvayava-bhūtais tu
vyāptam sarvam idam jagat

> Sabe que la naturaleza es *māyā* y que el Señor supremo es la realidad de *māyā*. De hecho, este universo está impregnado por objetos que son los efectos del Señor.
> (*Śvetāśvatara Upaniṣad*, 4.10)

Si comparamos este versículo con la parábola vedántica de la cuerda y la serpiente, la cuerda sería Brahman, mientras que la serpiente sería el mundo objetual y las almas individuales. Mediante la superimposición, Brahman otorga realidad a un mundo inexistente. Como dice este verso, es Brahman mismo el que deviene en los objetos que constituyen el mundo fenoménico. Siendo su causa, es la esencia de todo, como el agua es la esencia de las burbujas y las olas del océano. De esta manera, el *upaniṣad* revela que nuestras almas y el mundo son irreales, ya que de hecho solo Brahman es.

Māyā posee dos energías: una encubridora y la otra proyectiva. Mediante la primera energía, llamada *āvaraṇa-śakti*, *māyā* encubre la auténtica naturaleza de Brahman en tanto que consciencia pura (*caitanya*). Con la segunda energía, llamada *vikṣepa-śakti*, *māyā* proyecta la realidad dual sobre Brahman. Este proceso es similar al sueño: primero es necesario ignorar la realidad del estado de vigilia y luego el sueño puede proyectarse.

śakti-dvayaṁ hi māyāyā
vikṣepāvṛti-rūpakaṁ
vikṣepa-śaktir liṅgādi
brahmāṇḍāntaṁ jagat-sṛjet

Indudablemente, hay dos *śaktis* (poderes) en *māyā*: la proyectiva (*vikṣepa*) y la encubridora (*āvṛti*). El poder de proyección crea todo, desde el cuerpo sutil hasta el universo denso.
(Śaṅkarācārya, *Dṛg-dṛśya-viveka*, 13)

antar dṛg-dṛṣyayor bhedaṁ
bahiś ca brahma-sargayoḥ
āvṛṇoty aparā śaktis
sā saṁsārasya kāraṇam

El otro poder [de *māyā*] oculta la distinción entre el perceptor y los objetos percibidos,

> que se perciben tanto dentro del cuerpo como fuera del propio cuerpo en la distinción entre Brahman y el universo fenoménico. Este poder (*śakti*) es la causa del universo fenoménico.
>
> (*Dṛg-dṛśya-viveka*, 15)

Para el sabio, todo el universo relativo no es más que un sueño. No está influenciado por el poder encubridor de *māyā*. Podemos cubrir los ojos de determinado observador, pero no podemos ocultar el sol. Asimismo, *māyā* no oculta la realidad absoluta, sino que solo es capaz de obstruir la facultad de conocimiento y, por ende, nuestra percepción de la realidad.

Supongamos que sueño que un tigre me persigue. Aunque el tigre es irreal y no existe en mi estado de vigilia, tampoco es completamente falso porque las emociones que evoca en mí durante el sueño son reales. El tigre podría ser considerado falso solo si no hubiera aparecido en mi sueño. Asimismo, este universo objetual no es absolutamente falso, sino que existe en apariencia para quien vive dormido. Únicamente al despertar, cobramos consciencia de que el sueño no es real. Mientras permanecemos en la realidad objetual de la ignorancia, este mundo debe aceptarse como real desde un punto de vista práctico. Solo seremos conscientes de que no es real al despertar a la realidad última.

De acuerdo con el *vedānta*, el universo objetual es irreal, pero parece real para quienes se hallan en el estado de consciencia dual. En cambio, en el estado de consciencia suprema, el mundo se esfuma. Por consiguiente, la apariencia actual que percibimos a través de los sentidos es irreal. Mientras perdure nuestra ignorancia, lo dual y relativo nos parecerá real. Pero al experimentar nuestra naturaleza bráhmica, este universo temporal se esfuma como si nunca hubiese existido. La diversidad objetual se disuelve y solo Brahman permanece. Igual que al decir «¡toco madera!», solo vemos la madera y desaparecen las sillas o mesas, al situarnos en nuestra auténtica naturaleza ya no confundiremos a una serpiente por una cuerda. Entonces, sabremos que solo Brahman existe y nada es real aparte de este. En ese estado, Brahman es realizado en todo su esplendor y pureza.

rajju-rūpe parijñāte
sarpa-khaṇḍaṁ na tiṣṭhati
adhiṣṭhāne tathā jñāte
prapañcaḥ śūnyatāṁ gataḥ

Cuando se conoce la verdadera naturaleza de la cuerda, la apariencia de la serpiente ya no persiste; por tanto, cuando se conoce el sustrato, el mundo fenoménico desaparece por completo.

(*Aparokṣānubhūti*, 96)

rūpa-varṇādikam sarvam
vihāya paramārtha-vit
paripūrṇa-cid-ānanda
svarūpeṇāvatiṣṭhate

Aquel que ha realizado al Supremo descarta toda identificación con objetos de nombres y formas. A partir de entonces, uno habita como una encarnación del infinito, la consciencia y la dicha. Uno se convierte en el Ser.

(*Ātma-bodha*, 40)

Capítulo 7

Dios (Īśvara) y el alma (*jīva*)

avidyopādhiḥ san ātmā jīva ity ucyate
māyopādhiḥ san īśvara ity ucyate

La consciencia (*ātma*) condicionada por la nesciencia (*avidyā*) se conoce como alma (*jīva*). La consciencia condicionada por la ilusión (*māyā*) se conoce como Īśvara.
(Śaṅkarācārya, *Tattva-bodha*, 9.3-4)

En la terminología devocional, la palabra *īśvara* significa 'Señor'. Su significado teológico es 'el Ser supremo' o 'el Señor supremo'. *Īśa* significa 'poseedor' y deriva de la raíz *īś*, o 'poseer' o 'controlar'. El término aparece por vez primera en el *Manu Smṛti*. El *Śvetāśvatara Upaniṣad* utiliza la palabra *īśa* para referirse a Rudra. El shaivismo incorporó *īśa* en uno de los nombres de Śiva: Māheśvara, o 'el gran Señor'. Dentro del shaktismo, el término femenino *Īśvarī* se refiere a la Divina Madre del Universo. En el *vedānta*, Īśvara se refiere a Brahman, percibido desde la plataforma dual y relativa de la ilusión, o *māyā*.

Brahman es la realidad absoluta carente de cualidades, o *nirguṇa*. Dado que trasciende el intelecto humano, es indescriptible e inconcebible. Su naturaleza es pureza, consciencia y libertad; es absolutamente inmutable y no se ve afectado por las limitaciones fenoménicas. Brahman constituye el principio trascendental de la consciencia pura y, si bien es la base y la esencia del mundo fenoménico, no está manchado por el mundo. Su naturaleza supera el determinismo y la diferenciación del conocedor, el conocimiento y lo conocido. Dado que Nirguṇa-brahman es trascendental (*pāramārthika*) y no fenoménico (*vyāvahārika*), no realiza las funciones de un Dios personal. La literatura upanishádica no se refiere a *nirguṇa* como un objeto de devoción sino de meditación, o *upāsanā*.

Obviamente, lo no cualificado, trascendente e inmutable, no puede ser causa de una realidad voluble, cualificada y fenoménical. Por lo tanto, el Señor, soberano y creador del universo es Saguṇa-brahman. El segundo aforismo del *Vedānta Sūtra* establece que Brahman es el origen de la manifestación cósmica. Siendo el aspecto de Brahman comprometido con la realidad empírica, Īśvara está a cargo de la causalidad y es objeto de devoción para las almas condicionadas en la plataforma dual.

Para progresar en nuestro estudio, tenemos que comprender el significado de los términos *svarūpa-lakṣaṇa* y *taṭastha-lakṣaṇa*. *Svarūpa-lakṣaṇa* es la cualidad intrínseca de algo que siempre está presente. *Taṭastha-lakṣaṇa* es un atributo incidental que a veces está presente y otras no. La primera es la definición esencial, y la segunda aporta las características que diferencian a un objeto de los demás, aunque estas características no perduran tanto como lo que definen, por ejemplo, el olor de un objeto.

Dharmarāja Adhvarīndra explica esto en su *Vedānta-paribhāṣā*:

> *tatra lakṣaṇaṁ dvi-vidham— svarūpa-lakṣaṇaṁ taṭastha-lakṣaṇañ ceti. tatra svarūpam eva lakṣaṇaṁ svarūpa-lakṣaṇam.*
>
> Ahora bien, las características son de dos tipos: esenciales y secundarias. De ellas, las características esenciales (*svarūpa*) consisten en la naturaleza misma (*svarūpa*) de una cosa.
>
> *taṭastha-lakṣaṇaṁ nāma yāval lakṣya-kāla-manavasthi tatve sati yad vyāvartakaṁ tad eva.*
>
> Una característica secundaria es aquella que, aunque dura menos que su poseedor, lo diferencia de otras cosas.
>
> (*Vedānta-paribhāṣā*, capítulo 7)

Según el *Vedānta Paribhāṣa*, los *svarūpa-lakṣaṇas* de Brahman son sus atributos intrínsecos que se mencionan en los *upaniṣads*: *satyam* (verdad), *jñānam* (consciencia), *anantam* (infinidad) y demás. Dado que son partes integrales de su naturaleza, son Brahman mismo. El *taṭastha-lakṣaṇa* de Brahman es ser el creador, el preservador y el destructor del universo. La causalidad y la agencia del universo fenomenal constituyen únicamente aspectos temporales de Brahman causado por la ilusión. Si Brahman fuera el creador, implicaría que tiene la voluntad de crear al efecto. Claramente, el deseo no es la naturaleza esencial de Brahman, sino su aspecto calificado Īśvara o Dios.

> *satyādikaṁ brahma-svarūpa-lakṣaṇam "satyaṁ jñānam anantaṁ brahma" "ānando brahmeti vyajānāt" ity ādi śruteḥ.*
>
> La Verdad, y demás, son las características esenciales (*svarūpa-lakṣaṇas*) de Brahman, declarada mediante las citas del *śruti* como «Brahman es Verdad, conocimiento e infinitud» (*Taittirīya Upaniṣad*, 2.1) y «Él sabía que la dicha era Brahman» (*Taittirīya Upaniṣad*, 3.6).
>
> (*Vedānta-paribhāṣā*, capítulo 7)

Los *upaniṣads* describen a Apara o Saguṇa-brahman como una realidad infinita que da nacimiento, mantiene y destruye el universo. Estas descripciones son esfuerzos por caracterizar una realidad omnisciente y omnipotente que supera el límite de toda comprensión. Brahman puede expresarse a través de una multiplicidad de nombres y formas sin una causa ajena. Dichos nombres y formas, careciendo de un estatus ontológico independiente de Brahman, poseen características que difieren de la naturaleza brahmánica. Dentro de la metafísica *advaita*, *māyā* se encarga de la inconcebible transformación del Uno en muchos, sin que el Uno disminuya o pierda su unidad.

Īśvara es el único aspecto de la realidad absoluta que el intelecto humano es capaz de aprehender. El ser humano puede relacionarse con lo absoluto en términos relativos porque Īśvara, al igual que su creación, reside dentro de los límites de la realidad fenomenal, o *vyāvahārika*. Desde un punto de vista absoluto, tanto Īśvara como las almas pertenecen al reino de *māyā*. Pero mientras las *jīvas* ignoran su esencia, Īśvara es consciente de su naturaleza porque no está sujeto a *āvaraṇa-śakti*, o 'el poder ilusorio de *māyā*'. Īśvara es el Ser divino: creador, sustentador y destructor del universo; es omnipotente, omnisciente, el controlador de todas las energías y es lo consciente en todo aquello que está dotado de vida o bien es inerte. Es la personificación de Brahman y reside en la mente, el corazón y el cuerpo de toda individualidad. Es el disfrutador de todo deleite, padre de todo cuanto existe, el amigo de todo ser y el amante de todas las criaturas. Es la fuente y el refugio de todos los seres o, el objeto devocional último, la individualidad suprema, el Todo, la igualdad en la diferencia.

Īśvara y las almas individuales son manifestaciones que se originan en Brahman, estando condicionadas por *māyā* y *avidyā*, respectivamente. Así como el espacio dentro de una vasija no se ve limitado por los bordes de arcilla, los agentes limitantes de las *jīvas* y de Īśvara no alteran la verdadera naturaleza de Brahman. Los *upādhis* son agentes limitadores, pero no cambian la naturaleza esencial de la entidad que limitan; es decir, no producen cambio cualitativo alguno. La existencia fenoménica de Īśvara, o *māyika,* no difiere en absoluto de la existencia esencial de Brahman. En su estado original, tanto las almas como el Señor supremo constituyen la realidad del Uno sin segundo. Cuando el alma retorna a su estado original y se ubica en la realidad *pāramārthika*, se realiza a sí misma como Brahman.

Īśvara posee infinitas cualidades maravillosas y señorío sobre todo y todos. No está sujeto al karma o a las reacciones de acciones pasadas. Puesto que está libre del poder velador de *māyā*, se encuentra plenamente consciente en todo momento de su identidad original como Brahman. Por su parte, el alma individual, o *jīvātman,* se encuentra cubierta por la ignorancia. Sumida en el *saṁsāra,* o 'el círculo de los repetidos nacimientos y muertes', sufre las consecuencias de acciones pasadas. Sin embargo, las diferencias entre el alma individual y el Señor existen solo en la realidad relativa y no en la realidad absoluta (*pāramārthika*), donde ambos son Brahman. La diferencia entre Īśvara y *jīva* solo tiene lugar en el plano de los agentes limitantes, o *upādhis.*

Aceptar la realidad del mundo implica la aceptación de Dios. *Avidyā* es el poder que impide que alma individual experimente directamente su realidad, mientras que *māyā* es la fuerza que cubre la realidad y proyecta el universo. Dichos poderes carecerían de sentido sin una referencia a Īśvara, el controlador de estos poderes.

Si *māyā* tuviera una existencia ontológica independiente, habría una separación entre los dos niveles de Brahman: el Brahman superior (Nirguṇa-brahman) y el Brahman inferior (Saguṇa-brahman). El Brahman superior es el Absoluto carente de atributos, inmutable, trascendental a la causalidad y al nombre y la forma. Siendo así, obviamente no puede asumir el papel de creador de un universo relativo y dual. *Māyā* permite a Brahman realizar la transición desde la unidad a la diversidad, desde la consciencia absoluta impersonal al creador personal del mundo objetual. La causalidad universal requiere de la combinación Brahman-*māyā*, lo cual denominamos Saguṇa-brahman, Apara-brahman o Īśvara. Īśvara se relaciona con el universo fenoménico y se define en dicha relación; por lo cual es considerado inferior, o *apara*. Este compromiso con la realidad empírica, o *vyāvahārika*, sitúa a Apara-brahman en una posición secundaria con respecto a Para-brahman. Saguṇa-brahman no es lo absoluto tal como es, sino la apariencia más elevada de Brahman dentro de un mundo aparente. Nirguṇa-brahman, por su parte, es lo absoluto tal como es y transciende la causa y el efecto: si fuera la causa, sería relacional y de naturaleza objetual; y si fuera el efecto, sería finito. Saguṇa-brahman es considerado inferior porque posee atributos y cualidades, mientras que Nirguṇa-brahman carece de distinciones entre la sustancia y los atributos. Por ende, es claro que la concepción de lo absoluto como Dios pertenece a un punto de vista inferior, relativo, práctico y dual, mientras que Nirguṇa-brahman, carente de atributos, se encuadra en un nivel superior. Saguṇa-brahman es Īśvara, o Dios, cuyas diferentes expresiones son objeto de adoración por los devotos de numerosas religiones.

En última instancia, el universo objetual, con su aparente diversidad, es una superimposición sobre Brahman. Retornando a la antigua parábola vedántica, la serpiente resulta ser una simple cuerda. Las cualidades de la serpiente fueron superpuestas sobre la cuerda. Los interrogantes acerca del origen de nombres y formas solo se pueden plantear en el plano dual y relativo. El enigma pierde su sentido cuando la realidad empírica se trasciende. Descubrir que la serpiente solo es una cuerda disuelve todo temor hacia ella. Sería incongruente atribuir el origen de la serpiente a la cuerda o el del mundo a Brahman. La causalidad necesita explicaciones en el plano relativo, pero no tiene sentido desde la perspectiva absoluta. Brahman e Īśvara no deben ser comprendidos como dos realidades diferentes. Ambos son uno y lo mismo, pero la existencia de Īśvara depende de nuestro grado de aceptación de la realidad objetual. Si aceptamos el universo fenoménico como real, Īśvara se torna imprescindible. Cuando la mente humana finita y limitada se vuelve hacia lo absoluto, Brahman se proyecta sobre la mente como Īśvara. Cuando *māyā* refleja lo absoluto como un espejo, los seres humanos lo ven en tanto que Dios.

Īśvara y la *jīva* son meras superposiciones de *māyā* y *avidyā*, respectivamente, sobre la única realidad del Brahman absoluto. El universo fenoménico es tanto real como irreal: mientras lo percibimos separado de Brahman es ilusorio y, cuando lo percibimos como Brahman, realizamos su realidad. El mundo no ha sido creado como un pintor pinta un cuadro, o un escritor escribe un libro. En ambos casos, la creación es independiente de su creador. Los cuadros y los libros poseen una existencia independiente del pintor y el escritor. La relación entre el universo y Dios es como la que existe entre un karateka y una *kata* o un bailarín y una danza: permanecen unificados y es imposible separarlos.

Capítulo 8

El mundo o *jagat*

tavāt satyaṁ jagad bhāti
śuktikā-rajataṁ yathā
yāvan na jñāyate brahma
sarvādhiṣṭānam advayam

El mundo (*jagat*) parece ser verdadero (*satyam*) mientras Brahman, el sustrato, la base de toda esta creación, no se realice. Es como la ilusión de plata en nácar.

(*Ātma-bodha*, 7)

upādāne 'khilādhare
jaganti parameśvare
sarga-sthiti-layān yānti
budbudānīva vāriṇi

Como burbujas en el agua, los mundos se elevan, existen y se disuelven en el Ser supremo, que es la causa material y el soporte de todo.

(*Ātma-bodha*, 8)

Aunque el *advaita vedānta* ofrece diferentes teorías acerca de la creación, en último término percibe el universo como una expresión limitada del infinito. Lo considera una apariencia desintegrada de lo absoluto y una manifestación dual de la realidad única que es todo lo que es. Sin negar la existencia del mundo, niega su realidad y apunta hacia una realización existencial de la Verdad.

Si en mitad de la noche nos despertamos y vemos en la esquina del cuarto un cocodrilo que desaparece a los pocos instantes, concluiremos que se trataba de una alucinación. Asimismo, un sueño es considerado irreal porque perdura durante un lapso y luego se esfuma al despertar. ¿Pero cuán sustancial es el universo fenoménico? Aunque no se acepta como real, tampoco se califica como completamente irreal. Entonces, ¿cómo se explica la diversidad de los objetos mundanos? El *advaita* considera que los fenómenos temporales no son reales, pero no considera que sean falsos. Obviamente, nada ni nadie puede ser considerado completamente verdadero dentro de una realidad voluble.

Para comprenderlo con mayor claridad, volvamos a la famosa analogía advaítica de la soga y la serpiente. Caminando al atardecer en el bosque, vemos una cuerda a un lado del camino. Debido a la falta de visibilidad, la confundimos con una serpiente. Es nuestro miedo el que nos impide distinguir la cuerda. Cuando finalmente percibimos la cuerda, la serpiente desaparece. Aunque la serpiente es solo aparente, parece real mientras nuestro temor no nos permite distinguir la cuerda. Solo al darnos cuenta de la ausencia de la serpiente, esta deja de ser real por completo. La serpiente nunca nació, ni jamás murió; no tuvo un comienzo en el tiempo. No vino de la cuerda ni desapareció en ella. Fue la oscuridad la que no nos permitió percibir que era solo una cuerda. Solo cuando alguien prende una linterna, logramos reconocer el error y disipar nuestra ignorancia. Mediante el conocimiento correcto, percibimos la realidad tal como es.

Los niveles de realidad

El *vedānta* no dual propone tres criterios de la realidad: real, irreal y no real. Lo verdadero existe siempre, mientras que lo falso nunca ha existido. La Verdad es, fue y jamás dejará de ser. Tal como afirma este verso:

nāsato vidyate bhāvo
nābhāvo vidyate sataḥ
ubhayor api dṛṣṭo 'ntas
tv anayos tattva-darśibhiḥ

> Los veedores de la Verdad han concluido que lo inexistente no perdura y lo eterno no cambia. Esto lo han deducido al estudiar la naturaleza de ambos.
>
> (*Bhagavad-gītā*, 2.16)

Śaṅkara ofrece una explicación brillante acerca del fenómeno del mundo y su relación con la realidad última. En sus escritos, menciona tres órdenes o niveles de realidad: la realidad absoluta (*pāramārthika*), la realidad relativa (*vyāvahārika*) y la realidad ilusoria (*prātibhāsika*), que distingue de la inexistencia (*alīka*).

Dharmarāja Adhvarīndra sintetiza este principio con elocuencia:

> *yad vā tri-vidhaṁ sattvam- pāramārthikaṁ vyāvahārikaṁ pratibhāsikañ ceti. pāramārthikaṁ sattvaṁ brahmaṇaḥ, vyāvahārikaṁ sattvam ākāśādeḥ, prātibhāsikaṁ sattvaṁ śukti-rajatādeḥ.*
>
> [O podríamos decir que] hay tres tipos de existencia: absoluta, convencional e ilusoria. La existencia absoluta pertenece a Brahman, la existencia convencional al éter y demás, y la existencia ilusoria de la plata en el nácar.
>
> (*Vedānta-paribhāṣā*, capítulo 2)

La realidad absoluta o *pāramārthika-sattā*: Se refiere a Brahman, que es la realidad única existente, pura, inmutable y eterna. Los fenómenos objetuales son superposiciones irreales sobre el trasfondo de la realidad absoluta. Desde el punto de vista de *pāramārthika-sattā*, tanto la realidad empírica como la aparente son irreales. Las diferencias entre ambas son relevantes solo para quienes aún están cegados por la ignorancia. Quien ha realizado la consciencia trascendental percibe que la pluralidad es una manifestación de la realidad única y que se esfuma junto con la desaparición de la ignorancia. En un estado de consciencia trascendental, se percibe la realidad absoluta (*pāramārthika*) que subyace a la diversidad objetual de nombres y formas. Tal como una persona ordinaria sabe que la luna reflejada en el lago no es la verdadera luna, un ser realizado percibe que los objetos son irreales. El sabio se relaciona con el mundo objetual al igual que con un espejo: sabe que la realidad que percibe a través de sus sentidos no es más que un reflejo.

La realidad relativa o *vyāvahārika-sattā*: Se refiere a la realidad empírica, práctica, relativa y temporal, la cual implica la relación sujeto-objeto. Śaṅkara revela en su comentario al *Vedānta Sūtra* que *vyāvahārika-sattā* proviene de la mutua superimposición de lo real y lo irreal, del Ser y el no Ser, causada por la ignorancia. Todo fenómeno existente combina realidad e irrealidad. Ya que *vyāvahārika-sattā* está sujeta a categorías como el tiempo, el espacio y la causalidad, muta constantemente. Su naturaleza temporal la diferencia de la realidad absoluta, que es eterna. Aunque el mundo objetual es solo una realidad empírica, en la vida práctica debemos relacionarnos con el mundo como si fuera real.

La realidad ilusoria o *prātibhāsika-sattā*: *Prātibhāsika* es solo una apariencia de *vyāvahārika.* Se refiere a la realidad aparente de los fenómenos ilusorios, como las alucinaciones, los espejismos, los sueños, y demás. Esta realidad se acepta como real mientras dura la ilusión, pero su condición cambia cuando uno toma consciencia de la realidad empírica (*vyāvahārika*). Estas ilusiones se originan en *avidyā*, o 'ignorancia', y se esfuman al reconocer la base real que ha originado las apariencias. La ilusión se disipa solo a través del conocimiento de la esencia, o *adhiṣṭhana.*

Prātibhāsika corresponde a fenómenos como el reflejo de la luna en un lago tranquilo y apacible. Aunque es solo una apariencia, el reflejo nos puede parecer como la luna misma. El reflejo de la luna es perceptible, pero no es real. Puede ser muy bello, pero no es la verdadera luna. Con relación a su reflejo, la luna es considerada real.

La inexistencia o *alīka*: Se refiere a la inexistencia absoluta. Los tres niveles de realidad mencionados son diferentes de *alīka.* Es imposible percibir *alīka* tanto en el pasado, como en el presente o el futuro; por ejemplo, el hijo de una mujer estéril.

Para Śaṅkara, solo la realidad absoluta (*pāramārthika*) existe, mientras que la realidad relativa (*vyāvahārika*) es no real, o *mithyā.* Sin embargo, la existencia no real (*mithyā*) es diferente de la inexistencia absoluta (*alīka*); si bien difiere de la realidad absoluta, el fenómeno no real del universo objetual es perceptible.

avācchinnaś cid-ābhāsas
tṛtīyaḥ svapna-kalpitaḥ
svijñeyas tri-vidho jīvas
tatrādyaḥ pāramārthikaḥ

Hay tres concepciones de la *jīva* (consciencia): como aquel limitado por el *prāṇa* (energía vital); como aquel que está presente en la mente, mientras que la tercera es la consciencia tal

> como se imagina en el sueño [asumiendo las formas del hombre, y demás]... La primera de estas es la verdadera naturaleza.
>
> (*Dṛg-dṛṣya-viveka*, 32)

Mithyā o 'no real'

De los niveles mencionados, la realidad *prātibhāsika* se ve superada por *vyāvahārika*; esta a su vez es trascendida por *pāramārthika*. *Prātibhāsika* es una realidad privada, *vyāvahārika* es común a todos los seres humanos, y *pāramārthika* pertenece al iluminado. Solo el sabio tiene derecho a relacionarse con el mundo como *mithyā*, no así quienes aún se encuentran cegados por la ilusión.

Lo real existe (*sat*) en el presente, el pasado y el futuro. Lo irreal no existe (*asat*) en el pasado, el presente ni en el futuro. Finalmente, lo no real (*mithyā*) ocupa un lugar intermedio entre *sat* y *asat*: a veces existe y otras no.

> *sad-asad vilakṣaṇatvam mithyātvam.*
>
> *Mithyātva* (la no realidad) no es ni real ni irreal.
>
> (Madhusūdana Sarasvatī, *Advaita-siddhi*, *pariccheda* 1)

Caminando en la oscuridad, confundimos una cuerda por una serpiente. La serpiente no es real (*sat*) en el presente, en el pasado o el futuro. La serpiente no es irreal (*asat*) porque nos causa miedo. La serpiente es no real (*mithyā*): tiene existencia para la persona asustada, pero deja de existir cuando se esfuma la ignorancia.

El ignorante percibe diferentes objetos y acepta la separación entre ellos como si fuese real. Siente atracción por algunos objetos y rechazo hacia otros. Se asemeja a la persona que va a comprar una vasija de porcelana y se concentra solo en la forma, pero se olvida de que todas las vasijas en el negocio están hechas de porcelana. Por su parte, para el iluminado con experiencia advaítica, la realidad múltiple carece de sentido; sabe que, aunque los objetos del mundo fenoménico aparenten ser individuales, es solo a causa de los *upādhis,* o 'limitaciones'. Ve a todo y a todos sin atracción ni rechazo. Gracias a su visión trascendental, identifica la esencia y no ama ni odia nada en particular: nada es *priya* o *apriya.*

En otras palabras, el iluminado no presta atención a la diversidad de este mundo, pero es consciente de su verdadera identidad. No ignora la variedad objetual existente, aunque sabe que las diferencias son falsas, temporales e ilusorias. El despierto se mueve en el mundo respetando la realidad dual *vyāvahārika*, pero consciente de la realidad trascendental *pāramārthika.*

Los cinco factores del universo objetual

En el *Sarasvatī-rahasya Upaniṣad*, se afirma que en el universo objetual podemos observar cinco factores:

1. Existencia (*sat* o *asti*).
2. Consciencia (*cit* o *bhāti*).
3. Dicha (*ānanda* o *priyam*).

4. Nombre (*nāma*).
5. Forma (*rūpa*).

Los primeros tres pertenecen a la realidad, mientras que los otros dos al mundo objetual. *Nāma* y *rūpa* son ilusorios, mientras que Brahman es *sac-cid-ānanda*.

asti bhāti priyaṁ rūpaṁ
nāma cety aṁśa pañcakam

ādya trayaṁ brahma-rūpaṁ
jagad-rūpaṁ tato dvayam
apekṣya nāma-rūpa-dve
sac-cidānanda tat paraḥ

> Hay cinco factores: seidad (*asti*), brillo (*bhāti*), amor (*priya*), forma (*rūpa*) y nombre (*nāma*). Los primeros tres son equivalentes a *sat, cid* y *ānanda* y pertenecen a Brahman. Los otros dos constituyen el mundo.
>
> (*Sarasvatī-rahasya Upaniṣad*, 58)

Śaṅkara, en su *Dṛg-dṛṣya-viveka*, cita este *upaniṣad* y luego continúa diciendo:

kha-vāyvagni-jalorvīṣu
deva-tiryaṅ narādiṣu
abhinnāḥ sac-cid-ānandā
bhidyete rūpa-nāmanī

> La existencia (*sat*), la consciencia (*cit*) y la dicha (*ānanda*) son lo mismo en el espacio, el

> aire, el fuego, el agua y la tierra, así como en los seres celestiales, los animales y los humanos. Solo difieren en nombre y forma.
>
> (*Dṛg-dṛṣya-viveka*, 21)

Aparte de Brahman, las categorías que constituyen el universo son nombre y forma. Si los erradicamos de cualquier objeto observado, solo Brahman permanece, que es existencia (*sat*), consciencia (*cit*) y dicha (*ānanda*).

Solo nombre y forma tienen un carácter distintivo, mientras que los tres primeros son comunes a cualquier objeto. Lo que todos los objetos del mundo poseen en común es una única naturaleza inmutable que permanece durante todo el tiempo. En cambio, el nombre y la forma pueden cambiar o desaparecer.

Comparemos los objetos con los anillos y la realidad con el oro con el que están fabricados. Aunque las joyas pueden fundirse, el oro siempre conserva los factores *asti*, *bhāti* y *priyam*. Al igual que el oro, Brahman adopta una gran variedad de formas. De ese modo, la realidad suprema se presenta como árboles, flores, ríos, estrellas, seres humanos y demás. Estas formas son temporales y están sujetas a cambios. Mientras prestamos atención a los anillos, los aros o los brazaletes, no vemos el oro; y viceversa, si prestamos atención al oro, no veremos las joyas. Una mujer que va a comprar una joya presta más atención a la forma que al oro. Por otro lado, el joyero se concentra en el peso de la joya, consciente en todo momento que está confeccionada con oro. Dentro de esta variedad de objetos, yace una misma única realidad común a todos ellos. Los aros y los anillos pueden fundirse, pero el oro permanece. La forma y el nombre son temporales y pasajeros; solo la naturaleza esencial, o Brahman, permanece.

El sustrato (*adhiṣṭāna*), la apariencia (*āropita*) y la superimposición (*adhyāsa*)

El mundo fenoménico es como la serpiente que se ve en lugar de la soga. Brahman adopta la forma de los diferentes objetos del universo. Los objetos son reales en su aspecto de Brahman, porque lo real no desaparece jamás. Sin embargo, a pesar de que los objetos se manifiestan, no pueden ser considerados reales; son *mithyā*, al igual que la serpiente que asusta a la persona confundida.

En su *Viveka-cuḍāmani*, Ādi Śaṅkara afirma:

ananyatvam adhiṣṭhānād
āropyasya nirīkṣitam
paṇḍitai rajju-sarpādau
vikalpo bhrānti-jīvanaḥ

> Lo que se superpone a otra cosa es observado por el sabio como idéntico al sustrato, así como una cuerda parece ser una serpiente. La aparente diferencia se debe únicamente al engaño.
>
> (*Viveka-cuḍāmani*, 407)

El concepto *mithyā* implica que la serpiente no aparece de la nada, sino que una cuerda existente es confundida con una serpiente: la soga es el sustrato (*adhiṣṭāna*) y la serpiente constituye la apariencia (*āropita*). Obviamente, con relación al sustrato, la apariencia carece de realidad. Al confundirnos, superponemos (*adhyāsa*) la serpiente sobre la realidad. La persona confundida señala algo en algún lugar y dice «esto es una serpiente» (*idam sarpam*). Esto, o *idam*, es la base de la percepción errónea. En *vedānta*, esta base recibe el nombre de *adhiṣṭāna*; la serpiente impuesta se llama *āropita*, y la superimposición se denomina *adhyāsa*.

Adhyāsa consiste en la superimposición de algo que es y algo que no es (*buddhiḥ tad tasmin* o *atasmiṁs-tad-buddhiḥ*). Una persona con conocimiento erróneo (*ajñāna*) percibe una serpiente (*āropita*) debido a la superimposición (*adhyāsa*) de la serpiente sobre la soga (*adhiṣṭāna*). El conocimiento correcto (*samyak-jñāna*) hace que se desvanezca la superimposición de la serpiente y permite la percepción de «esto» en su realidad como cuerda.

āha— ko 'yam adhyāso nāmeti. ucyate— smṛti-rūpaḥ paratra pūrva-dṛṣṭāvabhāsaḥ.

Uno puede preguntar: ¿Qué significa el término *adhyāsa* (superposición)? La respuesta: al igual que la memoria, es solo un reflejo en otra parte de algo visto con anterioridad.

(Śaṅkarācārya, *Brahma Sūtra Shāṣya*, «*Adhyāsa-prakaraṇa*»)

La base común (*adhiṣṭāna*) de todos los objetos es la realidad última Brahman. Esta no es percibida por el hombre ordinario a causa de su *ajñāna*. Carente de discriminación, la persona ordinaria confunde lo aparente con lo real. Vive esforzándose por lo temporal, como si todos los objetos a su alrededor fueran reales o eternos. Sin embargo, los objetos son como reflejos en un espejo. Tras la diversidad de objetos, descansa una única realidad absoluta, o Brahman, que se manifiesta como diversidad. Lo que se percibe a través de los sentidos es ilusorio, pero posee su propia fuente, o *adhiṣṭāna*. La serpiente desaparece junto con el surgimiento de la verdadera *jñāna*, pero la cuerda permanece. Este estado es similar a un alfarero que no ve solo jarros o platos, sino que los percibe como arcilla. Con semejante visión, no se perciben objetos separados o desconectados, sino una única realidad absoluta. La consciencia mundana ordinaria consiste en considerar la diversidad objetual como real. El conocimiento de la verdadera naturaleza de la realidad objetual aparecerá a través de la guía de un maestro espiritual y el estudio de las sagradas escrituras. Cuando el conocimiento se manifiesta, desaparece la consciencia del mundo fenomenal y surge la realidad última.

Capítulo 9

La causalidad del *vedānta* o *vivarta-vāda*

Existe una relación de causa y efecto entre dos objetos cuando uno se origina en el otro. El objeto originado es la causa y el objeto producido es el efecto. En sánscrito, causa puede decirse *kāraṇa, nidāna, hetu* o *mūla*; efecto se traduce como *kārya, phala, pariṇāma* o *śuṅga*. La mayoría de las teorías de la causalidad sostienen que la causa es distinta del efecto y lo precede. Otras teorías sugieren que el efecto cobra existencia cuando la causa termina. Y otras teorías postulan que la causa sigue existiendo dentro de su efecto. El tema de la causa y el efecto es importante en todas las escuelas *vedānta*. Se discute mucho en la literatura vedántica clásica y medieval y se han propuesto varias visiones.

De acuerdo con los maestros upanishádicos, en todo proceso productivo, la causa reviste tres aspectos: material, instrumental y eficiente. Por ejemplo, si la vasija es el efecto, la arcilla sería la causa material; la rueda del alfarero, la causa instrumental; y el alfarero, la causa eficiente. Cuando estas causas se combinan, el recipiente cobra existencia en el universo fenoménico.

En Grecia, Aristóteles señaló el primer motor como causa última del movimiento, que mueve todo sin moverse. Esto recuerda a Kṛṣṇa, el supremamente atractivo especialmente en el vaishnavismo Gauḍīya, o el amado que mueve al amante.

Aristóteles divide a los seres en naturales y fabricados. Los seres naturales son aquellos que poseen el movimiento por o desde sí mismos, mientras que los fabricados lo reciben desde el exterior. Sostiene como característico de los seres naturales, su movimiento, desarrollo y transformación en función de una fuerza intrínseca. Por lo tanto, *physis*, o 'la naturaleza', es el principio del movimiento y de la mutación. La noción de *physis* ocupa un lugar central en el pensamiento aristotélico, al igual que el concepto de las ideas lo fue en el platónico.

Según Aristóteles la causa consiste en el factor del cual depende una cosa. La teoría de las cuatro causas de Aristóteles ha tenido una importante influencia en muchos filósofos. La teoría se centra en la comprensión del movimiento, que se considera sinónimo de cambio. El concepto de causa de Aristóteles es más amplio. Nuestra idea actual de causa es lo que Aristóteles llamaba las causas eficiente y final. Decía que causa es todo principio del que depende de alguna manera la existencia de un ente. Es todo factor que nos sirve para explicar el proceso causal.

Para Aristóteles, todo cambio tiene una causa. Todo conocimiento es el conocimiento de las causas, porque conocer algo significa conocer las razones por las que existe y lo que ha provocado su existencia. Para explicar la naturaleza, él se refiere a cuatro tipos de causas: (1) la causa formal: qué es una cosa, (2) la causa material: de qué está hecho un objeto, (3) la causa eficiente: qué produjo el objeto, y (4) la causa final: en qué suele convertirse el objeto. Las dos primeras son intrínsecas, porque estos principios residen en el propio objeto. Las otras dos son extrínsecas, ya que explican el devenir y son principios independientes del objeto.

1. La causa formal es un cambio o movimiento producido por la disposición, forma o apariencia de un objeto. Es la causa del objeto, ya que hace que el objeto sea lo que es. Se trata del *Eidos* o la forma por la cual el artista transforma el material en una figura. La causa formal es la esencia del objeto o del ser.
2. La causa material es el aspecto determinado por la composición material. En el caso de una mesa, es la madera; en el caso de una estatua, es el bronce, el mármol o el material que se utilice.
3. La causa eficiente proviene de agentes externos al objeto. Se trata de lo que incide en la materia para llevar a cabo en esta las exigencias de la forma. Esta causa es el estímulo que desencadena el desarrollo. Es la causa de lo que la cosa es, por ejemplo, la causa eficiente de una mesa es el carpintero.
4. La causa final es el fin, la meta o el objetivo de un objeto o ser. Es un cambio o movimiento

que hace que un objeto se convierta en lo que debe ser. Es un plan que se desarrolla antes de incorporarse al objeto. Es una aspiración de la naturaleza que aún no se ha alcanzado. Es el estado perfecto al que tiende naturalmente el objeto. Por ejemplo, la causa final de una semilla es convertirse en un árbol.

Para ilustrar las cuatro causas de Aristóteles, veamos un ejemplo concreto: una escultura. La causa material es el mármol del que está hecha. La causa formal es su forma. La causa eficiente es el escultor. La causa final es decorar una habitación.

Por su parte, los sabios vedánticos ofrecen sus respectivas explicaciones sobre la relación entre Dios como causa y la creación como efecto: Dios es la causa trascendental de la creación, la causa inmanente o ambas. Mencionaremos ahora, brevemente, algunos postulados sobre la causalidad ofrecidos por diferentes *darśanas*, o 'escuelas filosóficas'.

***Asat-kārya-vāda* o 'teoría del efecto inexistente' (*ārambha-vāda* o 'la teoría del origen')**: La escuela *nyāya-vaiśeṣika* postula una teoría de la causalidad llamada *asatkārya-vāda*. De acuerdo con esta, todo efecto es un nuevo producto de la causa. El efecto difiere de la causa y no existe antes de ser producido por ella; de lo contrario, la causalidad perdería todo su sentido. Primero se produce la causa y luego aparece el efecto. Según la teoría *asatkārya-vāda*, Īśvara es la causa primordial del universo y es diferente de su creación. Como una pintura creada por el pintor o una vasija modelada por el alfarero, el universo es una creación de las manos de Dios. Las actividades de Dios en el universo de nombre y forma son *sṛṣṭi*, *sthiti* y *saṁhāra*, o 'creación, mantenimiento y absorción'.

Esta teoría suscita numerosas dificultades. El joyero crea joyas con oro, que es un material independiente de él y preexistente tanto a la joya como al proceso de fabricación. Pero ¿con qué materiales crea Dios, y cuál es su relación con dichos materiales? No puede crear desde el vacío, porque entraría en conflicto con las propias leyes del universo fenoménico.

Sat-kārya-vāda **o 'teoría del efecto existente':** La escuela *sāṅkhya* propone una teoría totalmente distinta, denominada *sat-kārya-vāda*, la cual afirma que el efecto no es una nueva creación, sino que preexiste en el interior de la causa. La causa sufre una completa transformación después de la cual no puede volver atrás, similar al cambio irreversible de la leche que se ha convertido en cuajada. La teoría de la transformación, o *pariṇāma*, sostiene que *prakṛti* (la materia primordial) se transforma en el universo. *Prakṛti*, también denominada *pradhāna*, constituye el primer principio del universo (*tattva*); es el principio inconsciente y carente de inteligencia compuesto de las tres modalidades de la naturaleza, o *guṇas*: *sattva*, *rajas* y *tamas*. Esta teoría también suscita interrogantes. Por ejemplo, ¿cómo algo carente de inteligencia, como la materia primordial, crea el universo? Es imposible para *pradhāna* como principio no inteligente llevar a cabo una modificación de sí misma para crear el universo. El conocimiento, que es de naturaleza sáttvica, es esencial para crear el universo. Sin embargo, en el estado original de *prakṛti*, las *guṇas* se encuentran en perfecto equilibrio.

Sin entrar en mayores detalles, solo diremos que los defensores de estas dos teorías se han atacado mutuamente manteniendo largos debates y dejando el campo libre para el postulado no dual, denominado *vivarta-vāda*.

***Vivarta-vāda* o 'teoría de la modificación'**: La proposición vedántica llamada *vivarta-vāda* constituye, en cierta forma, una variante de la *satkārya-vāda* del *sāṅkhya*, puesto que también afirma que el efecto preexiste en su causa y es una manifestación de dicha causa. Sin embargo, postula que el efecto no es un ente nuevo sino una expresión diferente de la causa. El término sánscrito *vivarta* puede ser traducido como 'modificación', 'alteración' o 'cambio de forma'. Esta proposición vedántica explica que la causa del mundo objetual es Brahman, y la creación es solo una aparente (*vikāra*) mutación y de ninguna manera una modificación del Brahman inmutable. El mundo es una superimposición, o *adhyāsa*, sobre Brahman causada por la ignorancia. Solo el conocimiento revela la verdadera naturaleza de los objetos.

El universo sensorial no ha sido creado, sino que es tan solo una apariencia de la realidad última bajo determinadas condiciones restrictivas como el espacio y el tiempo. El *advaita vedānta* rechaza la teoría de la causalidad por inconsistente, porque desde la perspectiva de la plataforma absoluta atemporal, un evento no precede a otro.

El mundo fenoménico no es más que Brahman manifestándose en una multiplicidad de nombres y formas. Pero, en la experiencia del Ser, todos los objetos pierden sus distinciones y se disuelven en el sustrato del mundo, que es la realidad única.

Volviendo a la analogía de la cuerda y la serpiente, diremos que la serpiente preexistía en la cuerda, ya que es la cuerda la que ha sido confundida con una serpiente. Para el caminante confuso, la serpiente apareció en la cuerda, se mantuvo por un tiempo y se desvaneció sobre la cuerda, pero, de hecho, solo la cuerda existió. La serpiente no era otra que la cuerda, cuya existencia se vio ocultada por la ignorancia, o *ajñāna*. Según el *vivarta*, lo que aparenta ser diferente no deja de ser lo que realmente es: Brahma es uno, incluso en la diversidad. De hecho, lo único que realmente existe es la cuerda, es decir, Brahman libre de *nāma* y *rūpa*. El mundo fenoménico no es ni una creación ni una transformación de algo; tampoco es real ya que su multiplicidad se desvanece junto con la iluminación. No obstante, no podemos rechazar su realidad por completo porque nos parece real cuando lo percibimos a través de los sentidos.

El efecto puede retornar a su causa, es decir, la serpiente puede desaparecer en la cuerda. El universo objetual no es fruto de la creación, la evolución ni la transformación. Toda teoría de la creación implica sustancialidad, así como la veracidad final de la multiplicidad objetual. Estas teorías afirman la existencia de los objetos y la validez de nombres y formas. Pero, para el *advaita*, solo Brahman es real y verdadero, carente de forma, nombre, acción y atributos. Brahman es eterno e inmutable, o *nitya*. Es tanto lo real, o *sat*, y lo verdadero, o *satya*. Tal como señala Śaṅkara en su *Viveka-cūḍāmaṇi*:

nirvikalpakam analpam akṣaraṁ
yat kṣarākṣara-vilakṣaṇaṁ param
nityam avyaya-sukhaṁ nirañjanaṁ
brahma tat tvam asi bhāvayātmani

> Aquello que está libre de dualidad, que es infinito, indestructible y distinto del universo y de *māyā*; supremo, eterno, que es la dicha inmortal y es inmaculado: ese Brahman eres tú. Medita sobre esto en tu propio ser.
>
> (*Viveka-cūḍāmaṇi*, 261)

Al superponerse sobre la realidad, *māyā* la oculta y la presenta como el mundo objetual de nombres y formas. Dicha diversidad se esfuma ante el conocimiento de Brahman. Si lo que buscamos es una causa del universo en el sentido convencional del término, esta es el *vivarta* de Brahman, o 'la aparente transformación de Brahman'. El Uno carece de forma y cualidades; es inactivo, pero parece tener diversidad, forma, cualidades y actividad.

Cuando la consciencia mundana se ve superada por la consciencia brahmánica, la creación (*sṛṣṭi*), el mantenimiento (*sthiti*) y la disolución (*saṁhāra*) del universo se revelan como la proyección sobre Brahman, el mantenimiento de Brahman y la disolución en

Brahman. Saguṇa-brahman se refiere a Īśvara, o Dios, que crea, mantiene y destruye el universo fenoménico al final de cada ciclo. Dado que nada existe aparte de Brahman, Brahman es tanto la causa material como instrumental del universo.

Saguṇa-brahman, o Īśvara, emerge de la relación entre Brahman y *māyā*. Īśvara crea el mundo desde sí mismo, permanece en él y finalmente lo retira de sí mismo. Dios permanece en el universo como el universo, trascendental a este y simultáneamente como su esencia misma. La relación entre Dios y el mundo no es una relación de causalidad. Solo una teoría teísta necesita a Dios como causa creadora del universo. La diversidad del universo constituye un aspecto de Brahman y no una creación. El acto creador no es consistente con la naturaleza inactiva de Brahman.

La manifestación del universo es solo apariencia, o *vivarta*, debido a la superimposición sobre Brahman. Por eso, los esfuerzos por describir el proceso de la evolución universal son futiles y carecen de sentido. Debido a que tiempo, espacio y causalidad son el resultado de la superimposición misma, obviamente carece de sentido investigar acerca de lo que había antes o cómo comenzó. Debido a *avidyā*, el mundo de la multiplicidad parece ser una modificación de Brahman. Pero el cambio es ilusorio, al igual que la serpiente no es una modificación de la cuerda.

Según el *vedānta* no dual, la realidad del mundo no es independiente de Brahman. Más aun, la realidad fenoménica que percibimos a través de nuestros sentidos es en esencia Brahman.

El gran sabio vedántico Ānandagiri, en su *ṭika* al *Māṇḍūkya Kārikā Bhāṣya* de Śaṅkara, arroja luz sobre la esencia del *vivarta-vāda* y la relación que mantiene con *pariṇāma* o *sat-kārya-vāda*:

El verso del *Māṇḍūkya Upaniṣad* describe la sílaba *Oṁ*:

sarvasya praṇavo hy ādir
madhyamantas tathaiva ca
evaṁ hi praṇavaṁ jñātvā
vyaśnute tad anantaram

> *Oṁ* es verdaderamente el principio, el medio y el fin de todo. Conociendo a *Oṁ* como tal, uno alcanza de manera indudable e inmediata la realidad suprema.
>
> (*Māṇḍūkya Kārikā*, 1.27)

El comentario de Śaṅkara explica lo siguiente:

> *ādi-madhyāntā utpatti-sthiti-pralayāḥ sarvasyaiva māyā-hasti-rajju-sarpa-mṛgatṛṣṇikā-svapnādi vad utpadyamānasya viyadādi-prapañcasya yathā māyāvy ādayaḥ. evaṁ hi praṇavam ātmānaṁ māyāvy ādi sthānīyaṁ jñātvā tat kṣaṇād eva tad ātma-bhāvaṁ vyaśnuta ity arthaḥ.*

> *Oṁ* es el principio, el medio y el fin de todo; es decir, todo se origina en *Oṁ*, es sostenido por este y finalmente se fusiona con este. Así como el mago y demás [sin sufrir ningún cambio en sí mismos] se encuentran en

relación con el elefante ilusorio, [la ilusión de] la serpiente y la cuerda, el espejismo y el sueño, etc., así también lo es la sílaba sagrada *Oṁ* a la multiplicidad manifestada como *ākāśa* (éter), etc. El significado es que aquel que sabe que el *Oṁ*, Ātman, así como el mago, y demás, no sufre ningún cambio, sino que de inmediato se unifica con este.

Ānandagiri elabora la explicación de Śaṅkara:

yad oṁkārasya pratyag ātmatvam āpannasya turīyasyāpūrvatvam anantaratvam ity ādi-viśeṣaṇam uktaṁ tatra hetum āha—sarvasyeti. yathokta-viśeṣaṇaṁ praṇavaṁ pratyañcaṁ pratipadya kṛtakṛtyo bhavatīty āha— evam hīti. sarvasyaivotpadya mānasyotpatti stiti layā yathokta-praṇavādhīnā bhavanti. atas tasyoktam viśeṣaṇaṁ yuktam ity arthaḥ. tatraḥ parīṇāma-vādaṁ vyāvartyaṁ vivarta-vādaṁ dyotayitum udāharati—māyeti. anekodāharaṇam utpadyamānasyāneka-vidhatva-bodhanārthaṁ praṇavasya pratyagātmatvaṁ prāptasyāvikṛtasyaiva sva-māyā-śakti-vaśāj jagadd hetutvam ity atra dṛṣṭāntam āha—yatheti. yathā māyāvī svagata-vikāra-mantareṇa māyā-hastyāder indra-jālasya svamāyāvaśād eva hetuḥ. yathā vā rajjvādauaḥ svagata-vikāra-virahiṇaḥ svājñānād eva sarpādi-hetavas tathā 'yam ātmā praṇavabhūto vyavahāra-daśāyāṁ sva-vidyayā sarvasya hetur bhavati. ato yuktaṁ tasya paramārthāvasthāyāṁ pūrvokta-viśeṣaṇavat tvām ity arthaḥ. dvitīyārdhaṁ vibhajate— evaṁ hīti. pūrvokta-viśeṣaṇa-saṁpannam iti yāvat. jñānasya mukti-hetoḥ sahāyāntarāpekṣā nāstīti sūcayati— tat kṣaṇād eveti. tad ātma bhāvam ity atra tac-chabdenāpūrvādi-viśeṣaṇaṁ paramārtha-vastu parāmṛśyate.

Oṁ — cuando se busca una causa del universo, se señala el *Oṁ*. Esto está en consonancia con el *pariṇāma-vāda*. Como el mago, y demás — Esto es desde el punto de vista del *vivarta-vāda*. El mago, la cuerda y el desierto parecen ser un elefante, una serpiente y un espejismo, respectivamente, sin sufrir ningún cambio. De manera similar, *Oṁ* parece convertirse en el mundo manifestado sin sufrir ningún cambio, desde el punto de vista relativo. Pero desde el punto de vista del *Oṁ* insonoro, no hay multiplicidad manifestada. No es la causa de nada ni aparece de otra forma que no sea su verdadera naturaleza. *Oṁ* se infiere como un malabarista (*māyāvi*) por aquellos que ven el hecho de la creación y lo explican como *māyā*. Pero la idea del malabarista es también una ilusión y perdura mientras consideremos la multiplicidad como *māyā*. Se desvanece tan pronto como desaparece la ilusión. A la vez, *jñāna*, o 'conocimiento', es la única causa de *mukti* que no depende de nada más. En el momento en que conocemos la naturaleza real de *Oṁ*, nos unificamos con ella.

Capítulo 10

La creación según el *advaita*

Fiel al espíritu del hinduismo, el *advaita vedānta* no se adhiere a una sola teoría acerca de la creación, sino que propone varias. No descalifica ninguna, ni sitúa una versión por encima de otra. Sostiene que cada teoría está destinada a aspirantes en distintos niveles de comprensión. Todas describen un mismo fenómeno, pero lo explican a seres con diferentes grados de sutileza. Estas explicaciones no denotan conflicto alguno, sino que resultan apropiadas para las necesidades de diferentes estudiantes. Aunque ciertos alimentos son beneficiosos y saludables, el recién nacido solo podrá digerirlos cuando llegue a cierta edad. Asimismo, las teorías dualistas corresponden a la etapa básica de los buscadores neófitos, mientras que las teorías más sutiles y sofisticadas quedan reservadas para *sādhakas* con mayor preparación.

Śaṅkarācārya fundamenta sus enseñanzas en todas las teorías de la creación. Sin embargo, maestros advaíticos posteriores se inclinaron con cierta parcialidad hacia una u otra versión. Cuando se estudian solo ciertos aspectos de las enseñanzas de Śaṅkara, sus explicaciones parecen entrar en conflicto con las declaraciones de determinados *upaniṣads* o de otros maestros. Este tipo de confusión puede ser evitada si comprendemos que las declaraciones se dirigen a buscadores que se hallan en distintos niveles.

Las teorías propuestas por el *advaita* se resumen en tres *vādas,* o 'doctrinas':

1. *Sṛṣṭi-dṛṣṭi-vāda* se enfoca en la percepción de lo creado.
2. *Dṛṣṭi-sṛṣṭi-vāda* sugiere que percepción y creación son simultáneas.
3. *Ajāti-vāda* sostiene que la creación no es absolutamente real.

Puntos de vista como el *sṛṣṭi-dṛṣṭi-vāda* o el *dṛṣṭi-sṛṣṭi-vāda* son sostenibles solo desde la plataforma de la realidad relativa, o *vyāvahārika.* El punto de vista *ajāti-vāda,* elaborado por Gauḍapāda, adquiere relevancia solo cuando nos situamos en la realidad absoluta, o *pāramārthika.* Diferentes maestros advaíticos utilizaron uno, dos o los tres *vādas* de acuerdo con del nivel evolutivo del estudiante.

Sṛṣṭi-dṛṣṭi-vāda: *Sṛṣṭi* significa 'creación', mientras que *dṛṣṭi* se traduce como 'percepción'. De acuerdo con esta doctrina, primero debe existir un objeto para ser percibido, lo cual obviamente implica que la creación (*sṛṣṭi*) es previa a la percepción (*dṛṣṭi*). *Sṛṣṭi-dṛṣṭi-vāda* está destinada a *sādhakas* neófitos que perciben el universo como algo diferente de sí mismos, basándose en las premisas: «percibo el universo porque este existe» y «soy algo completamente diferente de este».

En el comienzo del sendero, el buscador percibe lo observado como diferente del observador porque ignora por completo que es el Ser (*Ātman*). A causa de esta ignorancia (*āvidya*), no es consciente de su auténtica naturaleza y percibe el mundo como una creación de Dios.

Toda proposición creacionista, ya sea dualista o no, debe necesariamente asumir la existencia de un creador. El *advaita* considera que el creador es Brahman en la forma de Dios, o Īśvara, mientras que la creación es *māyā*, como el poder de Dios. Cabe acotar que en este tema encontramos una diferencia esencial entre la *advaita* y el *sāṅkhya* dualista. Para el primero, *māyā* no posee una existencia independiente del absoluto, mientras que para el segundo *prakṛti* posee existencia propia. Para el *vedānta* no dual, la disipación de *māyā* implica su reabsorción en lo absoluto. Brahman es la única causa independiente y *māyā* se evapora cuando tiene lugar el reconocimiento de Brahman. El concepto de Brahman como Īśvara con cualidades es esencial, ya que conserva la esencia no dual de las enseñanzas. La *sṛṣṭi-dṛṣṭi-vāda* puede incluir la devoción, o *bhakti*, sin que ello afecte a la no dualidad. Es una proposición que sin dejar de ser *advaita*, está en consonancia con una relación personal con Īśvara.

śruti-darśitena krameṇa parameśvara-sṛṣṭam ajñāta-sattā-yuktam eva viśvaṁ tat tad viṣaya-pramāṇāvataraṇe tasya dṛṣṭi-siddhir iti.

> El *sṛṣṭi-dṛṣṭi-vāda* afirma que el mundo es creado por Dios, como se narra en el *śruti*, por lo que el mundo existe incluso cuando no se percibe. En resumen, tiene *ajñāta-satta*, o una existencia no percibida. Los objetos se conocen a través de los medios de conocimiento (*pramāṇās*), por lo que no son ilusorios (en el sentido de que *dṛṣṭi-sṛṣṭi-vāda* sostiene lo ilusorio).
>
> (Śrī Appaya Dīkṣita, *Siddhānta-leśa-saṁgraha*, «*pariccheda* 2», «*dṛṣṭi-sṛṣṭi-nirūpaṇam*»)

Dṛṣṭi-sṛṣṭi-vāda: Esta proposición sugiere la simultaneidad de la cognición y la creación. El mundo existe solo cuando es percibido por un perceptor. Se enfatiza la existencia del perceptor y la percepción, mientras que lo percibido es secundario. El mundo, o lo percibido, depende por completo de la existencia del perceptor y la percepción.

La *dṛṣṭi-sṛṣṭi* no define al creador en relación con la creación ni acepta una multiplicidad de almas.

Lo percibido es el Brahman dependiente, mientras que el perceptor o el testigo es el Brahman absoluto. El universo objetual no es independiente de Brahman. Aunque el perceptor y lo percibido son uno y lo mismo, el ignorante pone énfasis en lo percibido. El perceptor posee la voluntad, el conocimiento y la acción, mientras que el poder creativo es *māyā*, o 'ilusión.' Este punto de vista lo propone Prakāśānanda Sarasvatī en su *Vedānta-siddhanta-muktavalī*. Hay una visión muy similar en el *Gauḍapādīya Kārikā*: el universo es una creación de las almas en un acto cognitivo.

Está estrechamente vinculada al *eka-jīva-vāda*, el cual postula que existe una sola alma, que es idéntica al Absoluto. Para comprender la proposición de la *dṛṣṭi-sṛṣṭi-vāda*, podemos compararla con el sueño. Cuando la experiencia del estado de vigilia es velada, comienza la proyección de la realidad onírica. Como todos sabemos, los mundos que experimentamos en sueños son proyecciones mentales. Al despertar, nos damos cuenta de que todo lo experimentado no fue real. Sin embargo, si dentro del sueño alguien tratara de convencernos de la irrealidad de nuestra experiencia, no lo aceptaríamos. No le creeríamos si nos dijera que lo que percibimos no existe, sino que es solo una proyección mental. De la misma manera, no creemos que este mundo objetual carezca de sustancialidad. No aceptamos la declaración vedántica de que este universo de nombres y formas depende solo de nosotros y de nuestra observación. Mientras soñamos, el sueño parece ser independiente de nosotros. En nuestro estado de percepción actual, es imposible descubrir la irrealidad de esta experiencia mientras nuestra atención se mantenga dirigida hacia los asuntos mundanos. Es posible realizar que el mundo fenoménico es una proyección solo después de minimizar la importancia que le atribuimos. Solo entonces, podremos observarle y evaluar su realidad.

> *paripūrṇaś cid-ātmā avidyayā avaccheda-pratibimba-bhāvo vinā 'pi prāpta-jīva-bhāvaḥ san ātmānam eva sarve āvaraṁ kalpayati. prāpteśvara-bhāvāt svasmād eva gaganādi-sṛṣṭiṁ kalpayati. … tathā krameṇa manuṣyādi-bhāvaṁ kalpayati.*

> *...ca svasminn eva sarva-prapañca -kalpakatvāt jīva-bhāvāpannaṁ brahma sarvopādānam iti dṛṣṭi-sṛṣṭi-vād iva āhur ity arthaḥ.*
>
> El Ser absoluto que se convierte en *jīva* debido a la nesciencia (*avidyā*) incluso sin limitación (*avaccheda*) y reflexión (*pratibimba*) se imagina a sí mismo como Dios... Y así, convirtiéndose en Dios, imagina la creación del mundo que consiste en el cielo y demás solo desde sí mismo. Gradualmente, imagina al ser humano, etc.... Así, Brahman, que se ha convertido en *jīva*, es la causa material porque imagina todo el fenómeno solo en sí mismo. Esta es la opinión de los *dṛṣṭi-sṛṣṭi-vādins.*
>
> (Acyutakṛṣṇānanda Tīrtha, comentario sobre *Siddhānta-leśa-saṁgraha*)

Ajāti-vāda: La palabra *ajāti-vāda* está compuesta por *a* (no), *jāti* (creación) y *vāda* (doctrina) y se traduce como 'la doctrina de la no creación'. Esta proposición es la base de las enseñanzas de Gauḍapāda. Según la *ajāti-vāda*, la creación no es un acontecimiento que ocurrió en determinado momento. Por ende, no puede ser analizado desde un punto de vista cronológico. De acuerdo con estas enseñanzas, la creación nunca ocurrió realmente. Asimismo, *māyā* también carece de realidad sustancial; es una ilusión carente de existencia real. La única realidad absoluta es Brahman. Como eterno y no nacido, o *aja*, Brahman es inmutable; por lo tanto, no está sujeto a cambios tales como el nacimiento, la vejez o la muerte. Por su parte, la realidad del mundo es solo aparente; se trata de una superimposición sobre la realidad. El *advaita* reconoce que el alma y Brahman comparten una misma identidad y nos invita a buscar la esencia. Tal como se señala en el *Māṇḍūkya Upaniṣad*:

na kaścij jāyate jīvaḥ
sambhavo 'sya na vidyate
etat tad uttamaṁ satyaṁ
yatra kiñcin na jāyate

> Ningún alma comienza a existir. No hay causa alguna que pueda producirla. La Verdad suprema es que nada nunca nace.
> (*Māṇḍūkya Upaniṣad*, 3.48)

Percibimos el universo al igual que nos percibimos a nosotros mismos. Mientras nos consideremos algo o alguien independiente, no podemos comprender la *ajāti-vāda*. Solo aceptando que *māyā* es irreal y que Brahman es la existencia absoluta comprenderemos que nunca hubo una creación: *māyā* es una realidad epistémica, pero no ontológica, y Brahman es lo único que realmente existe.

Muchos buscadores exploran lo que perciben a través de sus sentidos. Sin embargo, no prestan atención a quien percibe. Los sentidos les recuerdan constantemente el plano dual. A través de la vista, el gusto, el tacto, el olfato y el oído son arrastrados hacia el fenómeno exterior. Los medios de comunicación y la propaganda mantienen su atención ocupada en lo superficial. Sin embargo, en lugar de lo objetual, deben investigar las profundidades de la subjetualidad. La exploración ha de ir en pos del perceptor. Esta introspección contemplativa nos llevará a descubrir la irrealidad ontológica de *māyā*.

Cabe acotar que la realización de nuestra verdadera naturaleza como Brahman es totalmente ajena a estados de la vigilia (*jāgrat*), sueño con ensueños (*svapna*) y sueño profundo (*suṣupti*): pertenece únicamente a *turīya*, o 'el cuarto estado'. Volviendo a *vyāvahārika*, se llega de nuevo a los estados *jāgrat*, *svapna* y *suṣupti*, pero los conocimientos adquiridos en el estado *turīya* permanecen y la percepción preliminar *sṛṣṭi-dṛṣṭi* pierde gran parte de su significado.

El *Māṇḍūkya Upaniṣad* se refiere a *turīya* de la siguiente manera:

> *nāntaḥ prajñaṁ na bahiṣ prajñaṁ nobhayataḥ prajñaṁ na prajñā na ghanaṁ na prajñaṁ nāprajñam. adṛṣṭam avyavahāryam agrāhyam alakṣaṇaṁ acintyam avyapadeśyam ekātma-pratyaya-sāraṁ prapañcopaśamaṁ śāntaṁ śivam advaitaṁ caturthaṁ manyante sa ātmā sa vijñeyaḥ.*

> El cuarto estado (*turīya*), según dicen los sabios, no es un conocimiento interno ni externo, ni una combinación de ambos. No es tampoco una masa indefinida de conocimiento, no es un conocimiento colectivo, ni es un no conocimiento. Este es invisible, no relacionado, inconcebible,

> no inferible, inimaginable e indescriptible. Es la esencia del autoconocimiento común a todos los estados de consciencia. Todo lo fenoménico cesa en este. Es paz, es bienaventuranza, es no-dual. Este es el Ser, es lo que debe ser realizado.
>
> (*Māṇḍūkya Upaniṣad*, 7)

Versos de la literatura upanishádica como este son especialmente relevantes para comprender la *ajāti-vāda*. Dicha *śloka* señala que, en el estado de *turīya*, se realiza la verdadera naturaleza brahmánica y se deja de percibir el universo objetual como si estuviese separado del observador. El yo se desvanece junto con el supuesto universo fenoménico exterior a este y solo el Ser permanece. El verso describe *ajāti* con exactitud. El término *prapañcopaśamam* denota la irrealidad del universo objetual. Es la fusión de lo objetual y la subjetualidad como una única realidad. Al caer las paredes del cuarto, desaparece el límite entre el supuesto espacio interior y el aparente espacio exterior. Se evaporan el tú y el yo y se despierta a la consciencia de que ambos nunca estuvieron separados. El *Bṛhad-āraṇyaka Upaniṣad*, se refiere a lo mismo al mencionar:

> [...] *yatra tv asya sarvam ātmāivābhūt, tat kena kaṁ jighret, tat kena kam paśyet, tat kena kaṁ śṛṇuyat, tat kena kam abhivadet, tat kena kam manvīta, tat kena kaṁ vijānīyāt? yenedam sarvaṁ vijānāti, taṁ kena vijānīyāt, vijñātāram are kena vijānīyād ity uktānuśāsanāsi maitreyi*

> [...] Donde todo es el Ser del conocimiento, ¿qué sabe ese Ser, excepto a su propio ser? ¿Quién ha de ver cuando el objeto de la percepción se ha convertido en una parte integral del proceso de percepción mismo? Todo es conocido por el conocedor, pero ¿quién ha de conocer al conocedor? Por lo tanto, como te dije, Maitreyī, no es posible tener cognición, percepción, razonamiento y entendimiento ordinarios en ese estado absoluto, que es la dicha suprema de la plenitud.
>
> (*Bṛhad-āraṇyaka Upaniṣad*, 2.4.14, segunda parte)

Cualquier idea acerca de la existencia independiente de un universo externo carece de sentido. Según el *Bṛhad-āraṇyaka Upaniṣad*, la realidad absoluta implica la ausencia de toda actividad sensorial, lo cual conlleva una desintegración del fenómeno egoico.

El *upaniṣad* pregunta, *¿vijñātāram are kena vijānīyād?*, o «¿quién ha de conocer al conocedor?». La pregunta nace desde la obvia comprensión de que el perceptor no puede ser percibido a través de los sentidos. Queda claro que el conocedor se conoce a sí mismo sin distinguirse del conocimiento y lo conocido, ya que en el estado absoluto ni siquiera se plantea la pregunta acerca de la creación.

Se deduce que al realizar la identidad de *ātman* y Brahman como una y la misma, nada comienza ni deja de existir, sino que solo permanece la existencia absoluta. Según la visión *ajāti-vāda*, al disolverse el mundo objetual en el mismo Ātman, podemos referirnos a *prapañca* (la expansión del universo) como lo no creado.

Por lo general, los maestros ortodoxos no duales comienzan explicando la creación en términos de *sṛṣṭi-dṛṣṭi-vāda*. *Sṛṣṭi-dṛṣṭi* se acepta solo en el sentido de *vyāvahārika*, y necesita ser trascendido para lograr *mokṣa*. Luego explican la doctrina de la negación de la superimposición errónea, o *adhyāropa-apavāda*, que está estrechamente ligada a las formas *vyāvahārika* y *pāramārthika* de entender la realidad.

Solo posteriormente, presentan *ajāti-vāda*, que niega por completo el inicio cronológico del universo. Cuando realizamos que *pāramārthika* es lo único real, *ajāti* es aceptada.

Los otros sistemas de *vedānta*, así como la mayoría de las religiones, presentan el *sṛṣṭi-dṛṣṭi-vāda*. Solo dentro de las enseñanzas del *advaita vedānta* encontramos las enseñanzas del *dṛṣṭi-sṛṣṭi-vāda* y *ajāti-vāda*.

Muchos buscadores espirituales se inclinan a buscar lo absoluto como la esencia del mundo objetual. Sin embargo, *advaita* no ve utilidad en esto porque *mukti*, o 'liberación', es la realización de nuestra auténtica naturaleza como Brahman. Debemos comenzar por investigarnos y explorarnos a nosotros mismos, ya que toda incógnita es aclarada cuando realizamos a Brahman. Analizando una gota, descubriremos los componentes del océano entero. Es innecesario introducir todo el mar en nuestro laboratorio o analizar cada ola: una pequeña gota bastará. Por tanto, *advaita* sugiere dirigir nuestra atención hacia el buscador. Por último, la atención será dirigida hacia la atención misma, siendo consciente de la consciencia misma.

Capítulo 11

Una visión científica de nuestra percepción del mundo

Muchos de nosotros decimos «ver para creer», como si lo que percibimos a través de los sentidos fuese la realidad absoluta. Mediante la percepción sensorial, concebimos el mundo que nos rodea como real. Tratamos de poseer objetos y nos apegamos a personas. Sin embargo, lo que denominamos «mundo» o «universo» no existe tal como lo percibimos. Identificamos formas, colores, texturas, olores, que, en realidad, no existen. El universo no es físico; su esencia es consciencia pura.

El mundo que percibimos no es en absoluto como creemos que es. Las terminaciones nerviosas de nuestros órganos sensoriales —lengua, piel, nariz, ojos y oídos— son capaces de captar estímulos internos o externos y de generar impulsos nerviosos que traducimos en forma de sensaciones. Cada uno de los receptores sensoriales se encarga de detectar una clase distinta de energía física como ondas de luz o de sonido. Estos estímulos se transforman en señales electroquímicas, que se transmiten a través del sistema nervioso para llegar finalmente a la corteza cerebral. La corteza cerebral organiza los impulsos neuronales. Diferentes áreas de la corteza se dedican a traducir la información sensorial en experiencias psicológicas como panoramas, rostros, melodías, perfumes, texturas y demás.

Cabe aclarar que la actividad cerebral es la misma si miramos algo o lo imaginamos. Ahora podemos observar la actividad cerebral con radiomarcaje: un átomo en un compuesto químico como la glucosa se reemplaza por su isótopo radiactivo, y luego, el nuevo compuesto se inyecta en el torrente sanguíneo. Después, se puede realizar una tomografía por emisión de positrones (PET), una técnica de imagen que detecta la radiactividad emitida por el átomo radiomarcado. Esto hace posible producir una imagen tridimensional que muestra cómo funcionan tejidos y órganos específicos. Sin embargo, no encontraremos en el cerebro una imagen de una flor roja, sino solo actividad eléctrica y química interneuronal —las células del sistema nervioso cuya propiedad principal es la excitabilidad eléctrica de sus membranas plasmáticas.

El contacto intercelular entre neuronas que transmiten impulsos nerviosos se denomina transmisión sináptica, la cual comienza con una descarga química que provoca un cambio en el potencial eléctrico de la célula transmisora o presináptica. Cuando este impulso llega a la terminación del axón (la fibra nerviosa alargada que conduce los impulsos nerviosos fuera de la célula), la neurona libera sustancias químicas llamadas neurotransmisores en el espacio sináptico (el espacio diminuto que hay entre dos células nerviosas). Estos químicos son responsables de excitar o inhibir la actividad de la célula postsináptica. Por lo tanto, cuando vemos una rosa roja, nuestro cerebro no genera una imagen, sino solo actividad eléctrica y química que se interpreta como una imagen.

El color rojo de una rosa no existe dentro del cerebro, pero tampoco existe fuera de este. En realidad, los colores que percibimos no existen. Los aguacates y el césped no son verdes; el mar y el cielo no son azules; los seres humanos no tienen diferentes matices de piel. Los colores no constituyen una propiedad de los objetos o de los rayos de luz, sino que son interpretaciones mentales de la luz proveniente del mundo exterior: los colores no existen realmente en la naturaleza.

Percibimos dolor al golpearnos con una piedra, pero sabemos que el dolor no reside en la piedra. De la misma manera, vemos colores cuando la luz impacta en nuestra retina, pero lo colores no pertenecen a los objetos. Al igual que el dolor, los colores solo existen en nuestra mente.

Isaac Newton exploró la naturaleza de los colores. En una habitación oscura, descompuso un rayo de sol mediante un prisma, descubriendo que la luz blanca está formada por un espectro de rayos de colores. La luz visible es radiación electromagnética que es perceptible para el ojo humano y permite el sentido de la vista. Según sus pigmentos, los objetos reflejan o absorben diferentes longitudes de onda de la luz. Consideramos un objeto blanco cuando refleja todas las longitudes de ondas visibles, y negro en el caso de que las absorba todas. De esta manera, los colores son percepciones de los rayos de luz con diferentes longitudes de onda después de que se han reflejado en los objetos y llegan a nuestras retinas. La capacidad del ojo humano para distinguir colores se basa en la sensibilidad de los receptores de la retina a las diferentes longitudes de onda de la luz. Por consiguiente, los colores no existen, sino que son la interpretación de nuestro cerebro a diferentes longitudes de onda de la luz; la luz en sí no tiene colores. El color no es una característica del mundo percibido, sino de nuestra percepción del mundo.

El universo carece de coloración: los colores son generados por nuestro cerebro. Solo existen ondas electromagnéticas incoloras que viajan por el espacio hasta alcanzar nuestros ojos.

Diferentes anomalías cerebrales pueden distorsionar la percepción de colores. Las personas que sufren de migraña crónica suelen ver diferentes colores mientras les duele la cabeza. Su afección produce cambios en la zona cerebral de procesamiento visual que cambia el comportamiento de las neuronas encargadas de procesar las ondas electromagnéticas y convertirlas en colores. Debido a que compartimos los mismos patrones genéticos, casi todos los seres humanos percibimos los colores de manera similar.

La flor roja además de no existir dentro del cerebro, tampoco existe fuera de él. La sólida realidad que vemos, palpamos, olemos y oímos no es tan real como nos parece. Lo que percibimos no es la realidad como tal, sino el resultado del modo en que nuestro cerebro interpreta los impulsos nerviosos.

Examinemos, por ejemplo, la vista. Ante todo, es importante diferenciar entre vista y visión: la primera se refiere a uno de nuestros sentidos, mientras que la segunda está relacionada con capacidad para interpretar lo que vemos. Los ojos ven, pero la visión ocurre en el cerebro.

El proceso de visión se divide en cuatro fases: percepción, transformación, transmisión e interpretación.

1. Percepción: La luz penetra el ojo a través de la córnea y luego atraviesa la pupila, el líquido llamado humor acuoso, el lente cristalino y el gel transparente del humor vítreo.
2. Transformación: La luz entonces alcanza la retina donde se activan las células sensoriales conocidas como conos y bastones y transforman la luz en energía nerviosa.
3. Transmisión: Los impulsos nerviosos se dirigen a través del nervio óptico hacia la corteza cerebral.
4. Interpretación: En la corteza cerebral, se produce el proceso de reconocimiento e interpretación de los impulsos.

No vemos los objetos que supuestamente se encuentran frente a nosotros. Lo que percibimos tan solo son interpretaciones o descodificaciones internas de impulsos nerviosos. Dichos mensajes nos hacen presumir que la flor roja se encuentra allí, aunque nadie en el mundo pueda probarlo. Es decir, a través del proceso visual solo podemos asumir que determinado objeto se encuentra frente a nosotros.

Percibir la realidad sería captar lo que pasa en este momento. Si percibimos algo que ocurrió en el pasado, puede que no sea real ahora. El proceso de la visión, aunque es rápido, toma su tiempo y no es inmediato; por ende, lo observado no pertenece a la realidad presente. Lo único que puede ser percibido directamente en el presente es la consciencia, o nuestra autenticidad, porque no existe distancia ni proceso alguno de percepción que nos separe de esta.

Si analizamos el mundo objetual, descubriremos que la supuesta rosa roja está compuesta principalmente de vacío. Si miramos más de cerca, encontraremos moléculas, átomos y un mundo cuántico de partículas subatómicas, pero más que nada, veremos espacio vacío.

Para comprender la proporción, imaginemos que agrandamos el núcleo de un átomo a la dimensión de un balón de baloncesto. El electrón más cercano se encontraría a una órbita de varios kilómetros. El resto del átomo no es más que vacío. Igualmente, si un átomo de carbono tuviera las dimensiones de un campo de golf de ochenta hectáreas, el núcleo sería aproximadamente del tamaño de uno de los hoyos. El espacio vacío dentro de los átomos es tan grande que, si elimináramos todo el espacio vacío de los átomos de un cuerpo humano, se reduciría al tamaño de un grano de sal. Si hiciéramos lo mismo con toda la humanidad, el volumen de todos los seres humanos del planeta se reduciría a las dimensiones de una manzana.

Si exploramos el sentido del tacto, quizás a más de alguno le sorprenderá saber que nunca nadie ha tocado materia sólida. Al apoyarnos sobre un muro, no lo atravesamos debido a la repulsión electromagnética de los electrones alrededor de los átomos que forman los sólidos. Nuestras manos también están compuestas por átomos con nubes de electrones. Los campos eléctricos son muy intensos porque constan de millones de átomos. Al tocar un objeto, sus electrones previenen que los electrones de nuestros dedos tomen su lugar y los reemplacen en los átomos. Es por eso que nadie ha tocado nunca la materia sólida: no caminamos sobre el suelo, sino más bien levitamos. Como tanto los electrones de los objetos como los de nuestros cuerpos están cargados negativamente, se repelen entre sí, y esto nos impide acercarnos y tocar un objeto o pasar a través de él.

Existen diferentes estados de agregación de la materia, que dependen del grado de fuerza con que las partículas están unidas o agregadas en un objeto, cuerpo o sustancia. En algunas clases de materia como en metales o rocas, las partículas se encuentran fuertemente unidas. En líquidos como el agua, el vinagre o el aceite, las partículas están unidas débilmente. En los gases, las partículas están esparcidas. Debido a que la ligadura entre las partículas de los líquidos es más débil, nuestro cuerpo puede separarlas y podemos movernos a través del agua. Si el coeficiente de cohesión de la superficie del objeto es mayor que la de nuestros dedos, el objeto no se deformará, pero nuestra piel experimentará compresión y resistencia eléctrica que se transformará en resistencia mecánica.

Las sensaciones táctiles son transmitidas por los diferentes receptores a la corteza cerebral, específicamente a la zona ubicada detrás de la cisura de Rolando (una ranura en la corteza cerebral que separa el lóbulo parietal del lóbulo frontal). La materia sólida no existe. Al analizar el mundo exterior, inevitablemente, llegaremos a la conclusión de que la única realidad que conocemos es la que fabrica nuestro cerebro, ya que interpreta los billones de señales sensoriales que recibe cada momento.

El mundo que nos parece ser de materia sólida, no es más que discontinuidad. Todos los objetos que observamos a través de nuestros sentidos están constituidos por átomos, que a su vez están hechos de partículas subatómicas que emergen en un lugar y desaparecen en otro. Dichas partículas vibran apareciendo y desapareciendo en trillonésimas de segundo, en lo que denominamos «el salto cuántico», transformándose en un flujo vibratorio con espacios vacíos. La discontinuidad es el fundamento mismo del universo, así como la esencia de todo.

No experimentamos el mundo tal como es, sino como se nos aparece. En lugar de percibir la realidad, la interpretamos. La mayoría de los conflictos entre los seres humanos derivan de las diferentes maneras de interpretar el mundo que percibimos. Sin embargo, la consciencia es completamente trascendental a dichas interpretaciones y permanece inafectada por ellas.

Evaluar si las sillas y las mesas son reales no se atiene a la esencia del mensaje vedántico. Los maestros de antaño no sostienen que las montañas y los mares no existen, sino que lo realmente ilusorio es el mundo creado por la mente. Somos nosotros mismos quienes confeccionamos el mundo imaginario en el cual nos desenvolvemos. Tanto nosotros como nuestro mundo somos el producto de la actividad mental. Nuestros pensamientos nos crean como fenómenos egoicos. El mundo bipolar de ansiedad y calma, expectativas y desilusiones, y felicidades y desventuras, es ficticio. Pero la mayor creación ficticia somos nosotros mismos, o el pensamiento creando a un pensador. Mientras sigamos proyectando nuestra actividad mental, la realidad seguirá funcionando como una pantalla. La realidad se mantiene oculta tras el mundo ilusorio que proyectamos sobre ella. Mientras la mente no sea trascendida, la realidad permanecerá oculta. Las enseñanzas vedánticas señalan que la meditación es el sendero que nos permite abandonar mundos carentes de substancia y hechos de ideas, conceptos y conclusiones. No culpemos a nadie, asumamos la responsabilidad y cambiaremos nuestra realidad tan solo cambiando de actitud.

Capítulo 12

Las metas de los seres humanos o *puruṣārthas*

A medida que se oculta la consciencia, el universo se manifiesta. La consciencia única solo puede encubrirse aparentando ser multiplicidad. El ser humano es el punto cósmico en el que la consciencia asume una dirección involutiva y comienza a tornase hacia sí misma.

La consciencia es un bien compartido por los seres humanos y animales, pero solo el homo sapiens posee autoconsciencia y la capacidad de elegir. A diferencia de los animales, podemos cambiar y amoldarnos al mundo de acuerdo con nuestras propias elecciones. Los animales son como hojas que flotan en el río y se ven arrastradas por la corriente; los seres humanos se asemejan a botes a motor que pueden escoger su dirección, incluso contra la corriente.

El animal es motivado por el instinto y no sufre los dilemas y los conflictos del ser humano. La bestia no puede resistir la naturaleza de su cuerpo físico. Puede atacar a otro y comérselo sin remordimientos, ya que no cuestiona la moralidad de sus propios actos. Los perros, los gatos y los puercos solo responden según su naturaleza preprogramada. Por el contrario, el ser humano, consciente de sí mismo, puede evaluar cuál es la opción más beneficiosa y utilizar la discreción. Es capaz de resistir sus deseos e inclinaciones y, por ejemplo, dejar de consumir carne para evitar el sufrimiento de otras criaturas.

Las reacciones animales son predecibles porque provienen del instinto, pero el ser humano tiene capacidad para zafarse del instinto y elegir la mejor manera de responder. La bestia está completamente condicionada, mientras que los humanos pueden superar el condicionamiento hasta tal punto que en un determinado momento de su evolución son capaces de emprender el descubrimiento de la realidad. Por esta razón, algunos han llamado a los seres humanos 'animales religiosos'.

Tanto el animal como el ser humano están físicamente limitados. Embebido en un entorno físico, la capacidad de responder del animal es sumamente elemental. Por el contrario, el ser humano tiene la posibilidad de trascender la realidad física y acceder a mundos mentales a través del arte, la literatura, la filosofía, el cine y demás. De acuerdo con el *vedānta*, el animal y el ser humano poseen en común las necesidades básicas de comer, dormir, defenderse y aparearse. No obstante, puesto que los seres humanos son autoconscientes, pueden discriminar y llegar a conclusiones acerca de sí mismos. Cuando se perciben a sí mismos a través de sus mentes y sus sentidos limitados, se ven como seres imperfectos e incompletos. Se sienten inadecuados, insatisfechos y condicionados. La reacción natural a este estado incompleto es desear la plenitud. Por lo tanto, cada deseo está motivado por la aspiración de completarnos, lo que nos arrastra a un estilo de vida totalmente basado en esta ambición. Según su grado de desarrollo, las personas optan por diferentes objetivos o metas en la vida, las cuales se dividen en cuatro categorías principales o *puruṣārthas*.

Los *puruṣārthas* o 'las metas de los seres humanos'

Puruṣa puede significar tanto 'Dios' como 'ser humano o persona', mientras que *artha* quiere decir 'meta, objetivo o finalidad'. Así, *puruṣārtha* significa 'el objeto de búsqueda humana' o 'la finalidad de las personas' y se refiere a las cuatro metas u objetivos de la vida humana. Los *puruṣārthas* exponen claramente la evolución dentro del contexto retroprogresivo y, por lo tanto, es importante explicarlos en el estudio del *vedānta*.

Según los Vedas, cuatro son las principales metas del ser humano :

- *Dharma*: ética, rectitud.
- *Artha*: seguridad, riqueza.
- *Kāma*: placer, disfrute, felicidad, deseo.
- *Mokṣa*: liberación.

Se mencionan en el *Gaṇapaty-atharva-śīrṣa Upaniṣad* de la siguiente manera:

sarvatrādhīyāno 'pavighno bhavati
dharmārtha-kāma-mokṣaṁ ca vindati

> Estudiar este *upaniṣad* en todas las situaciones eliminará los obstáculos, y el devoto obtendrá *dharma*, *artha*, *kāma* y *mokṣa*.
> (*Gaṇapaty-atharva-śīrṣa Upaniṣad*, 11)

Asimismo, los cuatro *puruṣārthas* se clasifican en dos grupos:

1. Los compartidos tanto por los seres humanos como por los animales: *artha* (búsqueda de seguridad) y *kāma* (búsqueda del placer).
2. Los exclusivos del ser humano: *dharma* (comportamiento ético) y *mokṣa* (la búsqueda de liberación).

Artha o 'la riqueza' o 'la seguridad'

Artha significa literalmente 'objetivo', pero en el contexto de los *puruṣārthas* sería 'los medios de vida', es decir, la búsqueda de riquezas y ocupaciones que proporcionan medios económicos para mantenerse. Sin embargo, detrás de la búsqueda de riquezas se esconde el deseo de alcanzar seguridad.

De una u otra manera, prácticamente todo ser vivo busca seguridad y protección. El instinto lleva al ratón a acumular queso; a la hormiga, hojitas; al perro, huesos; y a la abeja, polen. Los animales solo actúan de acuerdo con una programación natural de supervivencia que incluye la búsqueda de seguridad. Por otro lado, a medida que los seres humanos evolucionan, superan el nivel instintivo y su búsqueda de seguridad se refina.

Detrás de toda búsqueda de riquezas, belleza, fama o poder se esconde el miedo a la sensación de inseguridad. Dicho temor se expresa en nuestros esfuerzos por obtener cosas que nos ayuden a sentirnos protegidos.

Sin embargo, nada de lo adquirido con tanto esfuerzo logra aquietar nuestro temor a la inseguridad física y sentimental. Dicha sensación permanece intacta pese al dinero, la fama, la salud, la belleza o el poder que poseamos. A través del dinero es posible acceder a cierta comodidad, pero no a la seguridad; por medio de la belleza, podemos atraer admiración pero no erradicar el temor a la inseguridad. Si así fuera, los ricos, famosos, poderosos y los bellos deberían ser las personas más felices y seguras del mundo.

Aspiramos a una experiencia de seguridad absoluta, pero nuestros resultados son relativos. En la plataforma dual, toda ganancia involucra una pérdida: obtener implica renunciar a algo, ganar implica perder. Por ejemplo, si deseo un automóvil nuevo, debo invertir tiempo y energía para encontrar el coche que deseo y luego ocuparme de todos los trámites. Comprar el vehículo conlleva gastar el dinero que he ahorrado con tanto sacrificio. Toda adquisición supone un desprendimiento y, por lo tanto, cualquier alivio inicial se ve contrarrestado por una sensación de pérdida. Aunque el *vedānta* no se opone a la búsqueda de seguridad en este mundo, advierte de que *artha* es incapaz de aliviar nuestro dolor fundamental.

El verdadero problema no es que carezcamos de protección, sino que nos percibimos como vulnerables y desprotegidos. Ya que esta sensación de inseguridad no está en armonía con nuestra naturaleza original, buscamos soluciones para escapar de ella. En realidad, no tratamos de obtener algo, sino que buscamos deshacernos de nuestro profundo terror a la inseguridad. Por desgracia, nada que poseamos alterará la idea que tenemos acerca de nosotros mismos. Mientras nos consideremos desprotegidos, nada ni nadie erradicará nuestra sensación de inseguridad. La experiencia de inseguridad no ocurre en la dimensión objetual, sino que está relacionada con el plano subjetual. Dado que es un resultado de lo que creemos ser, es evidente que no encontraremos una solución en el mundo fenoménico.

Debido a que nuestra identidad original es ilimitada, lo limitado no puede satisfacernos. Nuestras necesidades insaciables no se ven calmadas en la plataforma finita. Ansiamos una experiencia de seguridad y protección absoluta e ilimitada. Mientras existamos como algo o alguien separado, experimentaremos miedo a la inseguridad. En la revelación de nuestra autenticidad, no encontraremos seguridad, sino ausencia de miedo a la inseguridad. Temer la inseguridad es escapar y vivir atemorizado de la vida misma. La seguridad es la muerte; la inseguridad, la vida. El ser despierto abraza con profundo amor la inseguridad.

Kāma o 'el placer'

Kāma significa 'deseo', 'ansia', 'anhelo' o 'apetito'. En el contexto de los *puruṣārthas*, el término se refiere al anhelo de placer, disfrute y felicidad en toda la amplia gama de estos términos.

Tres factores son indispensables para lograr *kāma*: objeto, órgano sensorial y estado de ánimo apropiado. En primer lugar, el acceso al objeto de disfrute es imprescindible. Segundo, el órgano sensorial correspondiente ha de percibir el objeto; además, tiene que estar sano para experimentar placer. Por ejemplo, un sordo no puede disfrutar de la música hermosa y tampoco disfrutaremos de un helado si estamos aquejados de un fuerte dolor de muelas. El tercer factor es el marco mental apropiado. Aunque objeto y órgano estén disponibles, no disfrutaremos si no estamos de buen humor. Si nos sentimos tristes, no disfrutaremos de los objetos que nos causarían placer si tuviésemos otro estado de ánimo.

Sin duda, la sociedad moderna es muy dinámica, pero no ha valorado aún las implicaciones de su ritmo frenético. En la actualidad, vivimos en un ritmo tal que es casi imposible encontrar un momento y un lugar para sentarnos en silencio con nosotros mismos sin ser molestados por las distracciones. Los momentos de paz y tranquilidad, en los que podemos reflexionar sin desviar nuestra atención hacia el teléfono, la computadora o la televisión, son muy escasos. Esta inclinación de la masa es explotada al máximo por la industria del entretenimiento. En realidad, el disfrute actúa como un calmante temporal que nos impide resolver el verdadero problema. Todo placer no hace más que posponer el afrontamiento de nuestro asunto fundamental.

Tanto los animales como los seres humanos se sienten atraídos hacia el placer. Cada mosquito en este mundo se mueve buscando la felicidad. A nivel instintivo, esta búsqueda es simple y burda, pero en los humanos es más refinada. El ser humano disfruta la pintura, la poesía, la música, la danza y la filosofía. El animal satisface sus necesidades, pero carece de la capacidad de cultivar su disfrute y de refinar las fuentes de placer. El animal disfruta de su comida, pero solo el ser humano ha desarrollado una entera cultura gastronómica con restaurantes, chefs, vajillas y modales. La bestia disfruta del sexo, pero el ser humano ha desarrollado la industria pornográfica. El ser humano no se contenta con meramente satisfacer sus necesidades biológicas, sino que va más allá en busca del placer que le suministra la satisfacción de dichas necesidades. Los deseos de los animales se ciñen al instinto, mientras que la facultad de libre albedrío de los humanos les permite expresar sus deseos a través de preferencias personales.

Diferentes personas encuentran placer en objetos muy distintos. El placer puede ser sensorial, físico, psíquico, artístico, intelectual, emocional, biológico, contemplativo, etcétera. También en diferentes etapas de la vida cambian nuestras fuentes de placer. Durante la infancia, disfrutamos de los juguetes; en la adolescencia, de la música, los deportes y el baile; en la madurez, de nuestra familia, esposa e hijos; y ya en la vejez, de nuestros nietos. Sin embargo, aunque todos han buscado la felicidad en la historia de la humanidad, muy pocos han logrado liberarse del sufrimiento, de esa sensación de insatisfacción que se oculta en lo profundo de cada corazón.

Nuestra autopercepción a través de medios imperfectos nos lleva a la errónea conclusión de que somos limitados, desdichados, desventurados, infelices e incompletos. Nos vemos como seres encarnados que viven a merced de las enfermedades, la vejez y la muerte. Sin embargo, no lo aceptamos y deseamos vernos felices y satisfechos. Por lo tanto, así como la búsqueda de seguridad es un escape de la inseguridad, cualquier búsqueda de placer es un escape de la sensación de desdicha. Vivimos con la errada impresión de que, adquiriendo un coche nuevo, una casa nueva o un marido o una esposa bellos, seremos dichosos y estaremos completos. Aunque estos logros aplaquen momentáneamente nuestro sufrimiento, no constituyen una solución radical. El mundo está lleno de millonarios desdichados, de casados insatisfechos y de bellas personas frustradas.

El fenómeno egoico consiste en percibirnos de manera errónea como entidades separadas. Verse desconectado del paraíso es, sin duda, una situación que despierta pánico. Verse desterrado de nuestro hogar eterno resulta muy aterrador. El ego teme el futuro, el rechazo, al prójimo, el cambio, la inseguridad, el sufrimiento, etcétera. El miedo motiva toda búsqueda egoica: es el terror de la parte que se ve ilusoriamente desarraigada del Todo.

Hay una diferencia cualitativa y radical entre buscar la felicidad y escapar del sufrimiento. Al igual que quienes dicen amar, pero en realidad huyen de la soledad, nuestra aspiración íntima no es la dicha sino la liberación de la aflicción, la amargura y la congoja.

Lo que el fenómeno egoico considera felicidad consiste en una mera reducción del sufrimiento. Dentro del territorio egoico, no se puede encontrar dicha. Por lo tanto, el ego solo puede tratar de minimizar su miseria.

El verdadero problema no reside en la búsqueda de placer sino en las exageradas expectativas que depositamos en objetos, situaciones y personas. Esperamos erróneamente que estos no solo nos otorguen placer, sino que nos aporten la erradicación total de nuestra profunda insatisfacción.

Solo la autosatisfacción o la realización de nuestra auténtica naturaleza, que es completa en sí misma, detendrá de manera natural y espontánea toda persecución de placer. Por eso el *Bhagavad-gītā* se refiere al sabio como a aquel que no busca la felicidad en el mundo objetual porque la ha encontrado en el Ser.

āpūryamāṇam acala-pratiṣṭhaṁ
samudram āpaḥ praviśanti yadvat
tadvat kāmā yaṁ praviśanti sarve
sa śāntim āpnoti na kāma-kāmī

Al igual que el océano permanece quieto mientras los ríos lo llenan, alcanza la paz aquel que permanece calmo a pesar del flujo incesante de los deseos, no aquellos que se esfuerzan por satisfacer sus deseos.

(*Bhagavad-gītā*, 2.70)

vihāya kāmān yaḥ sarvān
pumāṁś carati niḥspṛhaḥ
nirmamo nirahaṅkāraḥ
sa śāntim adhigacchati

Logra la paz la persona que, habiendo abandonado todos los deseos, se mueve sin anhelos y está libre del sentido de «lo mío» y de egoísmo.

(*Bhagavad-gītā*, 2.71)

eṣā brāhmī sthitiḥ pārtha
naināṁ prāpya vimuhyati
sthitvāsyām anta-kāle 'pi
brahma-nirvāṇam ṛcchati

Este es el estado bráhmico (estado eterno), ¡Oh, hijo de Pṛthā! Al lograrlo, nada es ilusorio. Habiéndose establecido en este, incluso al final de la vida, uno alcanza la unidad con Brahman.

(*Bhagavad-gītā*, 2.72)

La dicha del sabio iluminado no depende del placer que ofrece el mundo fenoménico. Aunque el iluminado alberga deseos, estos deseos no son vinculantes, de tal manera que no lo esclavizan, encadenan, ni atan.

Cuando un deseo vinculante no es satisfecho, causa incomodidad. Los seres humanos ordinarios disfrutan si logran satisfacer un deseo y se frustran si no lo hacen. El deseo de la persona ordinaria nace de la falta o carencia; no así el deseo del sabio, que emerge desde la plenitud. El iluminado reposa constantemente en su verdadera naturaleza de dicha, sin importar si obtiene disfrute sensorial o no. Si el placer se manifiesta, lo disfrutará; pero si no, la ausencia de placer no empañará su dicha trascendental. Reconociéndose como la consciencia misma, el sabio iluminado no busca su completación a través de nada ni nadie.

Dharma o 'la ética' o 'rectitud'

Como muchos otros términos sánscritos, *dharma* posee una gran variedad de significados. Aunque no hay un equivalente exacto en español, ha sido traducido como religión, ley, deber, conducta, y demás. Al leer un texto sánscrito, debemos considerar el contexto en el que se usa. Con respecto a los *puruṣārthas*, el significado más cercano es 'deber cósmico'. Esto significa que *dharma* se refiere a las acciones que están de acuerdo con el orden y equilibrio universales.

Śaṅkarācārya define la palabra *dharma* de esta manera:

> *prāṇināṁ sākṣāt abhyudaya niḥśreyasa-hetuḥ yaḥ sa dharmaḥ.*

> El *dharma* es aquello que promueve directamente la prosperidad y la emancipación de los seres vivos.
> (Śaṅkarācārya, Introducción al *Bhagavad-gītā Bhāṣya*)

En una sociedad civilizada de individuos que tratan de satisfacer sus deseos, es indispensable establecer un sistema ético que salvaguarde el bienestar y la seguridad de la comunidad. A diferencia del reino animal, que se rige por las leyes de la naturaleza, la sociedad humana precisa un sistema de normas y leyes sociales que anteponga la ley cósmica a los objetivos personales. A diferencia de los animales, el ser humano posee la capacidad para entender, aceptar y seguir el *dharma*.

El *vedānta* reconoce la existencia de los deseos y permite a los individuos cumplirlos sin perturbar la armonía en la sociedad. No condena el placer alcanzado a través de medios legítimos y pacíficos. Todo daño infligido a otros constituye una violación del orden cósmico y la armonía universal, pero el placer que está libre de violencia no es condenable porque no hiere al prójimo ni a nosotros mismos. Tanto nuestros objetivos como los medios para lograrlos deben estar exentos de toda violencia. El *dharma* ofrece un sistema elaborado de valores éticos y morales para ser aplicado tanto a nuestras metas como a los medios para lograrlas. Dicho sistema confirma las normas del sentido común y añade principios sabios.

El *dharma* incluye el concepto de *puṇya* (mérito) y *pāpa* (demérito o pecado).

yathā-kārī yathā-cārī tathā bhavati— sadhu-kārī sādhur bhavati, papa-kārī pāpo bhavati; puṇyaḥ puṇyena karmaṇā bhavati, pāpaḥ pāpena.

Así como alguien hace y actúa, así se vuelve;
al hacer el bien, la persona se vuelve buena
y al hacer el mal, se torna mala.
(*Bṛhad-ārāṇyaka Upaniṣad*, 4.4.5)

Puṇya y *pāpa* son términos sánscritos que se refieren a los resultados de las acciones correctas o incorrectas, respectivamente. Toda acción posee resultados inmediatos y tangibles, así como otros invisibles y desconocidos. Estos últimos se acumulan sutilmente en nuestra cuenta kármática y, a su debido tiempo, se convierten en experiencias tangibles agradables o desagradables, en esta vida o en vidas sucesivas. El resultado sutil de *puṇya* se expresa como placer (*sukha*); el resultado sutil de *pāpa* se expresa como dolor (*duḥkha*). El karma de *puṇya* y *pāpa* consta de tres etapas: *bīja* (semilla), *vṛddhi* (desarrollo) y *anubhava* (experiencia). *Bīja* puede ser eliminada a través del conocimiento; *vṛddhi*, o el desarrollo de las acciones incorrectas, puede ser controlado a través de actos meritorios. Sin embargo, uno inevitablemente experimentará (*anubhava*) ambos karmas en cierta medida.

Nacemos dentro de una familia. Las relaciones con nuestro grupo familiar conllevan una serie de deberes y derechos: como hijos, debemos respetar y obedecer a nuestros progenitores; como padres tenemos el deber de proteger y educar a nuestros hijos, y demás. También tenemos obligaciones hacia la gran familia que es la sociedad humana: vecinos, comunidad, ciudad, nación, y demás. Si cumplimos con nuestro cometido en la vida, así como con los deberes que se nos ha asignado, actuaremos en armonía con el *dharma* y por ende, con el universo. Si actuamos en armonía con la ley universal, sintonizaremos con la manifestación cósmica entera.

Dharma no consiste en una serie de reglas y regulaciones que son el producto de una tradición o cultura humana. La ley universal palpita espontáneamente en cada ser humano porque fue revelada junto con la creación. De lo contrario, la ley natural sería defectuosa. Es como el manual de uso que a menudo viene con los aparatos electrónicos. Todos somos capaces de discernir entre lo correcto y lo incorrecto debido a que hemos experimentado directamente lo que nos causa sufrimiento o dolor. Dado que esperamos que los demás se comporten de cierta manera hacia nosotros, también podemos inferir cuál es el comportamiento que los demás esperan de nosotros. Sin embargo, aunque somos conscientes de los principios dhármicos universales, no todos vivimos de acuerdo con ellos. Puesto que poseemos libre albedrío, podemos elegir si seguir la ley universal o desentendernos de ella. Los deseos y los apegos a menudo nos disuaden de vivir de acuerdo con la ley cósmica. Las ambiciones egoístas no siempre están en armonía con el *dharma*, y la mayoría de los seres humanos se sienten inclinados a transgreder el *dharma* para satisfacer sus propias ambiciones. En la actual Era de Kali, los humanos no pueden resistir la presión de sus deseos y violan constantemente la ley del *dharma*, a pesar de que saben que sus acciones son erróneas.

Aunque el *dharma* merece ser respetado, no debemos esperar que nos conduzca a la liberación. Ni *dharma*, ni *artha* o *kāma* ofrecen una solución radical a nuestra profunda insatisfacción. El cumplimiento del *dharma* nos otorga un placer muy sutil y elevado: la satisfacción del deber cumplido. Pero por muy elevado que sea este objetivo, continúa siendo limitado. El *dharma* purifica, pero no ofrece la solución última. Seguir la ley universal proporciona la gran alegría de hacer lo que se debe hacer, pero no erradica nuestra profunda insatisfacción y nuestra sensación de que estamos incompletos.

Existen dos clases de *dharma*: *pṛthivī* y *nivṛtti*.

1. *Pravṛtti-dharma*: Los seres humanos buscan satisfacción a través de *kāma* y *artha*, pero de manera regulada. Solo al darse cuenta de la futilidad de buscar satisfacción en el plano objetual limitado, adoptan el *nivṛtti-dharma* y comienzan la búsqueda de liberación, o *mokṣa*.
2. *Nivṛtti-dharma*: Se caracteriza por la renuncia a los deseos mundanos y la aceptación de prácticas espirituales destinadas a la purificación. El ser humano se eleva por encima del nivel animal a través de la aceptación de *pravṛtti-dharma* y se eleva desde lo humano a lo divino a través del *nivṛtti-dharma*.

sa bhagavān sṛṣṭvedaṁ jagat, tasya ca sthitiṁ cikirṣuḥ, marīcyādīn agre sṛśṭvā prajāpatīn, pravṛitti-lakṣaṇaṁ dharmaṁ grāhayāmāsa vedoktam. tataḥ anyān ca sanaka-sanandanādīn

> *utpādya, nivṛtti-lakṣaṇaṁ dharmaṁ jñāna-vairāgya-lakṣaṇaṁ grāhayāmāsa. dvi-vidho hi vedokto dharmaḥ – pravṛtti-lakṣaṇaḥ, nivṛtti-lakṣaṇaś ca, jagataḥ sthiti-kāraṇam.*
>
> Habiendo creado el cosmos y procurando asegurar su existencia, el Señor dio a luz a los progenitores (Prajāpatīs) Marīci y todos los demás al principio. Luego les impartió el *dharma* védico del trabajo (*pravṛtti-lakṣaṇa-dharma*). Más tarde, manifestando a otros como Sanaka y Sanandana, les impartió el *dharma* de la cesación del trabajo (*nivṛtti-lakṣaṇa-dharma*) caracterizado por el conocimiento del desapego. De hecho, el *dharma* es declarado por los Vedas, porque la estabilidad del mundo es doble: adoptar el trabajo y adoptar la cesación.
>
> (Śaṅkarācārya, Introducción al *Bhagavad-gītā Bhāṣya*)

Aunque vivir en armonía con la ley universal es sumamente beneficioso para nuestra evolución, no resuelve nuestro problema esencial. Nuestros deseos e inclinaciones varían con el pasar de los años. Las preferencias y los valores fluctúan en diferentes épocas de la vida. El ser humano aspira a toda clase de cambios colectivos y personales. En su afán por cambiar, refleja un profundo anhelo por cambiarse a sí mismo. La insatisfacción le motiva a buscar nuevas experiencias con el objeto de erradicar dicho malestar. Sus anhelos por llevar a cabo cambios objetivos, solo reflejan su disconformidad con lo que cree ser. No obstante, dichas experiencias y cambios no eliminan el problema esencial: la percepción errónea que posee de sí mismo.

Mokṣa o 'la liberación'

La palabra *mokṣa* se deriva de la raíz *muc* (librarse) y quiere decir 'liberación'. Se trata del *puruṣārtha* más elevado de todos y el objetivo primordial de la vida humana. No existe una meta superior a la liberación. Se menciona en último lugar porque es anhelada solo por quienes se han percatado de las limitaciones de cualquier otra meta en la vida. *Mokṣa* está reservada para aquellos que han comprendido la futilidad de tratar de completarse a través de *dharma*, *artha* o *kāma*. Al madurar, somos capaces de analizar nuestras experiencias y descubrir que detrás de toda búsqueda dhármica de seguridad, placer y amor, existe un deseo básico de liberarse de la insuficiencia. Solo entonces, nos damos cuenta de que *dharma*, *artha* o *kāma* no pueden satisfacernos.

Con la madurez viene la comprensión de que el placer de la satisfacción de nuestros deseos carece de durabilidad. El mundo ofrece solo placer y disfrute objetuales que están limitados por el tiempo y el espacio, mientras que nuestro anhelo es la dicha eterna y absoluta.

Los animales y los humanos tienen en común la búsqueda de *artha* y *kāma*; *dharma* constituye un patrimonio exclusivo de la especie humana; pero *mokṣa* no es para la masa, sino que está reservado para una minoría de seres humanos muy desarrollados. La liberación es un anhelo que se manifiesta después de haber tomado consciencia de que la verdadera felicidad no se logra a través del disfrute en el plano relativo.

El fenómeno egoico consiste en una experiencia de falta o carencia. La idea de 'yo' semeja un pozo muy profundo imposible de llenar. Durante toda nuestra vida, nos esforzamos por arrojar dentro del pozo piedras pesadas, en forma de dinero, joyas, objetos, personas y demás, pero aún permanece vacío. Por el contrario, cuantos más objetos lanzamos dentro de este gran orificio egoico, este parece crecer y agrandarse. La infelicidad, la tristeza y el dolor dependen de la idea del 'yo'. El fenómeno egoico es la base y el fundamento de toda insatisfacción. En consecuencia, podemos decir que el deseo original no cualificado es el deseo de completarnos y de librarnos del sentido de limitación. Este es el deseo del cual nacen y se originan todos los deseos.

La profunda sensación de limitación que todos sufrimos nos lleva a dirigir nuestra búsqueda hacia los objetos. Pretendemos liberarnos de esa sensación de limitación para experimentar la plenitud y la totalidad. Es la sensación de inseguridad la que motiva nuestra búsqueda de seguridad. El sufrimiento nos impulsa a buscar felicidad, mientras que nuestra necesidad de amor nace de nuestra soledad.

Experimentamos una gran variedad de deseos como fama, prestigio, reconocimiento, respeto, etcétera, y todos ellos se originan en nuestra sensación de carencia. La experiencia de carencia motiva nuestros esfuerzos por completarnos satisfaciendo demandas mentales en el plano objetual limitado. Es decir, el deseo es una respuesta a la sensación de falta. Nuestra naturaleza original de dicha ilimitada nos impulsa a la búsqueda de la felicidad o a evitar el sufrimiento.

Nada ni nadie en el mundo objetual posee la capacidad de liberarnos de la búsqueda de placer. Dicha indigencia es inherente a nuestra esclavitud.

Lo que buscamos es nuestra verdadera naturaleza original, nuestra propia autenticidad. Cuando nos esforzamos por dejar de sentirnos limitados e insatisfechos, de hecho, estamos buscando a Brahman o lo absoluto.

Aunque no aprendemos de nadie el hecho de desear la felicidad, la anhelamos desde nuestra niñez. No nos enseñan a desear la plenitud, pero nos esforzamos por alcanzarla desde nuestra más tierna infancia. Erróneamente, tratamos de encontrarla en la plataforma relativa. Buscamos una solución objetual a un problema subjetual. Y, por ignorancia, perseguimos lo ilimitado en lugares, tiempos, objetos, circunstancias, personas y en nuestros propios cuerpos.

Muchos se sienten atraídos a cambiar de lugares, casas, ciudades o países durante su vida. Piensan que su ansiedad y desconformidad provienen del lugar en que se encuentran. Sin embargo, después de cierto tiempo, cuando el nuevo lugar ha dejado de ser una novedad, vuelven a la misma intranquilidad.

Hay quienes viven esperando por tiempos mejores y recordando épocas pasadas como mejores que la actualidad. Cultivan una idealización irracional de los «buenos tiempos».

Son muchas las personas que viven esforzándose para conseguir el dinero que les permita cambiar su refrigerador, equipo musical, automóvil, casa, y demás. Culpan a sus posesiones de su malestar y piensan que al poseer objetos de mayor calidad incrementarán su felicidad y su paz.

El soltero anhela casarse, el casado quiere niños, y el padre desea divorciarse. Los seres humanos cambian de trabajo convencidos de que su insatisfacción reside en las circunstancias particulares que afrontan.

Las personas inician y terminan diferentes relaciones. Piensan que sus padres han sido los causantes de su infelicidad y que el gurú será el causante de su dicha. Constantemente ponen la responsabilidad de su felicidad en las manos de otros. Creen que lograrán la felicidad en su vida cuando encuentren a la persona adecuada. Asimismo, proyectan sobre otros la responsabilidad de su propia desdicha.

Muchas personas piensan que la dicha se obtiene a través de los sentidos y buscan placer sensual toda su vida: comer lo más posible, fumar, practicar mucho sexo, ver televisión, consumir drogas, beber mucho café, té y alcohol, y demás. Para muchos, la satisfacción de los sentidos y el bienestar corporal es sinónimo de felicidad, y se centran sobre elementos relacionados con el mundo fenoménico.

En lugar de condenar los esfuerzos por satisfacer los sentidos, el *vedānta* recomienda explorar con detenimiento la naturaleza del deseo. Y lo que nos propone no es una represión ciega e ignorante de los deseos, sino liberarnos de la constante búsqueda de disfrute.

Obviamente, toda búsqueda de lo ilimitado en lo limitado, de lo eterno en lo pasajero, de lo absoluto en lo relativo, concluirá en frustración. Nuestra naturaleza original de infinita dicha nos urge a deshacernos de las sensaciones de tristeza, pena, limitación, descontento y frustración. Si la carencia formara parte de nuestra naturaleza original, no nos disturbaría. Si nuestra auténtica naturaleza fuese limitada, la limitación no nos incomodaría: nos sentiríamos satisfechos experimentando la limitación en todos los ámbitos. Si la tristeza y el sufrimiento fuesen naturales, seríamos felices estando tristes o estaríamos bien sintiéndonos mal. La liberación consiste en trascender nuestra profunda sensación de limitación, inseguridad, insatisfacción, desconexión, separación, infelicidad y descontento. Satisfacer nuestras demandas y caprichos mentales es solo tomar calmantes que no solucionan realmente el problema. La auténtica dicha estriba en liberarse de la insatisfacción misma.

Después de experimentar muchos desengaños y desilusiones, a la postre nos percatamos de que nada ni nadie puede proporcionarnos lo que realmente anhelamos: dicha ilimitada y absoluta. Creemos que somos limitados y relativos, pero lo que realmente somos es infinito y absoluto.

Capítulo 13

Las cinco aflicciones o *kleśas*

El *jñāna-yoga* es un sendero hacia *vimukti*, o 'la liberación última'. Para preguntar sobre la emancipación, es necesario tener una definición clara de lo que es el cautiverio. En realidad, pocas personas son capaces de captar la esencia de la liberación o siquiera de comprender la naturaleza de la esclavitud. El *Bhagavad-gītā* (18.30) indica que solo quien posee un *buddhi*, o 'intelecto', sátvico puede identificar la situación de cautiverio. El intelecto rajásico o tamásico es incapaz de discriminar entre la esclavitud al *saṁsāra* y la liberación de este.

El intelecto, debido a su proximidad al Ser, es la facultad mental más elevada que reside en las criaturas sensibles. Sus principales funciones son observar, analizar, clasificar, discernir, decidir, discriminar, razonar y desear. Solo un *buddhi* sátvico posee la claridad suficiente para percibir lo sutil y por ende reconocer su propio condicionamiento. Por esta razón, una de las metas primordiales de la *sādhana* yóguica es crear *sattva*.

Patañjali Maharṣi nos ayuda a identificar los cinco componentes de la esclavitud:

avidyāsmitā-rāga-dveṣābhiniveśāḥ kleśāḥ

> Las cinco aflicciones que obstaculizan el equilibrio de la consciencia son la ignorancia, el egoísmo, el apego, la aversión y el aferramiento a la vida.
>
> (*Yoga Sūtra*, 2.3)

Estas aflicciones, o *kleśas,* se clasifican en intelectuales (ignorancia y egoísmo), emocionales (apego y aversión) e instintivas (apego a la vida). Estos cinco obstáculos pueden estar latentes o manifestados, atenuados o agravados, reprimidos o activos. Sin embargo, aunque el león esté dormido o relajado, su sola presencia representa un peligro.

No podremos liberarnos si no superamos las *kleśas*. Sin embargo, reprimirlas tampoco conduce a la salvación. Para escapar de la prisión, primero debemos conocerla muy bien. Para vivir más allá de los barrotes de la celda, antes que nada debemos ser conscientes de ellos. Por esta razón, maestros como Patañjali se dedicaron a analizar las aflicciones. A continuación, profundizaremos en ellas.

La ignorancia o *avidyā*

La ignorancia es la primera en la lista de aflicciones, ya que Patañjali la considera la fuente de todas las demás. De hecho, *avidyā* es la ausencia o carencia de conocimiento de nuestra esencia brahmánica. Al igual que la oscuridad y la luz, la ignorancia y el conocimiento no pueden coexistir: la presencia de uno implica la ausencia del otro. Cuando se elimina la ignorancia, se revela nuestra verdadera naturaleza .

El término *vidyā* significa 'conocimiento', mientras que el prefijo *a* implica negación; por lo tanto, *avidyā* quiere decir literalmente 'no conocimiento'. Más que una ausencia de conocimiento, *avidyā* proviene de una interpretación errónea de la realidad, la cual no solo consiste en ignorar nuestra esencia y la verdadera naturaleza del mundo, sino también en tener la información incorrecta al respecto. Peor que ignorar algo es creer que lo sabemos: lo que es similar a confundir la soga con una serpiente.

La ignorancia no se encuentra en la mente, sino que **es** la mente; por eso, trascenderla supone ir más allá del plano mental. *Avidyā* es la base del condicionamiento que coarta la libertad del ser humano. En su comentario sobre el *Vedānta Sūtra* (3.4.52), Śaṅkara confirma que la liberación consiste en la completa erradicación de la ignorancia. El mismo Patañjali describe la sintomatología de *avidyā*:

anityāśuci-duḥkhān ātmasu nitya-
śuci-sukhātma-khyātir avidyā

> La ignorancia consiste en confundir lo temporal con lo eterno, lo impuro con lo puro, el dolor con el placer, y lo que no es el Ser con el Ser.
>
> (*Yoga Sūtra*, 2.5)

La ignorancia estriba en creer que lo temporal es eterno. Por lo tanto, nos relacionamos con nuestros bienes, nuestra familia e incluso nuestro cuerpo como si fueran permanentes. No aceptamos que toda posesión es relativa y olvidamos que tarde o temprano tendremos que separarnos de aquello que consideramos nuestro.

La ignorancia nos induce a considerar lo impuro como puro. Pensamos que nuestras ideas son puras, así como nuestras opiniones, razones, motivaciones, emociones y acciones. Sin embargo, en su mayoría son producidas por nuestras propias inclinaciones, debilidades, adicciones, necesidades e intereses egoístas.

La ignorancia nos lleva a confundir el dolor con el placer. Ciertas actitudes y acciones nos parecen placenteras mientras negamos el dolor que, de hecho, nos causan. Por ejemplo, el aparente placer que proviene del apego a personas, lugares u objetos nos trae sufrimiento cuando los perdemos.

> *evam aviruddhaḥ pratyag ātmany apy anatmādhyāsaḥ. tam etam evam lakṣaṇam adhyāsaṁ paṇḍitā avidyeti manyante. tad vivekena ca vastu svarūpāvadhāraṇaṁ vidyām āhuḥ.*
>
> Por lo tanto, es posible la superposición del no-yo sobre el yo interior. Los eruditos consideran esta superposición como *avidyā* (nesciencia). Determinar la verdadera naturaleza de una cosa a través de la discriminación, dicen, se denomina *vidyā* (conocimiento).
>
> (Śaṅkarācārya, introducción a *Brahma Sūtra Bhāsya*)

La ignorancia consiste en mezclar el Ser con el no Ser. Cuando creemos que tenemos un nombre específico y una historia personal, confundimos el Ser con el no Ser. Nos identificamos con nuestro cuerpo, país, profesión, ideas y conclusiones; creemos que somos alguien o algo y nos identificamos con la idea 'yo'. Nuestra realidad se cubre de lo que creemos ser, que es una completa concepción sobre nosotros mismos. En lugar de decir: «yo pienso», deberíamos decir: «mi ego piensa»n . A consecuencia de ello, nuestra vida inevitablemente está colmada de errores y así surgen el resto de las aflicciones.

ātmano vikriyā nāsti
buddher bodho na jātviti
jīvaḥ sarva-malaṁ jñātvā
jñātā draṣṭeti muhyati

> Ātman nunca hace nada, y el intelecto por sí mismo no tiene la capacidad de experimentar el «yo sé». Pero la individualidad en nosotros piensa engañosamente que es el veedor y el conocedor.
>
> (*Ātma-bodha*, 26)

Comparemos la ignorancia con las nubes y el conocimiento con el sol. Cuando está nublado, no podemos ver el sol. Sin embargo, notamos que el día está nublado porque el sol está en lo alto. Así como el sol se oculta tras las nubes, la consciencia constituye el trasfondo del fenómeno del ego. Debido a la ignorancia, no podemos percibir la realidad tal como es. En cambio, es la consciencia la que permite toda percepción.

Aun cuando se halle temporalmente oculta, la consciencia está siempre presente. Del mismo modo, el sol nunca desaparece, incluso cuando las nubes nos impiden verlo. La consciencia nunca se retira, pero queda cubierta por el ego. El ego surge cuando el observador se identifica con el complejo cuerpo-mente; se cristaliza al percibir nombres y formas como si fuesen realidades separadas. Pero, una vez que se elimina el ego, la consciencia vuelve a brillar en todo su esplendor.

En la oscuridad de la noche, el sol desaparece de nuestra vista. En nuestra ignorancia, creemos que debemos hacer algo para que vuelva a aparecer. Sin embargo, nunca dejó de brillar, y con el amanecer, se revelará de nuevo.

Si la ignorancia es la causa fundamental de la esclavitud, entonces el conocimiento es obviamente el camino hacia la liberación, tal como lo afirma el *Aṣṭāvakra-gītā*:

ātma-jñānāj jagad-bhāti
ātma-jñānān na bhāsate
rajjvajñānād ahir bhāti
taj jñānād bhāsate na hi

> El universo aparece con la ignorancia del Ser y desaparece con el conocimiento del Ser, así como la serpiente aparece al no entender la cuerda y desaparece cuando se entiende lo que es.
>
> (*Aṣṭāvakra-gītā*, 2.7)

Leemos en el *Advaita-bodha-dīpikā* (2,1-2):

> Discípulo: «Maestro, se dice que la ignorancia no tiene comienzo y por lo tanto no tiene final. ¿Cómo puede la ignorancia que no tiene comienzo desvanecerse? Océano de misericordia, ¿puedes explicármelo, por favor?»
> Maestro: «Sí, hijo mío. Eres inteligente y puedes entender conceptos sutiles. Bien has dicho. De hecho, la ignorancia no tiene comienzo, pero posee un final. Se dice que el surgimiento del conocimiento es el final de la ignorancia. Así como el amanecer disipa la oscuridad de la noche, la luz del conocimiento disipa la oscuridad de la ignorancia».

Si convertimos el conocimiento intelectual en un fin en sí mismo, solo aumentaremos nuestra ignorancia. La teología y la filosofía son simples medios. En nuestro intento de liberarnos de *māyā,* debemos cuidarnos mucho de no terminar esclavizados a un libro por muy santo que sea. Los libros son importantes, pero solo como mapas que nos ayudan a arribar a la tierra prometida. El conocimiento purifica, pero debemos abandonarlo al alcanzar nuestro fin. Un bote es útil para cruzar un río; sin embargo, solo obstaculiza nuestro progreso si continuamos llevándolo sobre nuestros hombros después de alcanzar la otra orilla. Del mismo modo, la espina de la ignorancia clavada en la mano puede eliminarse con la espina del conocimiento. Pero después de eliminarla, debemos deshacernos de ambas. El conocimiento nos ayuda a purificarnos: actuando como un ácido, nos disuelve como ente egoico. Es parte de un proceso espiritual de destrucción.

El mundo se crea a partir de la ignorancia del absoluto. Como hemos explicado antes, esta ignorancia posee dos diferentes *śaktis*: *āvaraṇa-śakti,* o 'el poder encubridor', y *vikṣepa-śakti,* o 'el poder proyectivo'. Mientras que *āvaraṇa-śakti* cubre la realidad de Brahman, *vikṣepa-śakti* proyecta el mundo sobre la pantalla de la realidad encubierta.

Estos dos poderes se describen claramente en la obra titulada el *Vedānta-sāra* (La esencia del *vedānta*) de Sadānanda:

> *asyājñānasyāvaraṇa-vikṣepa-nāmakam asti śakti-dvayam.*
>
> Esta ignorancia posee dos poderes. Se llaman el poder de velar (*vikṣepa*) y el de proyectar (*āvaraṇa*).
>
> (*Vedānta-sāra,* 51)

> *āvaraṇa-śaktis tāvad alpo 'pi megho 'neka-yojanāyatam āditya maṇḍalam avalokayitṛ nayana patha-pidhāyakatayā yathācchādayatīva tathājñānaṁ paricchinnam apy ātmānam aparicchinnam asaṁsāriṇam avalokayitṛ buddhi pidhāyakatayācchādayatīva tādṛśaṁ sāmarthyam tad uktaṁ ghanac channa-dṛṣṭir ghanac channa-markaṁ yathā manyate niṣprabhaṁ cātimūḍhaḥ.*

tathā baddhavad bhāti yo mūḍha-dṛṣṭeḥ sa nityopalabdhi-svarūpo 'ham ātmā iti(hastāmalakam 10).

Así como el sol está cubierto ante los ojos del observador por una pequeña nube, a pesar de que el tamaño del sol es de millones de kilómetros, así también la ignorancia, a pesar de ser limitada, obstruye el intelecto del observador y parece ocultar el Ser que es ilimitado y no está sujeto a la transmigración. Tal es la fuerza del poder de velar. Por eso se ha dicho (por Śaṅkarācārya en el *Hastāmalaka*, 12): «Así como el sol parece estar cubierto por una nube y oculto para el ignorante cuya visión está obstruida por la nube, también lo que para la persona no iluminada parece estar esclavizado es mi verdadera naturaleza, el Ser, el conocimiento eterno».

(*Vedānta-sāra*, 52)

nayā āvṛtasyātmanaḥ kartṛtva-bhoktṛtva-sukhitva-duḥkhitvādi-saṁsāra sambhāvanāpi bhavati yathā svājñānenāvṛtāyāṁ rajjvāṁ sarpatva-sambhāvanā.

El Ser cubierto por esto (el poder de ocultación de la ignorancia) puede estar sujeto al *saṁsāra* (existencia relativa), que se caracteriza por creerse uno mismo como el agente y el sujeto que experimenta, que puede ser feliz, miserable, etcétera, así como una cuerda se convierte en una serpiente debido al poder de ocultación de la propia ignorancia.

(*Vedānta-sāra*, 53)

vikṣepa-śaktis tu yathā rajjvajñānaṁ svāvṛta rajjau svaśaktyā sarpādikam udbhāvayaty evam ajñānam api svāvṛtātmani svaśaktyā ''kāśādi prapañcam udbhāvayati tādṛśaṁ sāmarthyam. tad uktam— vikṣepa-śaktir liṅgādi brahmāṇḍāntaṁ jagat sṛjet iti (vākyasudhā 13).

Así como la ignorancia de la soga, por su poder inherente, da lugar a la ilusión de que la cuerda es una serpiente, así también la ignorancia, por su propio poder, crea en el Ser fenómenos como *ākāśa* (espacio o éter). Este poder se denomina poder de proyección. Se dice así en el *Vākya Śudha* (13): «El poder de proyección crea todo, desde los cuerpos sutiles hasta el cosmos».

(*Vedānta-sāra*, 54)

śakti-dvayavad ajñānopahitaṁ caitanyaṁ sva-pradhānatayā nimittaṁ svopādhi pradhāna tayopādānaṁ ca bhavati.

Cuando se la considera desde su propio punto de vista, la consciencia asociada con la ignorancia y sus dos poderes (velador y proyector), es la causa eficiente (*pradhāna*);

y cuando se la considera desde el punto de vista de su limitación (*upādhi*), es la causa material (*upādāna*) [del universo].

(*Vedānta-sāra*, 55)

Comparemos el estado del sueño con el de vigilia. El mundo de los sueños es producto del olvido del estado de vigilia. El mundo que experimentamos en el estado de vigilia es consecuencia del olvido de Brahman. Llamemos al estado de sueño «el primer mundo de sueños», y al estado de vigilia, «el segundo mundo de sueños». El primer mundo de sueños desaparece cuando nos despertamos y cobramos consciencia del mundo de nuestra experiencia de vigilia. Sin embargo, el mundo que percibimos en la vigilia es aún otro mundo de sueños. Similar a las muñecas rusas llamadas *matryoshkas*, el primer mundo de sueños es una muñeca pequeña dentro de una muñeca más grande, que es el mundo de vigilia, o el segundo mundo de sueños. Solo cuando nos deshacemos de la muñeca más grande —o cuando la gracia nos concede la iluminación— accedemos a nuestra naturaleza brahmínica.

tad anena antaḥkāraṇādy avacchinnaḥ pratyagātmā idam-anidaṁ-rūpaś cetanaḥ kartā bhoktā kārya-kāraṇāvidyā-dvayādhāraḥ…

…el ser interno es definido por el órgano interno, y así sucesivamente, el ser inteligente compuesto de el 'esto' y el 'no-esto' es la *jīva*, el agente, el disfrutador, el soporte de los dos tipos de ignorancia: el resultado y la causa...

(Vācaspati, *Bhāmātī Catus-sūtrī* acerca del *Brahma Sūtra Bhāṣya* de Śaṅkara, capítulo 1, «*Adhyāsa*»)

La ignorancia constituye el origen del universo que percibimos a través de los sentidos. La ignorancia de Brahman en el estado de vigilia se llama ignorancia primaria (*mūlāvidyā*) o ignorancia causal (*kāraṇāvidyā*). En este estado, también tenemos ignorancia secundaria o relativa (*tulāvidyā*) o ignorancia efectiva (*kāryāvidyā*), la cual consiste en ignorar los pensamientos de otras personas o los temas relativos a física, matemática, química y demás.

Cuando nos quedamos dormidos, perdemos la consciencia del mundo que experimentamos mientras estamos despiertos. Mientras soñamos, experimentamos un mundo completamente diferente, que es producido por nuestra propia mente. Es necesario olvidar la realidad del despertar para crear el mundo de los sueños. Esta ignorancia del mundo de vigilia mientras soñamos se denomina ignorancia original o causal (*mūlāvidyā* o *kāraṇāvidya*). Mientras dormimos, somos conscientes de las personas, los animales y los objetos, pero ignoramos muchos detalles, como los pensamientos de otros, los objetos que no podemos ver, etcétera. Decimos que esta ignorancia de los detalles es la segunda ignorancia o ignorancia efectiva (*tulāvidyā* o *kāryāvidyā*). Tras descansar lo suficiente, nos despertamos de nuestro sueño. Pero lo que nos despierta del estado de vigilia es la cantidad suficiente de conocimiento. Cuando el conocimiento de Brahman se despierta en nosotros, este segundo mundo de sueños se aniquila. Entonces, lo que queda es Brahman, la única realidad.

Si la ignorancia es inexistente y solo se percibe mediante sus síntomas, no tiene sentido preguntarse acerca de su origen. Lo que denominamos «ignorancia» no es más que la ausencia del conocimiento de nosotros mismos. Así como las olas se forman y luego se disuelven en el océano, *avidyā* emerge y desaparece en *vidyā*. No hay diferencia entre las olas y el océano: cualquier diferencia entre la ignorancia y el conocimiento es solo verbal. Incluso la reflexión sobre *vidyā* es considerada ignorancia. La realidad solo se percibe cuando se renuncia a ambas nociones. Cuando la realidad se revela, se evapora toda separación y únicamente permanece lo que es, tal como es.

El ego oculta su ignorancia tras el conocimiento proporcionado por la información, pero la información corrompe la ignorancia y empaña su pureza. La ignorancia se convierte en inocencia cuando la aceptamos y la alumbramos con la luz de la consciencia. La ignorancia se transforma en inocencia consciente en un *bodhi-dharma* que no sabe quién es, o en un Sócrates que solo sabe que no sabe.

La ignorancia nos desconecta de nuestra auténtica realidad. Nos mantiene en la oscuridad, por lo que la iluminación es la ausencia de ignorancia. Con el cultivo de la sabiduría, la dualidad percibida del alma y Brahman se evapora, permitiendo la realización de que son uno y lo mismo. El despertar a nuestra naturaleza real disipa la ignorancia para siempre.

El egoísmo o *asmitā*

dṛg-darśana-śaktyor-ekātmata-iva-asmitā

> Egoísmo es la identificación del que ve con el instrumento de la visión.
>
> (*Yoga Sūtra*, 2.6)

El egoísmo nace de *avidyā*. El egoísmo es la identificación del Ser con la mente, o el instrumento de percepción; es la consciencia que se objetiviza y se percibe a sí misma como objeto de observación.

A pesar de que el complejo mente-cuerpo es diferente del Ser, debido a *avidyā* aparentan ser uno y lo mismo, así como una bola de acero debe introducirse en el interior de un horno caliente para ser una bola de fuego. Aunque las cualidades del fuego y las del hierro sean completamente diferentes, la luz y el calor del fuego, mezcladas con la dureza y las cualidades del hierro, forman una bola de fuego. A pesar de la diferencia entre el ātmā (el veedor) y la mente (lo visto), en el acto de ver, lo visto parece ser el veedor: este fenómeno es lo que recibe el nombre de *asmitā*, o 'egoísmo'.

Lo que llamamos «personalidad» es, de hecho, la personalización de la mente. Egoísmo es cuando el Ser se identifica con las fluctuaciones mentales y de este modo sufre o disfruta en consecuencia. Creo que «yo» disfruto o sufro, pero el disfrute y el sufrimiento no son más que experiencias temporales, meras olas de pensamientos que se alzan en la mente. No debemos permitir que las olas de los pensamientos limiten el océano infinito de la consciencia. Cuando la actividad mental cesa, la personalidad se evapora.

Un jarro de arcilla parece circunscribir el espacio interior, pero cuando lo que era su espacio interior se rompe, se revela como espacio infinito. Del mismo modo, cuando la mente se evapora, también lo hace la personalidad separada; solo la consciencia infinita permanece. Al trascender el estado sujeto-objeto, cae el velo que cubre la realidad.

La realidad es tan omnipresente como el espacio contenido dentro de un jarro; es más vacía que el espacio, pero es un vacío lleno de consciencia. Si eliminamos toda conceptualización, veremos que todos los seres no son más que expresiones vacías del vacío.

La atracción y la repulsión, o *rāga* y *dveṣa*

Rāga es 'atracción' o 'apego' y *dveṣa* es 'repulsión', aversión', 'disgusto' o 'repugnancia'. Si sentimos placer, significa que hemos seguido a *rāga*; si experimentamos incomodidad o sufrimiento, no logramos evitar a *dveṣa*. Tal como menciona el *Bhagavad-gītā*:

rāga-dveṣa-vimuktais tu
viṣayān indriyaiś caran
ātma-vaśyair vidheyātmā
prasādam adhigacchati

Pero aquel que tiene un ser (inferior) disciplinado, que ha sido dominado por el Ser supremo, y está libre de atracción y repulsión incluso mientras usa los objetos sensoriales, logra la paz.

(*Bhagavad-gītā*, 2.64)

Los tres principales pensamientos (*vṛttis*) son *rāga* (atracción), *dveṣa* (aversión) y *taṭastha* (indiferencia). Nos atraen ciertos aromas y nos repelen otros; nos agradan determinados alimentos y otros no. Hay personas que nos caen bien y otras que no toleramos. Disfrutamos de la adulación, el respeto y el honor, pero nos hieren la crítica, la falta de respeto, el desprestigio y el deshonor. Lo mismo ocurre con respecto a melodías, colores, vestimentas, lugares, idiomas, etcétera. A grandes rasgos, la comodidad y el disfrute nos agradan, mientras que la incomodidad y el sufrimiento nos desagradan. Vivimos escapando de aquello que detestamos y persiguiendo lo que nos gusta. De ese modo, nuestra vida se reduce a un escape y una persecución obsesivos.

En realidad, todas nuestras atracciones y aversiones solo existen en la mente. Los apegos y los rechazos son parte de nuestro ayer porque corresponden a experiencias pasadas, ya sean agradables o desagradables. Nuestros apegos y repulsiones son memoria; por lo tanto, toda búsqueda de felicidad para escapar del dolor tendrá lugar dentro de los límites de la mente. Por el contrario, la búsqueda de la Verdad o la realidad se encuentra fuera de los límites del pensamiento, por lo que no puede tener nada que ver con una huida del sufrimiento.

La atracción y aversión son los dos poderes que dominan nuestras vidas. Vivimos en forma lineal:

arrastrados por lo que nos gusta y escapando de lo que nos disgusta. Estamos bajo el control absoluto de estas fuerzas. Más aun, sufrimos no solo por aquello que nos disgusta, sino también por lo que nos atrae: las cosas que nos gustan crean apego y adicción, así como la amenaza de perderlas nos hace sufrir.

Debido a que nuestros sentidos son de naturaleza extrovertida, nos induce a la búsqueda de felicidad en la plataforma fenoménica. Las acciones que buscan placer, disfrute o felicidad en el plano relativo se denominan *kāmya-karma*. Cuando nuestras acciones son egoístas, nuestra atención se dirige hacia el resultado. Nos divorciamos de la realidad del presente y dirigimos nuestra atención hacia el futuro. Nos desconectamos del momento para concentrarnos en lo que viene después. Solo puede haber dos reacciones a una acción *kāmya-karma*: si nos agrada el resultado, la respuesta es favorable y habrá *rāga*, o 'atracción'. Si el resultado nos desagrada, nuestra respuesta será desfavorable y nacerá *dveṣa*, o 'rechazo'. Esta es la manera en que nos relacionamos con cualquier situación en la vida, en términos duales de atracción o repulsión: nos gusta o nos disgusta. Lejos de estar asociada con la felicidad, *kāmya-karma* trata con el cultivo y desarrollo de *rāga* y *dveṣa*. Apegos y rechazos constituyen lo que el *vedānta* denomina «impurezas». Son el combustible para nuevos deseos que tratan de lograr todo aquello que nos gusta y escapar de todo lo desagradable. Al causar nuevos deseos, *rāga* y *dveṣa* nos esclavizan a la perpetua cadena karmática de acción y reacción. Como fuente de toda actividad, los apegos y rechazos nos mantienen atrapados dentro del *saṁsāra* de repetidos nacimientos y muertes.

Aunque las acciones *kāmya-karma* prometen felicidad, sus resultados no ayudan a eliminar nuestra profunda insatisfacción interior. Pero, a través de la discriminación, o *viveka,* el aspirante serio comprende las limitaciones toda actividad *kāmya-karma.* Un análisis lógico lo conduce a la conclusión de que los resultados de sus acciones son limitados e incapaces de brindarle la dicha absoluta que anhela. Por consiguiente, evita las acciones motivadas por el deseo, sabiendo que los resultados son de carácter vinculante.

Esperar que el mundo nos proporcione dicha o seguridad es un error originado en la ignorancia. No podemos hallar dicha en una celda, prisioneros de las cadenas de *rāga* y *dveṣa.* Solo yendo más allá de ambas conoceremos la dicha. Al experimentar a Brahman, se evaporan de inmediato nuestras atracciones y repulsiones.

Abhiniveśa o 'el apego a la vida'

Abhiniveśa, o 'el apego a la vida' se refiere al miedo a morir:

sva-rasa-vāhī viduṣo 'pi tathārūḍho 'bhiniveśaḥ

> El apego a la vida está firmemente establecido, incluso en los sabios.
>
> (*Yoga Sūtra*, 2.9)

Nuestro temor a la muerte es proporcional a nuestro apego a la vida. Cuando acumulamos, no son nuestras posesiones las que contaminan nuestra alma, sino nuestro afán de poseer. En realidad, nuestro miedo a la muerte es solo debido al apego.

Tras el miedo a la muerte física subyace el temor a la desaparición de la mente y la destrucción del ego. El fenómeno egoico no solo tiene miedo a perder el cuerpo, sino también todo lo que amenace con disminuirlo de alguna manera. Por eso, nos sentimos amenazados ante cualquier intento de ofendernos o minimizarnos y reaccionamos agresivamente a todo lo que pueda romper la integridad de nuestro ego.

Atemorizados ante la perspectiva de evaporarnos como seres-idea, buscamos una seguridad ilusoria que nos brinde cierta solidez. Queremos seguridad económica en nuestras cuentas de ahorro, seguridad sentimental en el matrimonio y demás. Por necesidad de sentir continuidad, nos apegamos a objetos, lugares, situaciones y personas. Es el pánico a desaparecer como «entidades» lo que nos impide renunciar a lo trivial y encaminarnos hacia la dicha. Al final, aceptamos la condena a una vida de conformismo y mediocridad segura.

El camino de la liberación consiste en abandonar todo lo falso que hay en nosotros, para que brillen nuestras verdaderas cualidades naturales: la consciencia, el conocimiento y la dicha. El problema es que no queremos soltar aquello que nos ata: nuestros hábitos, ideas, opiniones, miedos y deseos. Hemos construido los barrotes de nuestra celda con ellos. Liberarnos de nuestra prisión requiere abandonar el botín que hemos estado acumulando durante años. Pero ¡si abandonamos el cofre del tesoro, los barrotes y los muros también quedarán atrás y seremos libres!

Disfrutemos de la vida, vivamos con alegría, pero sin tratar de poseer ni acumular, sino con la consciencia de que todo lo recibido —desde el cuerpo hasta nuestro hogar y sus comodidades— son cosas que la existencia nos ha prestado temporalmente. Usémoslos con respeto y profundo agradecimiento, sin poseerlos ni acumularlos.

La muerte asusta solo a quienes viven a medias y sienten que se pierden la vida, que no están realmente presentes a cada momento, que no viven aquí y ahora. La muerte amedrenta a aquellos que han dejado muchas cosas pendientes, que han pospuesto demasiado porque carecen del coraje como para vivir con intensidad. La muerte asusta únicamente a quienes se preocupan por la vida, pero se olvidan de vivirla. La muerte no amedrenta a quienes viven de manera intensa, total y profunda.

El anhelo por acariciar lo divino que sentimos en nuestro corazón constituye la base de todos nuestros temores, porque la aspiración del alma asusta a la mente. La pasión del espíritu atemoriza al ego, mientras que la unión del alma con su fuente representa el mayor peligro para nuestros sueños.

Podemos ser grandes eruditos y conocer las sagradas escrituras de memoria, pero el remedio para este temor es justamente aquello a lo cual tememos: la muerte misma. Este miedo no desaparecerá más que con el término de lo que creemos ser; es decir, que el fin de este enraizado temor es solo la iluminación.

La visión vedántica

El problema esencial es la ignorancia acerca de nuestra verdadera identidad. Sin embargo, no hay absolutamente nada que podamos hacer al respecto. Esto puede parecernos extraño porque se nos ha programado para solucionar problemas. Pero en este caso, no carecemos de lo que buscamos; simplemente no sabemos que existe. No nos falta nuestra naturaleza original, mas no la hemos reconocido aún. Lo opuesto a la ignorancia es el conocimiento, no la acción. Con respecto a la ignorancia, la acción solo puede purificarnos o prepararnos para la revelación. La acción ayuda a crear las condiciones apropiadas para absorber la Verdad. El yoga minimiza los factores inhibidores de nuestra realidad, en especial la atracción y la repulsión. El sistema yóguico hace posible seguir un estilo de vida comprometido con la visión vedántica. Aunque el camino del conocimiento y el camino de la acción se refuerzan mutuamente, la solución dependerá mucho más de saber que de actuar.

Sin purificarnos, carecemos de la receptividad imprescindible para la revelación. En este sentido, el aporte práctico de la vía yóguica mediante la acción es esencial. El egoísmo atonta; los deseos y apegos empañan la visión. Nuestros intereses egoístas disminuyen nuestra claridad e impiden comprender la realidad. Sin una preparación previa, hacemos gala de un conocimiento reciclado e incluso lo enseñamos sin haber realmente digerido lo que estamos expresando.

Sin embargo, no olvidemos que el problema esencial lo constituye la ignorancia y que, en consecuencia, el único remedio es el conocimiento. Esta es la ignorancia concerniente a nosotros mismos. Sabemos demasiado acerca del universo de nombres y formas, y muy poco acerca de nuestra realidad subjetual. Ignoramos nuestra realidad, nuestra naturaleza esencial, lo que verdaderamente somos. Cuando el *vedānta* menciona el conocimiento, se refiere a conocernos en lo más profundo, al reconocimiento del fundamento de nuestra existencia.

La vida tal como es percibida en el plano dual consta de dos aspectos: el objetual y el subjetual. Dentro de la dimensión relativa de la existencia, existen solo dos niveles: el mundo objetual y el experimentador o sujeto; lo observado y el observador; todo lo que puede ser percibido y el perceptor. El *objeto* se refiere a lo que se observa, ya sea personas, animales o cosas. El *sujeto* se refiere al 'yo' o al observador. Todo lo que puede ser percibido como objeto es material; solo el observador o la subjetualidad es espiritual. La existencia de la felicidad no puede ser negada porque todos la hemos experimentado, aunque solo sea durante una fracción de segundo. Sin embargo, la felicidad es ciertamente subjetual y no objetual.

Si la naturaleza de la sal es salada, su sabor será el mismo a cualquier hora y en toda circunstancia. Aunque se pruebe una, diez o cien veces, su sabor no variará. La dulzura es parte integral de la miel, que será igualmente dulce en todo momento y situación. Asimismo, si la naturaleza de los objetos del mundo fuese la felicidad, estos siempre nos harían felices. Por ejemplo, los helados parecen hacer felices a muchos. Sin embargo, si despertamos a alguien en medio de la noche para ofrecerle un helado, no hay razón para creer que esta oferta será bienvenida. El primer helado puede que resulte sabroso, el segundo estará bien, el tercero ya no nos causará placer y el cuarto puede ser una tortura. Asimismo, podemos analizar cualquier objeto, sustancia o persona en el universo. Si la felicidad no es la naturaleza de ningún objeto, entonces por la ley del remanente llamada *pariśeṣa-nyāya*, debe ser la naturaleza del sujeto. De manera que tú, el observador, eres la fuente de la dicha. Eres aquello que buscas. Esa es la revelación vedántica. La dicha es la naturaleza de la consciencia.

A menudo tratamos de evitar las aflicciones (*kleśas*) con objetos que nos alegran, como, por ejemplo, pinturas, chocolates, cervezas o cigarrillos. Sin embargo, si los abrimos y buscamos dentro de ellos, no encontraremos felicidad. Si los analizamos en un laboratorio, encontraremos substancias químicas, y otros materiales, pero no dicha o placer. La felicidad que experimentamos cuando consumimos esos objetos reside en nosotros. En las profundidades de nuestro interior reposa la fuente infinita de dicha que es el Ser, la consciencia o lo que realmente somos. Somos lo ilimitado pero no lo hemos reconocido aún. El gran problema del ser humano es que ignora cuál es o dónde se encuentra su problema.

La humanidad anhela desesperadamente una solución objetual a un problema subjetual o una solución material a un problema espiritual. Nuestra dificultad radica en que nos percibimos a nosotros mismos incorrectamente. Ignoramos nuestra auténtica naturaleza y esta ignorancia nos impide percibirnos tal como somos. Lejos de predicar una creencia o fe, lo que el *vedānta* nos propone es dudar de nuestras conclusiones acerca de nosotros y de lo que somos. El legado de los sabios de antaño consiste en una profunda duda acerca de nuestra condición limitada. Es una visión que invita a la indagación, la exploración y el cuestionamiento.

Para alcanzar una perspectiva que nos permita superar las aflicciones, es imprescindible una visión más objetiva y clara de la realidad. Para tal efecto, necesitamos cultivar *vairāgya*, o 'el desapego' que nos permita observar el mundo sin añadir valores subjetuales. En general, no vemos el mundo tal como es sino como nos parece a nosotros. Cuando observamos la vida, superponemos nuestra memoria sobre ella. Una visión discriminada del mundo es imposible sin *vairāgya*.

Leemos en el *Viveka-cūḍāmaṇi*:

vairāgya-bodhau puruṣasya pakṣivat
pakṣau vijānīhi vicakṣaṇa tvam
vimukti-saudhāgra-talādhirohaṇaṁ
tābhyāṁ vinā nānyatareṇa sidhyati

¡Sabio! Sabe que *vairāgya* (renuncia) y *bodha* (entendimiento verdadero) son dos medios, como las dos alas de un pájaro. El ascenso al piso superior del palacio de *vimukti* (liberación) no está asegurado por ninguno de ambos medios por separado.

(*Viveka-cūḍāmaṇi*, 374)

La expectativa de erradicar nuestras aflicciones internas nos motiva a anhelar cambios y experiencias. Pero lo que en realidad buscamos, es eliminar lo que creemos ser. Por eso, solo posponemos el hecho de enfrentarnos a la verdadera dificultad. Nos esforzamos por ser considerados valiosos, exitosos y dignos de aprecio basándonos en nuestros logros. Pero, como el perro que persigue su propia cola, nuestros esfuerzos no nos aportarán dicha. Cada esfuerzo basado en lo limitado conducirá a resultados limitados. Es como el refrán que dice «aunque la mona se vista de seda, mona se queda». Si esperamos que algo cambie, será imposible experimentar la dicha a la que aspiramos.

De acuerdo con el *vedānta*, existen dos tipos de logros: lograr aquello de lo que carecemos y lograr aquello que ya tenemos. El primero se refiere a los logros ordinarios que todos conocemos. Si nos falta algo, tenemos que invertir tiempo y energía para conseguirlo. Nos esforzamos por conseguir algo que el tiempo y el espacio separan de nosotros. La iluminación corresponde al segundo tipo: la distancia entre el buscador y lo buscado consiste en la ignorancia, como cuando buscamos nuestras gafas y las descubrimos en nuestra propia cabeza. El *vedānta* no busca aquello de lo que carecemos, sino lo que ya poseemos, pero no hemos reconocido aún.

En la búsqueda de nuestra auténtica naturaleza, la ignorancia genera una distancia ilusoria. Nuestro verdadero problema es la creencia en lo que no es y la ignorancia de lo que realmente es. Solo al percibirnos correctamente, dejaremos de sentirnos limitados. Lo que anhelamos reside en nosotros y solo ha de ser reconocido.

Capítulo 14

La disciplina espiritual cuádruple o *sādhana-catuṣṭaya*

La literatura upanishádica menciona en repetidas ocasiones los valores morales que el aspirante debe cultivar para conocer a Brahman. El siguiente verso nos indica que un discípulo auténtico debe tener calma mental (*praśānta-citta*) y autocontrol (*śamānvita*).

tasmai sa vidvān-upasannāya samyak
praśānta-cittāya śamānvitāya
yenākṣaram puruṣaṁ veda-satyaṁ
provāca tāṁ tattvato brahma-vidyām

Al discípulo que se acerca al maestro de la manera adecuada, cuya mente está en reposo y cuyos sentidos están controlados, permite que el sabio maestro realmente le enseñe el *Brahma-vidyā*, mediante el cual se conoce el verdadero Puruṣa inmortal.

(*Muṇḍaka Upaniṣad*, 1.2.13)

El *jñāna-yoga* es considerado el más exigente de los senderos yóguicos debido a que requiere estudio y práctica preliminares de otras ramas del yoga clásico. Antes de internarse en la vía del conocimiento del Ser, es indispensable que el aspirante crezca y se desarrolle en:

- *Karma-yoga*: yoga del servicio.
- *Haṭha-yoga*: yoga del desarrollo psicofisiológico.
- *Bhakti-yoga*: yoga de la devoción.
- *Rāja-yoga*: yoga de la meditación.

Estas vías yóguicas son verdaderos pilares espirituales que fortalecen nuestros diferentes aspectos. Quien se atreve a caminar este sendero sin la debida preparación, se arriesga a estancarse en un *vedānta* meramente verbal: una declaración informativa carente de valor práctico.

Otro importante requisito es una tremenda curiosidad por lo que somos, por nuestra existencia, por nosotros mismos como realidad, por quién yace en verdad tras nuestro corazón. No me refiero a una curiosidad infantil sino a la curiosidad que quema y quita el sueño, a una verdadera pasión por descubrir. Este sendero no es un credo o una fe, ni se conforma con dogmas o leyendas; más bien, constituye una búsqueda de lo más auténtico que hay en uno mismo.

El *Kaṭha Upaniṣad* sostiene que la verdad del Ser se revela solo a quienes poseen concentración y un intelecto sutil:

eṣa sarveṣu būteṣu
gūḍho ''tmā na prakāśate

dṛśyate tvagryayā buddhyā
sūkṣmayā sūkṣma-darśibhiḥ

El Ser que está oculto dentro de todos los seres no es evidente; es percibido por el sutil y agudo intelecto de los veedores.
(*Kaṭha Upaniṣad,* 1.3.12)

La agudeza necesaria para estudiar *jñāna-yoga* se desarrolla a través de la *sādhana-catuṣṭaya*, o 'la disciplina espiritual cuádruple', que incluye el cultivo de los cuatro requisitos o herramientas del *vedānta*. Todo estudiante serio de *jñāna-yoga* debe equiparse con estas cuatro virtudes esenciales.

Śrī Śaṅkarācārya menciona los preparativos que los buscadores de la Verdad deben realizar antes de poder aprehender a Brahman:

ucyate-nityānitya-vastu-vivekaḥ ihāmutrārtha-bhoga-virāgaḥ, śama-damādi-sādhana-saṁpat, mumukṣutvaṁ ca. teśu hi satsu, prāg api dharma-jijñāsāyā ūrdhve ca śakyate brahma-jijñāsituṁ jñātuṁ ca; na viparyaye.

Cabe señalar que hay algunos prerrequisitos para proceder y reflexionar sobre el absoluto. Los requisitos son el discernimiento entre lo eterno y lo no eterno (*nityānitya-vastu-viveka*), y el desapego del disfrute de los frutos del trabajo actual y futuro (*ihāmutrārtha-bhoga-virāgaḥ*); la perfección en las prácticas como

> el control de la mente (*śama-damādi-sādhana-saṁpat*), de los sentidos y los genitales, y un fuerte deseo por la liberación. Siempre que se cumplan estos requisitos previos, es posible reflexionar sobre el Absoluto, ya sea antes o después del deseo de cumplir con nuestro deber (*dharma*), pero no de otra manera.
>
> (Śaṅkarācārya, *Brahma Sūtra Bhāṣya,* 1.1.1)

Posteriormente, el mismo Śrī Śaṅkarācārya explicó los pasos a seguir, en el sendero no dual, en obras como *Dṛg-dṛśya-viveka*, *Aparokṣānubhūti*, *Upadeśa-sāhasrī* y *Viveka-cūḍāmaṇi.*

ādau nityānitya-vastu-
vivekaḥ pariganṇyate
ihāmutra-phala-bhoga-
virāgas tad-anantaram
śamādi ṣaṭka-sampattir
mumukṣutvam iti sphuṭam

> En primer lugar, la discriminación (*viveka*) entre lo permanente y lo temporal, luego el apaciguamiento del deseo de gozar los frutos de las acciones (*vairāgya*) en esta vida y en la siguiente. A continuación, la riqueza de seis partes (*ṣaṭ-sampat*) comenzando con el dominio de la mente (*śamādi*). Por último, el deseo de liberación (*mumukṣutva*) es claramente establecido.
>
> (*Viveka-cūḍāmanī*, 19)

El *Vedānta-sāra* de Sadānanda también menciona la *sādhana-catuṣṭaya* como un conjunto de virtudes que el discípulo debe desarrollar.

> *sādhanāni–nityānitya-vastu-vivekehāmutrārtha-phala-bhoga-virāga-śamādi-śaṭka-sampatti mumukṣutvāni.*
>
> Los medios para la realización de la sabiduría son el discernimiento entre las cosas permanentes y las transitorias (*nityānitya-vastu-viveka*), la renuncia al disfrute de los frutos de las acciones en este mundo y en el más allá (*ihāmutrārtha-phala-bhoga-virāga*), el cumplimiento de las seis observancias tales como el control de la mente (*śamādi-śaṭka-sampatti*) y el deseo de libertad espiritual.
>
> (*Vedānta-sāra*, 15)

Las escrituras védicas declaran enfática y explícitamente que sin cultivar esas cualificaciones es imposible avanzar ni un solo paso en el proceso involutivo. En ausencia de estas cualificaciones, lo que estudiemos y leamos no será más que una pérdida de tiempo y una perturbación para quienes nos rodean.

Todo aspirante serio en el sendero de la religión debe asegurarse de que está equipado con estas cuatro virtudes, porque únicamente aquellos que estén bien asentados en estas disciplinas avanzarán en la vía de la sabiduría. Ahora examinaremos cada uno de estos cuatro requisitos.

1. *Viveka* o 'el discernimiento'

brahma satyaṁ jagan mithyety evaṁ-rūpo viniścayaḥ
so 'yaṁ nityānitya-vastū-vivekaḥ samudāhṛtaḥ

> *Viveka* es discernimiento entre lo real y lo irreal (*nityānitya-vastū-viveka*) basándose en una fuerte convicción de que solo Brahman es realidad y que el mundo fenoménico es irreal.
>
> (*Viveka-cūḍāmaṇi*, 20)

nityānitya-vastu-vivekas tāvad brahmaiva nityaṁ vastu tato'nyad akhilam anityam iti vivecanam.

> El discernimiento entre las cosas permanentes y las transitorias consiste en el discernimiento de que solo Brahman es la sustancia permanente (*brahmaiva nitya vastu*) y de que todas las otras cosas son transitorias.
>
> (*Vedānta-sāra*, 16)

Viveka es el poder de discernimiento entre lo aparente y lo real, entre lo temporal y lo eterno, entre lo relativo y lo absoluto. Es el poder que nos ayuda a cobrar consciencia de lo que es realmente importante en la vida. Solo aquel que ha cultivado y desarrollado *viveka* será capaz de trascender el deseo sin caer en la mera represión. En lugar de luchar contra los deseos terrenales, simplemente se dará cuenta de su futilidad.

Una persona que posea discernimiento agudo comprenderá que robar es peligroso al escucharlo de una autoridad fiable. Alguien menos evolucionado tendrá que estudiar el asunto con detenimiento leyendo, por ejemplo, la sección de sucesos en los periódicos antes de llegar a la conclusión de las desventajas que conlleva el robar. Otros solo lo comprenderán cuando vean a un ladrón detenido por la policía, es decir, «ver para creer». Las personas con un nivel aún inferior de *viveka* solo abandonarán la delincuencia tras pasar un tiempo en prisión.

Sin embargo, también existen personas cuyo discernimiento es tan débil que ni siquiera después de haber escuchado advertencias, visto lo que les pasó a otros y sufrido las consecuencias en carne propia, siguen cometiendo los mismos errores sin ser capaces de diferenciar entre lo perjudicial y lo beneficioso.

La discriminación nos permite separar elementos diferentes que se hallan entremezclados, así como identificar sus correspondientes cualidades. Por ejemplo, cuando una bola de metal contacta con el fuego, las características del metal y del fuego se mezclan. La bola de fuego resultante tiene la forma del metal y la luminosidad y el calor del fuego. La condición humana es semejante, ya que es una mezcla del Ser, o *Ātman,* con el complejo mente-cuerpo. El resultado es que la consciencia parece estar confinada a una forma en particular y el cuerpo humano parece estar dotado de consciencia. Cuando una persona piensa: «soy un ser humano», está uniendo «soy» —que se refiere al Ser— con «un ser humano» —que corresponde al complejo mente-cuerpo—. Al decir: «soy feliz», está uniendo el «soy» —que corresponde a la consciencia— con el concepto «feliz», que pertenece a su aspecto emocional. Al determinar: «soy bello», está juntando el mismo «soy» con el adjetivo «bello», el cual corresponde a su naturaleza física.

Dado que poseemos cierto grado de poder discriminativo, diferenciamos con facilidad entre la luz y la obscuridad, entre el día y la noche, etcétera. Sin embargo, nos cuesta más distinguir realidades de mayor sutileza, como, por ejemplo, el cuerpo físico, el astral y el causal.

También se precisa una tremenda agudeza para captar la diferencia esencial entre el estudiante y el discípulo, que es la misma que existe entre estudio y aprendizaje. La acumulación de datos informativos se distingue del fenómeno existencial del aprendizaje. Se requiere mayor sensibilidad para diferenciar entre el apego y el amor, y entre la felicidad interna del Ser (*śreyas*) y aquella que proviene de la satisfacción sensual (*preyas*). Es decir, el desarrollo de *viveka* forma parte del cultivo del discipulado. Cuando desarrollamos la capacidad espiritual de discriminar, abandonamos la plataforma mundana. Solo con una discriminación sutil podremos discernir entre lo temporal y lo eterno, lo real y lo aparente, lo que somos y lo que creemos ser.

La mayoría de la humanidad padece de *aviveka,* o 'falta de discriminación'. Apegos, adicciones y deseos egoístas interfieren con nuestra capacidad para razonar y discernir entre lo correcto y lo incorrecto. Cuando conocemos a gente nueva o visitamos lugares nuevos, a menudo albergamos ideas erróneas sobre ellos. Y lo que es más, debido a que nosotros mismos somos lo primero que percibimos en esta vida, desarrollamos opiniones incorrectas acerca de lo que somos. Dado que vivimos como una mezcla de consciencia y complejo físico-mental, confundimos al Ser —o nuestra naturaleza auténtica— con el no Ser. Somos consciencia infinita y eterna, pero nos sentimos limitados, ya que nos percibirnos mezclados con el no Ser. Esta dolorosa experiencia de limitación es la causa principal del sufrimiento humano.

Detrás de todo esfuerzo humano por sentir felicidad, se esconde el deseo de liberarse de la sensación de limitación. Para escapar de nuestras restricciones corremos tras riqueza, belleza, juventud, fama, conocimiento y demás. Deseamos expandir nuestros límites, por lo que tratamos de comprar casas o automóviles más grandes o acumular más riquezas. Pero esta búsqueda de felicidad mundana es solo una consecuencia de nuestras opiniones limitadoras acerca de nosotros mismos y de lo que somos.

En realidad, las leyes morales de diferentes religiones son intentos de compensar nuestra falta de *viveka.* Si pudiésemos distinguir entre lo importante y lo irrelevante, no necesitaríamos reglas y regulaciones como *yama* y *niyama,* o los Diez Mandamientos del cristianismo.

El cultivo del discernimiento nos permite situar las diferentes situaciones de la vida en su perspectiva adecuada. Dado que *viveka* está directamente relacionado con el grado de pureza del individuo, alcanza su máximo esplendor en el ser iluminado.

Sin embargo, la facultad discriminatoria no florecerá con pautas impuestas. Si obedecemos un conjunto de leyes, nuestro comportamiento no será necesariamente el fruto de *viveka*. En lugar de libres, seremos robots bien programados. Por el contrario, solo es posible cultivar *viveka* mediante la observación atenta, ya que el discernimientono es más que el aspecto activo de la observación.

vapus tuṣādibhiḥ kośaiḥ
yuktaṁ yuktyāvaghātataḥ
ātmānam antaraṁ śuddhaṁ
vivicyāt taṇḍulaṁ yathā

> A través del razonamiento y el autoanálisis discriminativo, uno debe separar el Ser puro interior de sus envolturas, igual como se separa el arroz de la cáscara, el salvado y demás, que lo cubren.
>
> (*Ātma-bodha*, 16)

Nuestra indiferencia e insensibilidad nos lleva a ignorar lo que es realmente importante. Si logramos distinguir que todo fuera de Brahman es pasajero y temporal, sin duda cambiaremos nuestras prioridades en la vida. Por este motivo, *viveka* no es solo lo más importante, sino que es lo único necesario para experimentar que solo el Ser realmente es.

El *vedānta* comienza y culmina en el desarrollo de la facultad discriminativa, la cual resulta esencial para experimentar *brahma satyaṁ jagan mithyā*, que significa

«Brahman es la realidad; el mundo (dual y relativo) es falso». *Viveka* conduce a la realización de que el mundo es magia, mientras que la realidad es el mago. Solo Dios es realmente. Fuera del Ser, aquí no hay nada.

2. *Vairāgya* o 'desapasionamiento, desapego'

Vairāgya significa la renuncia a todo disfrute que este o el otro mundo puedan ofrecer. Se trata, en suma, de la renuncia a la búsqueda de placer, ya sea material o espiritual.

tad vairāgyaṁ jihāsā yā
darśana-śravaṇādibhiḥ
dehādi-brahma-paryante
hy anitye bhoga-vastuni

> *Vairāgya* es el deseo de renunciar a todos los placeres sensoriales temporales, desde los placeres corporales [mediante la vista, la audición, etcétera] hasta aquellos de [la morada de] Brahmā.
>
> (*Viveka-cūḍāmaṇi*, 21)

aihikānāṁ srak-candana-vanitādi-viṣaya bhogānāṁ karma-janyatayānityatvavad āmuṣmikāṇām apy amṛtādi-viṣaya bhogānām anityatayā tebhyo nitarāṁ viratiḥ ihāmutrārtha-phala-bhoga-virāgaḥ.

> Dado que los objetos de disfrute en este mundo —tales como una guirnalda de

> flores, la pasta de sándalo y los placeres sexuales— son transitorios, siendo el resultado de las acciones; y puesto que los objetos del más allá, tales como el néctar de la inmortalidad (*amṛta*), son también transitorios, un profundo desprecio hacia todos ellos es la renuncia al disfrute de los frutos de las acciones en este mundo y en el más allá (*ihāmutrārtha-phala-bhoga-virāgaḥ*).
>
> (*Vedānta-sāra*, 17)

Si no queremos que nuestros estudios sobre religión en general, y sobre *jñāna-yoga* en particular, queden confinados al plano teórico, debemos desarrollar desapego y renuncia. A medida que nuestro discernimiento se agudiza, los apegos y las adicciones van cayendo por sí mismos de manera espontánea y natural. La realidad relativa de nombres y formas se encuentra en constante cambio y, en consecuencia, todo apego a un proveedor de placer se convierte, tarde o temprano, en causa de dolor y sufrimiento. Sin embargo, más allá de este mundo cambiante se encuentra el Ser trascendental, no-nacido, inalterable, eterno, mientras que el mundo no es más que su manifestación.

A medida que vamos descubriendo nuevas verdades, estas nos obligan a desapegarnos de nuestros conceptos, ideas, actitudes, creencias e ideologías previas, que resultaban cómodos y útiles en las etapas tempranas de nuestro desarrollo, pero se han vuelto inapropiados en la actualidad. Es sorprendente darse cuenta de que puede ser mucho más fácil desapegarse de objetos, dinero y posesiones materiales, que de las actitudes sentimentales placenteras y de nuestras creencias intelectuales.

En el *Viveka-cūḍāmaṇi*, Śaṅkarācārya nos advierte acerca del peligro que reside en los sentidos y sus demandas:

doṣeṇa tīvro viṣayaḥ
kṛṣṇa-sarpa-viṣād api
viṣaṁ nihanti bhoktāraṁ
draṣṭāraṁ cakṣuṣāpy ayam

> Los objetos de los sentidos son más peligrosos que el veneno de una cobra, que solo resulta fatal para quien es mordido, mientras que los objetos de los sentidos pueden matar a aquel que tan solo los mira.
>
> (*Viveka-cūḍāmaṇi*, 77)

El discernimiento (*viveka*) resulta esencial para cultivar el desapego y es imprescindible para la realización del Ser.

Vairāgya no es el resultado de una vida de represión, sino que florece a partir de *viveka*. La represión carente de discernimiento nos aboca a la obsesión neurótica, pero el correcto discernimiento nos revela lo fútil de los deseos mundanos y de la búsqueda del placer terrenal efímero.

3. *Ṣaṭ-sampat* o 'el tesoro de las seis virtudes'

Ṣaṭ-sampat, o 'el tesoro de las seis virtudes', consiste en seis atributos requeridos para desarrollar el dominio mental necesario para la concentración y la meditación. Estos no son seis pasos o etapas típicas, sino cualidades que deben desarrollarse en paralelo, ya que cada una es una consecuencia natural de todas las demás.

śamo damas-titikṣoparatiḥ śraddhā tataḥ param
samādhānam iti proktaṁ ṣaḍ evaite śamādayaḥ.

Estas seis son serenidad de la mente (*śama*), control sobre los sentidos (*dama*), tolerancia (*titikṣā*), renuncia a los deseos mundanos (*uparati*), fe (*śraddhā*) y atención al Ser (*samādhāna*).

(Śaṅkarācārya, *Sarva-vedānta-siddhānta-sāra-saṅgraha*, 95)

śamāday astu śama-damoparati-titikṣā-samādhāna-śraddhākhyāḥ.

Estas seis virtudes comprenden la restricción de las propensiones mentales extrovertidas (*śama*), la restricción de los órganos sensuales externos (*dama*), la internalización en uno mismo (*uparati*), la tolerancia (*titikṣā*), la contemplación profunda (*samādhāna*) y la fe (*śraddhā*).

(*Vedānta-sāra*, 18)

3.1. *Śama* o 'serenidad'

virajya viṣaya-vrātād
doṣa-dṛṣṭyā muhur muhuḥ
sva-lakṣye niyatāvasthā
manasaḥ śama ucyate

> *Śama* es el estado en que la mente reposa constantemente en la contemplación de su objetivo, después de haberse desapegado una y otra vez de una gran cantidad de objetos de los sentidos a través de la visión de sus faltas.
>
> (*Viveka-cūḍāmaṇi*, 22)

śamas tāvat śravaṇādi-vyatirikta-viṣayebhyo manaso nigrahaḥ.

> *Śama* es la restricción de la mente de todos los objetos, excepto escuchar las escrituras, contemplar su significado y meditar sobre él.
>
> (*Vedānta-sāra*, 19)

La mente constantemente busca exteriorizarse a través de los sentidos. *Śama* suele traducirse como el control o la maestría sobre la mente, pero en realidad es la interiorización de la mente; es la serenidad y la tranquilidad derivada del desapasionamiento y el desapego.

Debido al constante esfuerzo por obtener placer a través de los sentidos, la mente se agota. *Śama* se refiere al descanso o la relajación de la mente que se deriva de la completa renuncia al disfrute de los sentidos. Esta virtud solo se manifiesta cuando somos conscientes de que placer sensual no puede otorgarnos la paz verdadera, que solo viene de Brahman, nuestra auténtica naturaleza.

Śama es la liberación del dolor debido al desapego de la gratificación de los sentidos. Es un estado de serenidad producido por el dominio de la mente.

La ansiedad por el disfrute crea estados emotivos y energéticos que se convierten en verdaderos obstáculos para la vida religiosa. La paz, la serenidad y la tranquilidad son esenciales para crear condiciones favorables para la meditación.

3.2. *Dama* o 'control de los sentidos'

viṣayebhyaḥ parāvartya
sthāpanaṁ sva-sva-golake
ubhayeṣām-indriyāṇām
sa damaḥ parikīrtitaḥ

> Apartar a los dos grupos de órganos sensoriales de los objetos de los sentidos y situarlos en sus respectivos centros se denomina *dama*.
>
> (*Viveka-cūḍāmaṇi*, 23a-b)

damḥ—bāhyendriyāṇāṁ tad-vyatirikta-viṣayebhyo nivartanam.

> *Dama* es la retención de los órganos de todos los objetos externos excepto de los relacionados con eso (escuchar las escrituras, pensar en su significado y meditar sobre ellas).
>
> (*Vedānta-sāra*, 20)

Dama se refiere al control sobre los *indriyas*, o 'los diez sentidos externos', que incluyen los cinco *jñānendriyas* (los sentidos de conocimiento) y los cinco *karmendriyas* (los sentidos de acción).

A pesar de que *dama* (el control sobre los sentidos) se enumera como una virtud diferente de *śama* (la maestría sobre la mente), de hecho, ambas están muy relacionadas, ya que la mente y los sentidos son dos aspectos de un mismo fenómeno. Los sentidos son prolongaciones o continuaciones de la mente. La consecuencia del dominio mental es el equilibrio de los sentidos.

La mente activa los sentidos y es influida a su vez por ellos. Esta relación se explica en el *Bhagavad-gītā*:

yatato hy api kaunteya
puruṣasya vipaścitaḥ
indriyāṇi pramāthīni
haranti prasabhaṁ manaḥ

> ¡Oh, hijo de Kuntī!, los sentidos son muy molestos y roban por la fuerza la mente incluso del sabio que se esfuerza [por controlarlos].
>
> (*Bhagavad-gītā*, 2.60)

Si lo observamos con detenimiento, notaremos la exagerada importancia que la sociedad moderna atribuye a los sentidos y sus demandas. Pero más que suprimir los sentidos o luchar contra ellos, *dama* significa situarlos en el lugar adecuado en nuestra vida y adjudicarles su verdadero valor.

Dama no es el resultado de la represión ciega, sino la consecuencia natural de la sabiduría. Es importante comprender esto porque la lucha ciega contra los sentidos constituye un serio obstáculo en la meditación. Cuando los sentidos son reprimidos de manera insana, desequilibran nuestro aspecto emocional. La represión carente de comprensión tiende a exagerar la importancia de lo reprimido, creando obsesiones neuróticas. Por otro lado, aquel que disfruta de los sentidos sin ninguna restricción claramente cierra la puerta a todas las oportunidades para la iluminación. La auténtica tranquilidad solo florece cuando los sentidos permanecen saludables y equilibradamente despiertos.

3.3. *Uparati* o 'renuncia al deseo mundano'

bāhyān-ālambanaṁ vṛtter
eṣoparatir uttamā

> *Uparati* es recogimiento o retiro en uno mismo. El *uparati* más elevado tiene lugar cuando los pensamientos (*vṛttis*) no arraigan en nada externo.
>
> (*Viveka-cūḍāmaṇi*, 23c)

> *nivartitānām eteṣāṁ tad-vyatirikta-viṣayebhya uparamaṇam uparatir athavā vihitānāṁ karmaṇāṁ vidhinā parityāgaḥ.*
>
> *Uparati* es el cese de la actividad de los órganos externos; es restringirlos de perseguir los objetos externos. También significa el abandono de las obras prescritas según los mandatos de las escrituras.
>
> (*Vedānta-sāra*, 21)

La palabra *uparati* proviene de *uparam,* es decir, 'cesar la acción' o 'estar calmado', y significa retirarnos y apartarnos de las tentaciones. Es un esfuerzo consciente por resistir los estímulos externos, que consiste en abstenerse de las actividades que no son imprescindibles para mantener nuestra vida física y espiritual. Por esa razón, también incluye la renuncia a la creencia de que el ego es el actor o el hacedor.

Con *uparati,* uno supera el conjunto de dualidades que afectan al común de las personas, como agrado y desagrado, honor y deshonor, placer y dolor, felicidad y tristeza, distracción y aburrimiento. Solo quien logra apartarse de los pares de opuestos, como la atracción y la repulsión, disfruta de la estabilidad que es imprescindible para el aspirante.

Uparati consiste en dejar de pensar en los objetos que han sido disfrutados en el pasado y resistirse a las malas costumbres; se trata de una lucha contra nuestros vicios y hábitos adquiridos, pero no contra nuestra auténtica naturaleza. No supone escapar de la sociedad, sino dejar de ver la realidad con ojos mundanos y abrir los ojos del alma.

3.4. *Titikṣā* o 'tolerancia'

sahanaṁ sarva-duḥkhānām
apratīkārā-pūrvakam
cintā-vilāpa-rahitaṁ
sā titikṣā nigadyate

La capacidad de resistir la aflicción con resignación y sin rebelarse es *titikṣā*, o 'tolerancia'.

(*Viveka-cūḍāmaṇi*, 24)

titikṣā— śītoṣṇādi-dvandva-sahiṣṇutā.

Titikṣā es tolerancia al calor y el frío y otros pares de opuestos.

(*Vedānta-sāra*, 22)

Es fácil mantener una mente tranquila y relajada en un entorno pacífico. Sin embargo, solo quien ha desarrollado *titikṣā* permanece ecuánime cuando se enfrenta con los inconvenientes de la vida. Esa persona no guarda rencor hacia sus enemigos y perdona el daño que le ha sido causado; si se le abofetea una mejilla, pone la otra.

El gran santo bengalí Caitanya, en su famosísimo *Śikṣāṣṭaka* (3), nos aconseja ser más tolerantes que los árboles (*taror api sahiṣṇunā*). Cuando se ha cultivado la virtud de la tolerancia y la aceptación, es posible enfrentar dificultades y ofensas sin perturbarse. La facultad de contener nuestras reacciones no es producto de la mera represión, sino que florece a partir de la observación.

Toda reacción procede del pasado. Solo desarrolla el auténtico *titikṣā* quien actúa en el ahora. Únicamente desde la posición del testigo uno puede ser realmente tolerante. El yogui que ha cultivado dicha virtud es capaz de contemplar pacientemente los pares de opuestos, como calor y frío, felicidad y tristeza, placer y dolor.

Kṛṣṇa se refiere a la tolerancia en el *Bhagavad-gītā*:

mātrā-sparśās tu kaunteya
śītoṣṇa-sukha-duḥkha-dāḥ
āgamāpāyino nityās
tāṁs titikṣasva bhārata

> ¡Oh, hijo de Kuntī! Debido al contacto de los sentidos con los objetos aparecen el frío y el calor, la felicidad y la angustia, estados que son transitorios y tienen principio y final. ¡Oh, descendiente de Bharata, debes aprender a tolerarlos (sin sentirte perturbado por ellos)!
>
> (*Bhagavad-gītā*, 2.14)

En un mundo temporal, relativo e ilusorio, que a fin de cuentas no es más que una proyección de la mente, nuestra actitud es lo que realmente importa. La vida es una rueda en la que a veces estamos arriba y otras en lo más bajo. En un mundo dual, no puede existir ninguna cosa sin su opuesto. Quien desee placer conocerá el dolor y quien corra tras la felicidad saboreará tristezas y penas. Los que persiguen el placer en esta realidad formada de dualidades no conocerán jamás la paz y la quietud. Solo quien permanece en calma ante los pares de opuestos puede aspirar a aquella paz y dicha que reside más allá de toda lógica.

El desarrollo de la tolerancia conduce a la aceptación, lo que nos permite renunciar al hábito de juzgarnos y condenarnos a nosotros mismos, así como a los demás. Vivir sabiamente supone vivir con aceptación. Solo así experimentamos la vida tal como es, no como deseamos que sea. Sin trascender los pares de opuestos, no hay posibilidad alguna de observar ya que, al mirar, esperamos ver las cosas como deseamos que sean. La aceptación resulta imprescindible para que ocurra la meditación.

La cadena comienza con la tolerancia, continúa con la aceptación y finalmente culmina en *śraddhā*, o 'la confianza'. Solo un ser de aceptación incondicional que confía en la existencia es capaz de entregarse a Dios.

3.5. *Śraddhā* o 'confianza' o 'fe'

śāstrasya guru-vākyasya
satya-buddhy-avadhāraṇam
sā śraddhā kathitā sadbhir
yayā vastūpalabhyate

> Los sabios definen *śraddhā*, o 'fe', como la aceptación de la verdad de las escrituras y las palabras del gurú. Dicha fe hace posible la realización de la realidad.
>
> (*Viveka-cūḍāmaṇi*, 25)

> *gurūpadiṣṭa-vedānta-vākyeṣu viśvāsaḥ— śraddhā.*

> *Śraddhā* es fe en las afirmaciones del *vedānta* tal como es enseñado por el gurú.
>
> (*Vedānta-sāra*, 24)

Śraddhā significa confianza en el maestro espiritual, en las sagradas escrituras, en Dios, en uno mismo, en la vida. La mente constituye nuestra actitud defensiva, protectora y resistente; por lo tanto, constituye nuestro principal obstáculo para que tenga lugar la entrega.

Śraddhā no es un estado mental, sino una forma de ser. La realización del Ser requiere entrega absoluta, un completo dejarse ir, una relajación total en la esencia misma de la existencia. *Śraddhā* es la fe que el nadador tiene en el agua: cuando salta del trampolín, sabe que finalmente se elevará y flotará en el agua, aunque se sumerja al principio. Es una confianza que lo ayuda a relajarse. ¿Has visto lo que le ocurre a quien no sabe nadar? Por falta de confianza en el agua, su cuerpo se endurece y su rigidez se vuelve el principal obstáculo para mantenerse a flote.

Nuestras defensas, miedos y temores nos impiden entregarnos al Todo. La confianza y la fe comienzan donde terminan el egoísmo y el orgullo.

Kṛṣṇa señala en el *Bhagavad-gītā*:

śraddhāvāl labhate jñānaṁ
tat-paraḥ saṁyatendriyaḥ
jñānaṁ labdhvā parāṁ śāntim
acireṇādhigacchati

Quien tiene fe, dominio sobre sus sentidos y dedicación es aquel que logra la auténtica sabiduría. Habiendo realizado la sabiduría, pronto alcanza la paz suprema.

(*Bhagavad-gītā*, 4.39)

ajñaś cāśraddadhānaś ca
saṁśayātmā vinaśyati
nāyaṁ loko 'sti na paro
na sukhaṁ saṁśayātmanaḥ

Pero el ignorante que duda y carece de sabiduría y fe está perdido, porque para aquellos que dudan no existe felicidad ni en este mundo ni en el otro.

(*Bhagavad-gītā*, 4.40)

Somos parte integral de la vida. Somos existencia. Somos lo que somos y estamos donde estamos porque la vida lo desea así por algún motivo. Nuestra existencia posee un significado. Somos algo más que un saco de carne y huesos, y nuestra vida es mucho más que un sendero desde la cuna hasta la sepultura.

El proceso religioso se asemeja a una gota que se deja deslizar hacia el océano, lo cual no es posible hasta que la gota no tenga la suficiente confianza para dejar de existir como gota y renacer como océano. Religión es dejar de existir como parte del espacio y el tiempo para ser en lo eterno.

3.6. *Samādhāna* o 'la atención al Ser'

sarvadā sthāpanaṁ buddheḥ
śuddhe brahmaṇi sarvadā
tat-samādhānam ity uktaṁ
na tu cittasya lālanam

Se dice que *samādhāna* consiste en la constante e indivisa (completa) atención al Brahman puro y no solo en complacer la mente.

(*Viveka-cūḍāmaṇi*, 26)

nigṛhītasya manasaḥ śravaṇādau tad-anuguṇa-viṣaye ca samādhiḥ— samādhānam.

Samādhāna es la constante concentración de la mente, restringida de esta manera, al escuchar, contemplar y meditar en los pasajes de las escrituras y toda otra cosa que trate del mismo tema.

(*Vedānta-sāra*, 23)

La mente, cual mariposa, salta constantemente de un objeto a otro en busca de felicidad. Su atención divaga y se dispersa sin descanso. *Samādhāna* se refiere a detener su incansable vagabundeo y depositar la atención en la atención misma, en el Ser, en Brahman. A medida que la mente se concentra, se afirma y se absorbe en el Ser, se libera de la ansiedad y el sufrimiento, integrándose y unificándose.

Samādhāna se manifiesta como una consecuencia natural del desarrollo de *śama*, *dama*, *uparati*, *titikṣā* y *śraddhā*. Una vez que nuestra atención reposa en la atención misma, se trascienden atracciones y repulsiones, lo cual nos conduce a un estado de satisfacción con nosotros mismos. Al experimentar *samādhāna*, nos sentimos a gusto con la vida y autosatisfechos.

El estudiante de *jñāna-yoga* que carece de *samādhāna* seguirá buscando objetos en el mundo de las formas y los nombres. Solo quien está a gusto consigo mismo puede dedicarse a conocer en lugar de a obtener.

4. *Mumukṣutva* o 'la aspiración a la liberación'

ahaṅkārādi-dehāntān
bandhān ajñāna-kalpitān
sva-svarūpāvabodhena
moktum icchā mumukṣutā

Mumukṣutva, o 'aspiración espiritual', es el anhelo de liberarse de la esclavitud producida por la ignorancia: comenzando con el sentimiento del 'yo' (ego) hasta

> las ataduras del cuerpo, a través de la realización de nuestra auténtica naturaleza.
>
> (*Viveka-cūḍāmaṇi*, 27)

mumukṣutvaṁ mokṣecchā.

> *Mumukṣutva* es el anhelo de liberación.
>
> (*Vedānta-sāra*, 25)

El deseo esclaviza mientras que la aspiración libera. La aspiración constituye la sublimación del deseo. Aunque la destrucción del deseo es imposible, este puede ser sublimado y transformado en una aspiración sincera por la libertad.

Este anhelo del alma es necesario en el sendero del espíritu, hasta tal punto que diría que resulta esencial. Experimentar dicho anhelo es, sin duda, la gracia manifestada y canalizada a través de un maestro espiritual:

manda-madhyama-rūpāpi
vairāgyeṇa śamādinā
prasādena guroḥ seyaṁ
pravṛddhā sūyate phalam

> Este anhelo de libertad, aunque sea torpe o mediocre, puede dar frutos mediante la gracia del gurú, [siendo desarrollado] por medio de la renuncia (*vairāgya*), la calma (*śama*), y así sucesivamente.
>
> (*Viveka-cūḍāmaṇi*, 28)

Todo deseo de placer mundano se ve minimizado ante la aspiración por el Ser, la cual constituye un requisito indispensable para la iluminación. Es este anhelo espiritual el que nos lleva a entregarnos en cuerpo, mente y alma a la religión y la búsqueda de Dios. Implica cambiar nuestra actitud adictiva hacia la desdicha: un cambio que claramente supone mucho más que una simple decisión intelectual. *Mumukṣutva* significa la completa renuncia a nuestras cadenas. Es la aspiración a liberarnos no solo de la tristeza y del dolor, sino también de la desdicha que trae lo que erróneamente denominamos «felicidad». ¡Que cada momento de nuestra vida se colme de aspiración espiritual!

El yo no puede ser libre porque el ego es la esclavitud misma. La esclavitud no puede ser libertad. De la misma manera que la aparición de la luz implica la desaparición de la oscuridad, el surgimiento de la libertad conlleva la desaparición de la esclavitud.

Buscar la iluminación es sinónimo de aspirar a la liberación de todo y de todos e incluso de nosotros mismos. Somos de la libertad: de ella procedemos y hacia ella nos dirigimos. Ella reside tanto en nuestro origen como en nuestro fin. No es algo a alcanzar, sino algo que devenir.

Mientras estemos confinados en la mente, seguiremos siendo esclavos. Liberación es la ausencia del yo: es nuestra propia ausencia. Aunque la mente no puede concebir la iluminación, sí que puede cobrar consciencia de su esclavitud. En última instancia, la libertad implica liberarse incluso de la necesidad de libertad.

La vía de la sabiduría no nos ofrece escapatorias, evasiones o huidas del ego. No nos aconseja que ignoremos el ego, sino que nos propone investigarlo, analizarlo, comprenderlo, confrontarlo y verlo directamente, lo que terminará disolviéndolo por completo, como ocurre con un ácido.

El *jñāna-yoga* no nos promete la liberación sino la realización directa de que, en realidad, nunca ha existido nada ni nadie de qué liberarse. Nunca ha habido cadenas ni cerrojos.

La miseria no nos esclaviza; nosotros somos los que nos aferramos a ella y no la dejamos ir.

La religión es el fenómeno más maravilloso que puede acontecer en el corazón humano, con la condición de que exista una auténtica pasión por la libertad. Debemos tener muy presente que, si utilizamos la religión solo para calmar nuestros miedos e inseguridades, esta nos destruirá, herirá nuestra dignidad, estancará nuestra inteligencia y oscurecerá nuestra alma.

Solo existe una religión verdadera, y no me estoy refiriendo ahora a un cierto «ismo». La auténtica religión es aquella que nace de la búsqueda apasionada de la Verdad y de la sed de saber qué o quiénes somos: del hambre de conocernos a nosotros mismos.

Es muy importante que el estudiante de *vedānta* desarrolle una preparación que incluya las cuatro virtudes antes mencionadas; de lo contrario, su *jñāna-yoga* no será más que un juego intelectual de palabras que tan solo contribuirá a inflacionar su ego.

Solo escuchará conferencias o leerá acerca del *advaita-vedānta* sin que ello surta un efecto real en su vida.

Religión no es tan solo teoría o información sino, ante todo, transformación.

Con el cultivo de discernimiento (*viveka*), desapego (*vairāgya*), tranquilidad (*śama*) derivada de nuestra maestría sobre la mente, autodominio (*dama*), renuncia al deseo mundano (*uparati*), tolerancia (*titikṣā*), atención al Ser (*samādhāna*), fe (*śraddhā*) y un sincero anhelo de libertad (*mumukṣutva*), nuestro estudio del *vedānta* transcenderá el marco exclusivamente teórico.

Esas cualidades constituyen los verdaderos pilares sobre los cuales fundamentar nuestro sendero, los auténticos tesoros con los que es preciso equiparnos en nuestro viaje hacia nosotros mismos. Como consecuencia de la *sādhana-catuṣṭaya*, apartamos nuestra atención de lo efímero y la enfocamos en el Ser.

Capítulo 15

Las disciplinas en la vía del autodescubrimiento

De acuerdo con el *jñāna-yoga*, existen tres disciplinas fundamentales en la vía del autodescubrimiento, las cuales conducen a *ātma-sākṣātkāra*, o 'la experiencia directa del Ser'. Tal como explica el *Viveka-cūḍāmaṇi*:

tataḥ śrutis tan mananaṁ satattva-
dhyānaṁ ciraṁ nitya-nirantaraṁ muneḥ
tato 'vikalpaṁ parametya vidvān
ihaiva nirvāṇa-sukhaṁ samṛcchati

Luego sigue la audición (*śravaṇa*), la reflexión (*manana*) y la larga, constante e ininterrumpida meditación sobre la Verdad (*nididhyāsana*). Después de esto, el buscador sabio (*muni*) alcanza el estado supremo de iluminación (*nirvikalpa*) y realiza la dicha de la liberación final (*nirvāṇa*) incluso en esta vida.

(*Viveka-cūḍāmaṇi*, 70)

Estas disciplinas, que conducen a la realización del Ser, se mencionan también en el *Bṛhad-āraṇyaka Upaniṣad*:

> *ātmā vā are draṣṭavyaḥ śrotavyo mantavyo nididhyāsitavyaḥ.*

> El Ātman es digno de ser contemplado. Se debe oír, pensar y meditar sobre el Ātman.
> (*Bṛhad-āraṇyaka Upaniṣad*, 2.4.5)

Shaṅkrācārya, en su *bhāṣya* sobre este *Upaniṣad* elabora:

> *tasmāl loka-prasiddham etad— ātmaiva priyo nānyat. "tad etat preyaḥ putrāt" (Bṛ. U. 1.4.8) ity upanyastam. ...tasmād ātma-prīti-sādhanatvāt gauṇī anyatra prītir ātmany eva mukhyā. tasmād ātmā vai are draṣṭavyo darśanārho, darśana-viṣayam-āpādayitavyaḥ; śrotavyaḥ pūrvam ācāryata āgamataś ca ; paścān-mantavyaḥ tarkataḥ; tato nididhyāsitavyo niścayena dhyātavyaḥ. evaṁ hy asau dṛṣṭo bhavati śravaṇa-manana-nididhyāsana-sādhanair nirvartitaiḥ. yadaikatvam etāny upagatāni, tadā samyag darśanaṁ brahmaikatva-viṣayaṁ prasīdati, na anyathā śravaṇa-mātreṇa.*

> De ahí que se reconozca ampliamente que solo el Ser es querido y nada más. Ya se ha afirmado: «Esto [el Ser] es más querido que un hijo», y demás. (*Bṛ. U.* 1.4.8). ... Por lo tanto, nuestro afecto por otros objetos es

> secundario ya que contribuyen al placer del Ser, y nuestro amor por el Ser es primario. De ahí que «El Ser, mi querido Maitreyi, debe ser realizado, es digno de realización o debe convertirse en objeto de realización. Primero se debe oír hablar sobre él a un maestro y a las escrituras, luego se debe reflexionar sobre él, mediante el razonamiento y finalmente se debe meditar firmemente en él». Se realiza solo mediante la participación de estos medios: la audición (*śravaṇa*), la reflexión (*manana*) y la meditación (*nididhyāsana*). Solo cuando se combinan estos tres, se logra la realización real de la unidad de Brahman, y no solo a través de la audición.
>
> (*Bṛhad-āraṇyaka Upanishad Bhāṣya*, 2.4.5)

A continuación, ofrecemos una breve explicación de cada una de estas disciplinas.

1. *Śravaṇa* o 'audición'

> *śravaṇaṁ nāma ṣaḍ-vidha-liṅgair aśeṣa-vedāntānām advitīya-vastuni tātparyāvadhāraṇam.*

> La audición (*śravaṇa*) es la comprobación, a través de los seis signos establecidos por la filosofía del *vedānta* (el comienzo y la conclusión, la repetición, la originalidad, el resultado, el elogio y la demostración), de

que Brahman es el Uno sin un segundo.
(*Vedānta-sāra*, 182)

Śaṅkarācārya enfatiza en su *bhāṣya* sobre el *Bṛhad-āraṇyaka Upaniṣad*:

kathaṁ dṛṣṭa ātmani? iti ucyate pūrvam ācāryāgamābhyāṁ śrute…

La audición (*śravaṇa*) debe ser practicada constantemente hasta que todas las dudas sobre los medios de obtener cierto conocimiento (*pramāṇa*) sean resueltas en la mente.
(*Bṛhad-āraṇyaka Upanishad Bhāṣya,* 4.5.6)

Śravaṇa se refiere al estudio sistemático, junto a un gurú fidedigno, durante un periodo de tiempo prolongado. La literatura védica nos aconseja aprender directamente de un maestro espiritual competente. El *Kaṭha Upaniṣad* afirma:

uttiṣṭhata jāgrata
prāpya varān nibodhata
kṣurasya dhārā niśitā duratyayā
durgaṁ pathas tat kavayo vadanti

¡Levántate, despierta! Habiendo encontrado a los grandes maestros iluminados, alcanza la comprensión. Los sabios dicen que el sendero es afilado como una navaja.
(*Kaṭha Upaniṣad,* 1.3.14)

Es imposible realizar el Ser mediante libros, cursos o profesores. Estos pueden prepararnos para el encuentro con nuestro eterno gurú, pero la sabiduría solo florece en estrecha asociación con los maestros espirituales. Un discípulo auténtico debe situarse en *śravaṇa*. Con la mente calma y libre de ideas y conceptos preconcebidos, se vuelve puro silencio y receptividad.

2. *Manana* o 'reflexión'

> *mananaṁ tu śrutasyādvitīya-vastuno vedāntānu-guṇa-yuktibhir anavaratam anucintanam.*
>
> La reflexión (*manana*) es la ininterrumpida contemplación de la esencia real única que no tiene segundo (Brahman), sobre la cual se ha oído del gurú por medio del razonamiento según el *vedānta*.
>
> (*Vedānta-sāra*, 191)

Una seria y profunda reflexión acerca de las verdades provenientes de los labios del *sad-guru* transforma lo oculto en evidente. Las enseñanzas del maestro espiritual deben ser asimiladas hasta que disuelvan todas las dudas. El escepticismo es un mecanismo defensivo de la mente. Mientras nuestro escepticismo persista, mantendremos nuestras defensas y seguiremos resistiéndonos a la Verdad.

La palabra sánscrita *manana* significa 'negación de la mente'; no se trata de otro proceso especulativo que fortalece la mente. Aunque es imposible entender la

Verdad a través de la mente, la mente nos ayuda a tomar consciencia de esto. En realidad, *manana* es un proceso mental, si bien autodestructivo para la mente misma.

La audición será ineficaz si no dedicásemos tiempo a digerir lo escuchado. Es imprescindible que los aspirantes espirituales contemplen, en reclusión, las implicaciones que tiene para sus vidas lo que han escuchado. En religión, los conocimientos son nuestros solo cuando podemos vivir de acuerdo con ellos. Por lo tanto, si nuestro comportamiento es incoherente con lo que escuchamos, no somos más que ignorantes sumamente informados. La autoindagación florece a partir de la reflexión diaria sobre las enseñanzas del maestro.

3. *Nididhyāsana* o 'meditación vedántica'

> *vijātīya-dehādi-pratyaya-rahitādvitīya-vastu-sajātīya-pratyaya-pravāho nididhyāsanam.*
>
> La meditación (*nididhyāsana*) es una corriente de ideas relacionadas con la esencia real del Uno sin segundo (Brahman), excluyendo ideas ajenas como las relacionadas con el cuerpo y demás.
>
> (*Vedānta-sāra*, 192)

Nididhyāsana es una contemplación meditativa sobre los conocimientos hasta que los meros conceptos intelectuales se transforman en realidad. De ese modo, se asimilan las verdades y la filosofía teórica se convierte en experiencia.

Nididhyāsana es una búsqueda meditativa de las raíces mismas de la consciencia, porque en la consciencia experimentamos existencialmente las verdades aprendidas del maestro espiritual y de las sagradas escrituras. Durante este proceso, el conocimiento se transforma en sabiduría y la teoría se convierte en una experiencia subjetual.

Śravaṇa significa escuchar las escrituras de nuestro gurú, *manana* es internalizarlas y *nididhyāsana* es experimentarlas como la Verdad y vivir de acuerdo con ellas.

Ātma-sākṣātkāra o 'la percepción directa del Ser'

Ātma-sākṣātkāra, o 'percepción directa del Ser', se refiere a la autorrealización, que es la consecuencia natural de las tres disciplinas antes señaladas.

Es imposible comprender *ātma-sākṣātkāra* a nivel meramente intelectual. Aprendemos sobre la percepción del Ser a partir de libros y sermones, pero el ego crea su propio concepto acerca de dicha percepción. En consecuencia, en nuestra búsqueda de la Verdad, corremos el riesgo de esforzarnos por alcanzar una meta que sea una mera interpretación mental.

En nuestro estado ordinario de consciencia, no vivimos sobre la base de una auténtica percepción de nosotros mismos, sino de acuerdo a una creencia acerca de lo que somos. El fenómeno egoico es una autoobjetivización: nos percibimos como algo separado y desconectado del Todo. *Ātma-sākṣātkāra* es nuestra desaparición como «alguien» y nuestra evaporación como yo-idea o yo-concepto.

No podemos ser iluminados porque, cuando la luz de la Verdad aparece, solo revela nuestra ausencia; por lo tanto, no hay nadie allí para iluminarse. Pensar que tú o yo podamos ser iluminados es simplemente un absurdo, porque ese yo es solo un obstáculo. En esencia, todos somos iluminados. Pero, en tanto que egos, no tenemos relación alguna con la iluminación, ya que esta transciende por completo lo que creemos ser. La sociedad nos ha entrenado para incrementar nuestro poder adquisitivo: cuanto más éxito tengamos, más aumentará este. Sin embargo, en la senda espiritual desarrollamos la capacidad de renunciar, la cual nos lleva a dejar de adquirir: no porque esté prohibido, sino porque trascendemos nuestra sensación de carencia y por ende, nuestra necesidad de poseer y acumular.

La iluminación no consiste en sumar sino en restar; no se trata de agregar algo que falta sino de deshacernos de lo que nos sobra. No estriba en adquirir algo de lo que carecemos, sino en renunciar a las ideas, creencias, conceptos y conclusiones que hemos aceptado como nuestra identidad.

La religión es un sendero que conduce desde la oscuridad hacia la luz, pero es un camino para perdedores porque, en la medida en que avanzamos, cada vez poseemos menos. Nuestro gran problema no consiste en la carencia de algo, sino en la falta de consciencia acerca de lo que somos. En *ātma-sākṣātkāra*, no queda nada que poseer, ya que hemos renunciado a todo. Somos, pero no estamos… Somos nadie.

aprākṛtena nityena
nirmalenāvikāriṇā
vyāpakenātisūkṣmeṇa
pareṇa jñāna-cakṣuṣā

viśuddhaṁ śāśvataṁ nityaṁ
aprameyaṁ anaupamam
nirvikalpaṁ acinyaṁ ca
hetu-dṛṣṭānta varjitaṁ

sutṛptaṁ nirguṇaṁ śāntaṁ
tattvātītaṁ nirañjanam
avibhāvyaṁ asandehyaṁ
paśyantīśānam ātmani

Con el ojo de la consciencia, que no es creada por las evoluciones de prakṛti, y es eterna, pura, inmutable, penetrante, extremadamente sutil y suprema, uno contempla dentro el Uno absoluto que es siempre puro, imperecedero, incomparable, inafectado por modificaciones y los cambios, más allá del alcance del pensamiento, eternamente libre de las tres impurezas, inexplicable a través del razonamiento lógico y la ilustración, contento, libre de los atributos, irradiando serena calma, más allá del alcance de las tattvas, incontaminado por factores limitantes, inconcebible y que desafía toda clase de duda.

(*Sarva-jñānottara Āgama*, 2.7.17-19)

Capítulo 16

La epistemología vedántica

Tanto los animales como los seres humanos comparten cuatro propensiones: comer, dormir, aparearse y protegerse. Mientras la base de nuestra vida sean solo estas cuatro actividades, no puede llamarse «vida humana». La principal diferencia entre el ser humano y la bestia es epistemológica porque se relaciona con la búsqueda de conocimiento. Solo los humanos poseen el nivel de consciencia necesario para inquirir acerca de la Verdad absoluta. El *Vedānta Sūtra* nos sugiere inquirir acerca de Brahman:

athāto brahma-jijñāsā

Ahora la indagación sobre Brahman.

(*Vedānta Sūtra*, 1.1)

Según la epistemología védica, los medios para lograr conocimiento, o *pramāṇas*, se agrupan en tres categorías: *pratyakṣa*, *anumāna* y *śabda* o *śruti*.

- ***Pratyakṣa***, o 'lo que es evidente', se refiere al conocimiento empírico. Primero adquirimos información a través de los sentidos y luego utilizamos nuestra mente para analizarla y arribar a conclusiones.
- ***Anumāna***, o 'inferencia', utiliza la lógica para llegar a conclusiones a partir de premisas que se consideran válidas.
- ***Śabda***, o 'conocimiento revelado procedente de los Vedas', desciende de forma oral, a través de *paramparā*, directamente desde el plano absoluto.

Solo al comprender las limitaciones de nuestros propios medios de conocimiento sentiremos la necesidad de una fuente externa que nos revele aquello que resulta inaccesible para nuestra mente y nuestros sentidos. Estudiando la epistemología vedántica, identificaremos las limitaciones de nuestro intelecto y apreciaremos el *vedānta* como el medio idóneo para revelar la realidad.

De acuerdo con las escrituras védicas, existen dos métodos para obtener conocimiento. El primero de ellos es *āroha-panthā*, o 'método ascendente', el cual serefiere al conocimiento captado por los sentidos e incluye el razonamiento deductivo e inductivo. El segundo es *avaroha-panthā*, o 'método descendente', que se refiere a la aceptación de una autoridad en la materia.

Āroha-panthā o 'método ascendente'

El método ascendente es el proceso de indagación y exploración mediante *pratyakṣa* y *anumāna*. Es un esfuerzo por descubrir la Verdad gracias a la indagación personal.

Este método parte de la percepción por medio de nuestros sentidos burdos y sutiles (ojos, oídos, nariz, lengua, tacto, piel, mente e inteligencia) y el proceso mental posterior hasta alcanzar determinadas conclusiones. Debido a nuestras limitaciones sensoriales, *pratyakṣa* proporciona conocimiento relativo, aunque a veces los científicos tratan de mostrarlo como si fuese el conocimiento absoluto. *Anumāna* significa 'seguir la mente'. Aunque constituye un proceso más sutil que *pratyakṣa*, aún corresponde al plano relativo y no permite el acceso al conocimiento perfecto. El conocimiento adquirido a través de los sentidos es defectuoso. La inferencia basada en información imperfecta nos conducirá necesariamente a conclusiones erróneas. ¿Cómo podemos aceptar una verdad que va acompañada de un cúmulo de frases como «quizás», «en mi opinión», «pienso que», «es posible», y demás?

Es imposible acceder a lo trascendental a través de este método por la sencilla razón de que los seres humanos somos entes finitos y limitados. Sus limitaciones pueden categorizarse en cuatro defectos esenciales:

- ***Karaṇāpāṭava***, o 'imperfección sensorial'. Es un hecho indiscutible que nuestros sentidos son limitados. Por ejemplo, no podemos escuchar sonidos por encima o por debajo de determinadas frecuencias. Vemos el sol y nos parece del tamaño de una moneda; sin embargo, es más grande que nuestro planeta. Hay muchas personas que no son conscientes de sus propias limitaciones sensoriales y dicen que aceptarán a Dios solo si pueden verlo.

- ***Bhrama***, o 'error'. Todos los seres humanos cometemos errores a consecuencia de nuestras limitaciones sensoriales. Incluso se dice que errar es humano; es decir, no importa cuán importante, inteligente, hábil, erudito, bello, fuerte o rico sea un ser humano, con toda seguridad cometerá errores.
- ***Pramāda***, o 'la ilusión en que vivimos debido a la completa ignorancia de nuestra propia identidad'. Ignorando nuestra auténtica naturaleza espiritual, nos identificamos con el cuerpo físico y creemos poseer una determinada nacionalidad, pertenecer a determinada raza, grupo, etcétera. Sin embargo, estas son todas identificaciones basadas en el concepto corporal erróneo de la vida.
- ***Vipralipsā***, o 'propensión a engañar'. En lugar de observar lo que es tal como es, defendemos nuestras propias conclusiones. No solo engañamos a otros, sino que incluso nos engañamos a nosotros mismos. Interpretamos las situaciones para confeccionar una versión de la realidad que no contradiga nuestra autoimagen. Acomodamos los hechos para fabricar un cuento que nos facilite vivir en paz con nuestra consciencia.

tatra puruṣasya bhramādi-doṣa-catuṣṭaya-duṣṭatvāt sutarām alaukikācintya-svabhāva-vastu-sparśāyogyatvāc ca tat-pratyakṣādīny api sa-doṣāṇi.

Para comenzar, los medios de conocimiento de una persona común —la percepción sensorial y demás— son imperfectos puesto que están contaminados por sus cuatro defectos, comenzando con el juicio incorrecto, y además, son simplemente inadecuados para establecer contacto con una realidad cuya naturaleza es supramundana e inconcebible.

(Jīva Gosvāmī, *Tattva-sandarbha*, 9)

yady api pratyakṣānumāna śabdārthopamāṇārthā-patty-abhāva-sambhavaitihya-ceṣṭhākhyāni daśa pramāṇāni viditāni, tathāpi bhrama-pramāda-vipralipsā-karaṇāpāṭava-doṣa-rahita-vacanātmakaḥ śabda eva mūlam-pramāṇam.

Si se examinan cuidadosamente los diez tipos de evidencias, a saber, *pratyakṣa*, *śabda*, *anumāna*, *arya*, *upamāna*, *arthāpatti*, *abhāva*, *sambhava*, *aithihya* y *ceṣtha*, se encontrará que todas ellas están contaminadas por los cuatro defectos de la vida material: el engaño, los sentidos imperfectos, la ilusión y los errores. Por lo tanto, de todos estos, la revelación (*śruti*) se considera superior porque está por encima de los cuatro defectos. *Śruti* es, en consecuencia, la raíz de toda evidencia.

(Jīva Gosvāmī, *Sarva-saṁvādinī* sobre el *Tattva-sandarbha*, 9)

Adoleciendo de estos cuatro defectos básicos, no podemos recibir conocimiento perfecto o impartirlo. En otras palabras, como seres limitados no somos fiables. Nuestras opiniones están influidas por nuestros apegos. Sin trascender las adicciones, no seremos fuentes fiables de conocimiento. En realidad, mientras no superemos la esclavitud a nuestras exigencias mentales y emocionales, ni siquiera podemos confiar en nosotros mismos.

Avaroha-panthā o 'el método descendente'

La palabra *avaroha* está relacionada con la palabra *avatāra*, que significa 'aquello que desciende'. Debido a su naturaleza trascendental, la sabiduría védica no es el producto de experimentos. Para los seguidores del *sanātana-dharma*, el conocimiento védico es de carácter axiomático. Las verdades védicas las recibimos escuchando y no experimentando; son claras y evidentes por sí mismas. Por su parte, el origen de los Vedas es trascendental y no humano. *Avaroha* es el proceso que nos permite obtener conocimiento perfecto a través de *śabda*. La sabiduría trascendental desciende desde el Señor supremo perfecto a través de las autoridades de la línea de sucesión discipular. A diferencia del conocimiento humano, esta sabiduría es fiable.

Aunque se acepta la superioridad de *śabda*, por supuesto, *pratyakṣa* y *anumāna* no son rechazados. Pero si se produce un conflicto entre ellos, recurrimos a *śabda* como fuente fiable de conocimiento acreditado.

Pramāṇas o 'los medios de adquirir conocimiento'

El *advaita-vedānta* acepta los tres *pramāṇas* védicos y agrega tres más. Así describe los seis medios para adquirir conocimiento válido:

> *tāni ca pramāṇāni ṣaṭ-pratyakṣānumanopamānāgamārthāpatty-upalabdhi-bhedāt.*
>
> Los medios de conocimiento, que son seis, son percepción, inferencia, comparación, testimonio verbal, suposición y no aprehensión.
>
> (*Vedānta-paribhāṣā* de Dharma-rāja Adhvarīndra, capítulo 1)

1. *Pratyakṣa*, o 'percepción directa': Se refiere al conocimiento obtenido a través de los sentidos físicos: vista, oído, olfato, gusto y tacto, más un sentido interno llamado *manas*, o 'mente'. Existen dos clases de *pratyakṣa*: *nirvikalpaka* y *savikalpaka*. *Nirvikalpaka-pratyakṣa* es una percepción indeterminada en la que captamos un objeto, pero no sabemos qué es: vemos algo sin identificarlo. *Savikalpaka-pratyakṣa,* por su parte, es una percepción determinada que nos permite identificar el objeto con la colaboración de nuestra memoria. Nuestra capacidad de definir algo se debe a la percepción previa de un concepto similar. En *nirvikalpaka-pratyakṣa* solo

intervienen los sentidos, pero en *savikalpaka-pratyakṣa* usamos nuestro juicio y nuestra capacidad de interpretación. A la luz de nuestra experiencia previa, somos capaces de reconocer el objeto observado.

2. *Anumāna*, o 'inferencia': Según la lógica tradicional o aristotélica, la inferencia es una modalidad de razonamiento deductivo. Lo inferido no se percibe de manera directa, sino que se deduce basándose en la relación invariable que mantiene con las indicaciones percibidas. El ejemplo clásico de *anumāna* es el avistamiento de humo en la distancia. Existe una relación invariable y universal entre el humo y el fuego. Al divisar el humo, inferimos que hay fuego. El humo es la indicación externa que nos permite inferir la existencia del fuego, aunque no lo podamos ver de forma directa.
3. *Upamāna*, o 'comparación': Se trata del conocimiento obtenido mediante analogías. Adquirimos conocimiento comparando un objeto desconocido con uno conocido. Por ejemplo, en el pasado visité el desierto de Atacama en el norte de Chile. Cuando viajo a los Estados Unidos y veo el desierto de Chihuahua, reconozco que el terreno es muy similar. Por lo tanto, puedo adquirir conocimiento sobre el desierto de Chihuahua basándome en mis experiencias de Atacama. Dicho conocimiento se adquiere a través de la comparación.

4. *Arthāpatti*, o 'suposición': Se refiere al conocimiento que se adquiere a través de un postulado. *Arthāpatti-pramāṇa* consiste en la suposición de un hecho imperceptible que explica lo que percibimos cuando carecemos de otra explicación.
5. *Anupalabdhi*, o 'no percepción': Se refiere a la inexistencia que es captada a través de su falta de aprehensión. El *vedānta* considera que, cuando los sentidos no perciben un objeto, sucede de hecho un tipo de percepción: la no inexistencia. Por ejemplo, si no vemos el lápiz en su lugar, sabemos que no está allí. Este *pramāṇa* es utilizado, por ejemplo, en las siguientes frases: «el abogado no se encuentra en su oficina» o «la flor carece de perfume». Tanto la percepción como la no percepción son útiles en este tipo de adquisición de conocimiento.
6. *Āgama* o *śabda*, o 'testimonio fiable': Estas son las afirmaciones de las sagradas escrituras o el conocimiento obtenido a través de los *śāstras*. Consiste en el testimonio trascendental de los sabios iluminados, quienes son considerados fiables. Gran parte del conocimiento que adquirimos en la escuela o la universidad no puede ser percibido a simple vista. Simplemente aceptamos el testimonio de libros, historiadores y científicos de fiabilidad demostrada. Asimismo, las sagradas escrituras contienen la sabiduría de la revelación recibida por los sabios veedores de la antigüedad. Estos *ṛṣis* poseen el grado de

pureza necesario como para ser recipientes del conocimiento absoluto de la revelación divina. *Śabda* es el único *pramāṇa* que nos proporciona conocimiento acerca de Brahman, o lo absoluto.

Capítulo 17

La consciencia

Buscando la Verdad, muchos han aceptado la existencia de un ente superior llamado Dios. Tratando de comprender los mensajes y las enseñanzas de los grandes iluminados, han arribado a la conclusión de que existe un creador todopoderoso que habita en los cielos. Postulan una distancia entre el individuo y Dios, a quien consideran parte de la realidad objetual. Esta creencia ve a Dios como alguien o algo separado y nos sugiere que debemos adorarlo como una realidad diferente. No obstante, según la visión advaítica, Dios y la consciencia son dos términos diferentes que se refieren a lo mismo.

yac ca sthāvaraṁ sarvaṁ tat prajñā-netraṁ. prajñāne pratiṣṭhitaṁ prajñā-netro lokaḥ prajñā pratiṣṭhā prajñānaṁ brahma.

Todos estos tienen a la consciencia como dadora de su realidad; todos estos son impulsados por la consciencia; el universo tiene la consciencia como ojo y la consciencia como fin. La consciencia es Brahman.

(*Aitareya Upaniṣad*, 3.1.3)

La percepción sensorial es posible gracias a la consciencia. Todo lo que sucede en nuestro mundo interior depende de ella, como, por ejemplo, pensar, recordar, sentir e imaginar. Lo que puede ser tocado, oído, olfateado, degustado, pensado, imaginado y sentido es solo una proyección temporal de la consciencia imperceptible.

Aunque la consciencia no se puede imaginar, es real porque sería imposible imaginar algo sin ella. No puede ser definida, pero sin ella no podríamos definir nada. No puede ser conceptualizada, pero sin ella no podríamos conceptualizar cosas. No puede ser vista, pero sin ella no podríamos ver nada. Entonces, la realidad no es una proyección temporal e imperdurable; es lo que hace posibles dichas proyecciones.

Toda actividad mental o emocional implica una presencia que la percibe. En otras palabras, todo pensamiento, idea y experiencia cuenta con una presencia que la atestigua. La consciencia es lo que sabe y sabe que sabe. Es decir, es aquella presencia que no solo sabe, sino que se sabe sabiendo.

Las primeras dos *sūtras* del *Śiva Sūtra* señalan:

caitanyam ātmā
jñānaṁ bandhaḥ

> La consciencia es el Ser; el conocimiento limitado, que es igual que la ignorancia, es cautiverio.
>
> (*Śiva Sūtra*, 1-2)

La consciencia es indivisible. Si pudiera dividirse, tendríamos una parte finita y un infinito menos esa parte. Por ende, no puede haber trozos de consciencia y la consciencia no es un todo compuesto de partes. La parte no es real: lo que consideramos que es una parte de ella, es en realidad la consciencia en su totalidad. Si la consciencia es la realidad, entonces cualquier cosa percibida como parte es necesariamente ilusoria.

Nos referimos a la consciencia como nuestra y creemos que la poseemos en mayor o menor grado. Sin embargo, es la consciencia la que nos posee a nosotros y no al revés. No reposa en nosotros, sino que somos nosotros los que residimos en ella. No es una cualidad de nuestra mente porque precede a la mente. Siendo anterior al pensamiento, la consciencia no está limitada por conceptos mentales como tiempo o espacio. Esto es muy claro en el idioma hebreo, donde la palabra *olam* es sinónimo tanto de espacio (*olam* es 'mundo') como de tiempo (*le'olam* es 'siempre'). Asimismo, *olam* está relacionado con *healmut* o 'desaparición'. Entonces, el mundo (*olam*), tal como lo percibimos, no es más que la desaparición (*he'almut*) de la consciencia tras el tiempo y el espacio. La palabra *olam* está en la oración judía *Aleinu*, la cual de acuerdo con la tradición fue compuesta por el Josué bíblico. Esta oración glorifica a Dios por permitirnos servirle y dice *letakken olam bemaljut shadai*, que significa «reparar el mundo bajo la soberanía divina»; en otras palabras, el mundo (*olam*) será perfecto cuando Dios sea reconocido y toda idolatría desaparezca (*he'almut*).

La consciencia yace en la base y la raíz de toda experiencia y hace posible percibir la realidad objetual. Por lo tanto, sin la consciencia no hay experiencia, ya que ambas constituyen uno y lo mismo.

En sánscrito, experiencia es *anubhāva*. Nuestra vida puede ser definida como un *anubhāva-dhārā*, o un 'fluir de experiencias': una larga sucesión de diferentes vivencias. Las percepciones en este mundo de nombres y formas son experiencias. Nos relacionamos con un libro, un árbol o un amigo como si fueran objetos externos, cuando en realidad son solo nuestras experiencias. Incluso nosotros mismos, como una entidad denominada «yo», no somos más que otra experiencia.

El ego no es sino un olvido de nuestra propia naturaleza, que es la consciencia. Aunque la consciencia se encuentra siempre aquí y ahora, nuestro condicionamiento y hábitos nos conducen a ignorarla. Las enseñanzas vedánticas nos conducen hacia el reconocimiento de esta.

La consciencia es la estabilidad absoluta que percibe nuestra propia existencia aquí y ahora; es la quietud inafectada por nuestra constante fluctuación de estados de ánimo, pensamientos y emociones. Permanece indiferente ante la sucesión de experiencias que aparecen y desaparecen en el espacio y el tiempo. La consciencia es la presencia absoluta que sabe que existimos en el presente.

Muchos buscadores espirituales cometen el error de confundir la iluminación con una experiencia mística. Una experiencia divina o espiritual puede ser bellísima; sin embargo, al igual que la experiencia mundana, es temporal. Toda experiencia, ya sea divina o mundana, posee un comienzo y un final. La iluminación es la realización de lo permanente, de la eternidad. Es el infinito donde toda experiencia sucede.

Cuando percibimos el mundo objetual, consideramos que los sentidos forman parte del sujeto que observa. Sin embargo, si vemos que la mente es el sujeto, los sentidos serán parte del mundo objetual. Finalmente, si observamos la mente desde el punto de vista de la consciencia, descubriremos que forma parte del objeto.

Nuestra realidad es la subjetualidad última no manifestada, o la consciencia pura, que constituye la verdadera sustancialidad, tanto del pensamiento como del pensador. Aunque el observador y lo observado intercambien sus papeles, la consciencia permanece como la realidad estable. La consciencia asume diferentes perspectivas. Por ejemplo, en la experiencia del sueño, la consciencia es tanto el soñador como los objetos soñados, es decir, crea una realidad donde asume la función tanto de sujeto como de objeto.

En el proceso del reconocerse a sí misma, la consciencia transita por diferentes estados de observación. La doctrina que se refiere a estos estados de consciencia se denomina *catuṣpād*, o 'doctrina de los cuatro pies o partes'. Los *upaniṣads* más antiguos mencionan tres estados: vigilia (*jāgrat*), estado de sueño con ensueños (*svapna*) y estado de sueño profundo sin sueños (*suṣupta*).

En la época del *Māṇḍūkya Upaniṣad*, se agregó un cuarto estado denominado *turīya*, o 'el estado indiferenciado'.

La consciencia experimenta el mundo creado en los sueños como si fuera real. En su estado de vigilia, considera que el mundo almacenado en los recuerdos es verdadero. En el sueño profundo, experimenta el estado de la ausencia de sueños. No obstante, la consciencia es capaz de observar la realidad misma, donde el observador no es diferente de lo observado. La meditación está dirigida a la experiencia existencial del aspecto más sólido y estable de la realidad.

Durante el sueño, la consciencia no puede ser reconocida porque la consciencia misma crea la realidad soñada y la acepta como verdadera. Tampoco es posible reconocerla durante la vigilia, ya que este estado es una sucesión de recuerdos basados en la memoria. Sin embargo, el presente consiste en un estado cognitivo que no es creación ni evocación.

Durante los estados de sueño y vigilia ordinaria reconocemos personas y objetos, pero no la consciencia. La consciencia permanece oculta tras una aparente diversidad. Nuestra percepción del mundo varía conforme se trate de una creación mental, una evocación o un acontecimiento captado sin la intervención de la mente. El sueño es una creación mental y la vigilia es una proyección de la memoria, pero el presente consiste en una realidad de hechos. El ahora es la situación más propicia para la autorrealización o la autoidentificación. El presente consiste en el estado cognitivo ideal para el autoreconocimiento de la consciencia. Al establecernos sin interrupción en el ahora, percibimos el acontecer mientras permitimos que ocurra el reconocimiento de la consciencia.

La consciencia no es solo una teoría o una mera idea, sino que consiste en una realidad sustancial que puede ser reconocida y experimentada.

Cuando la atención —el aspecto dinámico de la consciencia— se posa sobre la atención misma, se produce lo que conocemos como 'consciencia de la consciencia'. Entonces la cognición cesa de diferenciar entre sujeto y objeto, aunque ambos prosiguen su existencia en tanto que conocedor y conocido.

Junto con la autorrealización, reconocemos que la consciencia no es diferente del objeto percibido. Cuando la consciencia se autorreconoce y se sabe a sí misma, realizamos que es el fundamento de todo lo existente; más aún, solo la consciencia es. Con este reconocimiento, la consciencia se percibe de manera simultánea como sujeto y objeto. Esta conscienciación transforma por completo nuestra perspectiva del mundo y de la vida: la realidad adopta un carácter indiferenciado de simultaneidad.

Para experimentarlo, es esencial meditar y dirigir el acto de conocer hacia la cognición misma: situar la atención en la atención o dirigir la observación hacia la misma observación. Estas enseñanzas constituyen una invitación al reconocimiento de la subjetualidad última: nuestra auténtica naturaleza.

Dado que la atención constituye el aspecto dinámico de la consciencia, es imprescindible cultivar una atención meditativa que nos permita reconocer la consciencia y familiarizarnos con ella. Meditación implica una vigilancia relajada, sin interferencia de la mente. Para cultivarla, es necesario —bajo la experta guía de un maestro espiritual realizado— llevar a cabo prácticas que faciliten la revelación de que todo es consciencia pura.

La consciencia permanece siempre aquí y ahora sin importar lo que sintamos o pensemos, ya que es la base de cada pensamiento y emoción. Es la pantalla donde se proyectan nuestras experiencias. Es el espacio donde tienen lugar nuestras emociones, pensamientos e ideas. La consciencia es el fondo estable donde las experiencias van y vienen, nacen y mueren como las olas en el océano.

Cada uno de nosotros puede hallar ese espacio infinito y estable en lo profundo de sí mismo y descubrir la estabilidad permanente en el fundamento de cada experiencia. El único obstáculo que nos impide reconocer la consciencia es nuestro condicionamiento.

El *vedānta* propone comprometernos a reconocer constantemente la consciencia en la raíz de cada experiencia a través de la meditación, la cual nos revela la presencia estable de aquello que permanece por siempre.

Capítulo 18

La liberación o *mukti*

Mukti o *mokṣa* son términos sánscritos que significan 'emancipación' o 'liberación'. La palabra *mukti* proviene de la raíz *muc* que significa 'liberar', 'soltar' o 'emancipar'. Cuando se le agrega el sufijo *ktin*, se forma el término *mukti*, o 'liberación'. El prefijo *vi* se deriva del vocablo *viśeṣa-rūpeṇa*, que significa con 'distinción', 'mérito', 'excelencia' o 'superioridad'; de ese modo, los términos *vimukti* y *vimokṣa* significan 'liberación última o final'.

En un sentido escatológico, *mukti* y *vimukti* se refieren a la liberación del ciclo de los repetidos nacimientos y muertes, o *saṁsāra*. En su sentido epistemológico y psicológico, significan libertad, autorrealización o autoconocimiento.

mukti-śrī-nagarasya durjayataraṁ dvāraṁ yad astyād imaṁ
tasya dve arare dhanaṁ ca yuvatī tābhyāṁ pinaddhaṁ dṛḍham
kāmākhyārgala dāruṇā balavatā dvāraṁ tad-etat-trayam
dhīro yas tu bhinatti sorhati sukhaṁ bhoktuṁ vimukti-śriyaḥ

> Pero hay otra ciudad: la ciudad sagrada de absoluta libertad. Hay un fuerte portón en la entrada a esa ciudad. Las mujeres y la riqueza son los dos paneles del portón, mientras que la lujuria es como una poderosa barra transversal que la cierra desde adentro. Pero los héroes se abren camino a través de los portones. Solo ellos están preparados para disfrutar de la dicha de la liberación final.
>
> (*Sarva-vedānta-siddhānta-sāra-saṅgraha*, 90)

Definida negativamente, la liberación es la quema de todo nuestro karma. Definida de manera afirmativa, constituye la unión con Brahman. Según el *advaita-vedānta*, el sendero que nos conduce a realizar la unión de Brahman y *ātman* se denomina *jñāna-yoga*.

Dado que los seres encarnados ignoran su autenticidad, están motivados por el egoísmo y, por ende, son arrastrados a la esclavitud del *saṁsāra*. La liberación de dicha esclavitud se alcanza mediante el conocimiento directo de la realidad, o Brahman. Accedemos a esta revelación a través del estudio y la comprensión de las sagradas escrituras contando con la guía adecuada de un maestro espiritual iluminado. Cuando somos agraciados con la liberación, reconocemos que en realidad somos consciencia.

Si bien es cierto que el término *liberación* sugiere un logro sobrenatural; de hecho, se trata de nuestro estado original de completa armonía con lo absoluto. *Mukti* o *vimukti* consiste en la unión con la eternidad inconmensurable, la misma esencia de lo que somos. En la iluminación, lo temporal, relativo y limitado descubre su origen en lo eterno, absoluto e ilimitado. Es la revelación de nuestra realidad que trasciende a *nāma* y *rūpa*, o 'nombre y forma'.

Así como nadie puede elevarse a sí mismo tirando de su propio cinturón, ningún esfuerzo activo del ser humano como fenómeno egoico es capaz de conducirlo a la liberación. Obviamente, ningún ego puede ir más allá de sí mismo.

La liberación es la consecuencia inmediata de la realización de la realidad y no el efecto de nuestras obras, tal como creen los *mīmāṁsakas*. La *sādhana* está destinada a crear las condiciones apropiadas, pero la iluminación no es el resultado o el subproducto de la práctica.

El sendero hacia la liberación no implica conseguir, alcanzar, adquirir, ganar, apoderarse, adjudicarse o atrapar algo de lo que carecemos, sino ir en pos de una revelación. El proceso espiritual no es una serie de prácticas sistemáticas para satisfacer una carencia. Ningún esfuerzo espiritual debe llevarse a efecto desde una sensación de carencia. En lugar de adquirir lo que no tenemos, debemos tratar de descubrir lo que siempre ha estado aquí. *Mukti* no puede ser obtenida porque se trata de nuestra auténtica naturaleza original, lo que originalmente somos. *Mukti* es simplemente ser, sin la intervención de la mente y sus interpretaciones. El proceso espiritual no consiste en adquirir algo, sino en deshacernos de todo: de nuestras conclusiones, conceptos, ideas, prejuicios y, en general, de nuestros condicionamientos adquiridos. La iluminación no es algo que obtenemos, sino lo único que permanece después del desvanecimiento de nuestra ignorancia.

Denominamos «liberación» a la experiencia directa de la realidad. Pero, de hecho, no se trata de libertad respecto de nada concreto, sino de nuestro condicionamiento adquirido. Significa dejar de relacionarnos con la vida a través de un prisma mental y dejar de proyectar lo conocido sobre la realidad.

Mukti es reconocer la consciencia en la cual toda experiencia sucede. Es un despertar a nuestra realidad como el origen de todo lo que es. Se cree que la consciencia es una cualidad personal e individual del ser humano, que está separada del universo. Así creamos una ilusoria fractura interior denominada «ego». La liberación es el reconocimiento de la consciencia como lo que realmente somos. Cuando la revelación sucede, nos realizamos como la esencia misma del universo fenoménico, como la naturaleza única que reside tras todo y todos.

El condicionamiento fundamental es el creernos alguien o algo separado del resto. Pero, siendo parte integral del Todo, esa separación es ilusoria. La liberación significa comprender que no estamos desconectados del universo. Mientras creamos que existimos en el tiempo y el espacio, estaremos limitados por esa idea y perderemos nuestra existencia para pasar a ser solo una creación mental. La libertad estriba en trascender la idea de que somos una persona y en aceptar que no poseemos límites. Las fronteras solo existen mientras nos consideramos alguien, pero nada puede limitar la nada.

Jīvan-mukta o 'el liberado en vida'

jīvan-muktas tu tad vidvān
pūrvopādhi-guṇās tyajet
sac-cid-ānanda-rūpatvāt
bhaved bhramara-kīṭa-vat

Los liberados, dotados de autoconocimiento, abandonan los rasgos de su condicionamiento previamente explicado (*upādhis*) y debido a su naturaleza de *sac-cid-ānanda*, realmente se convierten en Brahman, como la larva que crece hasta convertirse en abeja.

(*Ātma-bodha*, 49)

nanu jīvan-muktaḥ kaḥ? yathā deho 'haṁ puruṣo 'haṁ brāhmaṇo 'haṁ śūdro 'ham asmīti dṛḍha-niścayas tathā nāhaṁ brāhmaṇaḥ na śūdraḥ na puruṣaḥ kintu asaṅgaḥ sac-cid-ānanda-svarūpaḥ prakāśa-rūpaḥ sarvāntaryāmī-cid-ākāśa-rūpo 'smīti dṛḍha-niścaya rūpo 'parokṣa-jñānavān jīvan-muktaḥ.

Entonces, ¿quién es un *jīvan-mukta*? Uno tiene la convicción de que «soy el cuerpo, soy un hombre, soy un *brāhmaṇa* o soy un *śūdra*». En cambio, se le llama *jīvan-mukta* a quien tiene la firme creencia y la experiencia directa de que «no soy un *brāhmaṇa*, no soy un *śūdra*, no soy un hombre, estoy desapegado, soy

> existencia-conocimiento-dicha absolutos, soy refulgente, soy el morador interno de todo, soy la consciencia amorfa».
>
> (*Tattva-bodha*, 37)

El *jīvan-mukta*, o 'el ser liberado aún en un cuerpo físico', vive en unión con el Absoluto. Es importante tener en cuenta que toda descripción de lo absoluto sucede en la plataforma dual. Por lo tanto, los medios de descripción pertenecen al plano relativo, lo que obviamente distorsiona una descripción fiel de la experiencia directa. Si bien las palabras pueden apuntar a la Verdad, siempre debemos recordar que no describen la realidad en sí.

Una persona iluminada rara vez es apreciada por aquellos en la plataforma relativa. Los que viven a cada momento en el presente son impredecibles. Por eso, es imposible generalizar sobre el comportamiento de los seres iluminados porque no actúan condicionados por el pasado o por lo conocido.

Sería difícil reconocer a un iluminado desde el exterior porque se diferencia de los demás solo en el interior. El *jīvan-mukta* permanece en la forma física incluso después de su realización solo como un acto de compasión; retiene su forma física con el objeto de guiar a seres humanos sumidos en la ignorancia e ilusión. Śrī Śaṅkarācārya alude a esos grandes *ācāryas* en su famosísimo comentario al *Chāndogya Upaniṣad*, describiendo a estas grandes personalidades de la siguiente manera:

parama-kāruṇikaṁ kañcit sad-brahmātma-
vidaṁ vimukta-bandhana brahmiṣṭaṁ

Una persona extremadamente misericordiosa que conoce a Sat-brahman o al Ser, que permanece libre de todas las ataduras (*vimukta-bandhana*) y está entregado a Brahman.
(Śaṅkarācārya, *Chāndogya Upaniṣad Bhāṣya*, 6.14.2)

Kṛṣṇa también se refiere a los sabios que han contemplado la Verdad y son capaces de impartir conocimiento:

tad viddhi praṇipātena
paripraśnena sevayā
upadekṣyanti te jñānaṁ
jñāninas tattva-darśinaḥ

Sabe que, al acercarse a los conocedores mediante humilde exploración y servicio, ellos, que han visto la Verdad, te enseñarán la sabiduría.
(*Bhagavad-gītā*, 4.34)

Existen tres tipos de karma, pero solo dos de ellos son erradicados a través del conocimiento. El primer tipo es el *sañcita-karma*, que consiste en el karma acumulado que aún no ha producido frutos o reacciones. El segundo tipo es el *āgāmi-karma*, que es el karma obtenido en la vida presente con resultados que se manifestarán en el futuro. Este karma no puede afectar a los liberados porque carecen de ego; por lo tanto, no hay un agente personal que se vea atrapado por dichas reacciones. El tercer tipo de karma se denomina *prārabdha-karma* y se refiere al karma que manifiesta los frutos de acciones pasadas en el presente. Este karma es también la fuente del cuerpo actual y, por ende, no se puede eliminar mediante el conocimiento, de manera que los resultados deben manifestarse hasta que se abandone el cuerpo actual.

El *jīvan-mukta* conserva la forma física y, antes de abandonar el cuerpo presente, debe inevitablemente experimentar las reacciones del *prārabdha-karma.* Pero incluso dentro de un cuerpo físico, el *jīvan-mukta* es consciente de su verdadera identidad como Brahman. Asimismo, sabe que su verdadera naturaleza no puede ser realmente corporal, porque el cuerpo no es real, ya que es solo una forma y un nombre. El cuerpo y el mundo, cual reflejos en un espejo, carecen de sustancialidad. Lo que nos arrastra al proceso transmigratorio de repetidos nacimientos y muertes no es el cuerpo sino la ignorancia. La causa de la esclavitud reside en desconocer nuestra auténtica naturaleza y en creer que somos un cuerpo. La iluminación está ligada a la desaparición de la ignorancia, no de la forma física. Por ende, el reconocimiento de nuestra verdadera naturaleza como idéntica a Brahman no entra en conflicto con la existencia corporal.

La iluminación entra en conflicto con la experiencia fenoménica, pero no con la presencia del mundo fenoménico. Es posible despertar al reconocimiento de la consciencia sin abandonar el mundo físico. La prueba reside en el gran número de maestros *ācāryas* del pasado que lograron la iluminación durante sus vidas. Semejante estado es aceptado especialmente dentro del contexto del *advaita*. El dualismo, en general, se refiere a la liberación como el disfrute de la asociación con un Dios personal en un paraíso después del abandono del cuerpo físico. Pero, para el *vedānta* no dual, la liberación en vida se compara con la sal disuelta en el agua. Al disolverse en lo absoluto, el ser humano deja de poseer una existencia separada de Brahman: ambos son uno y lo mismo. En el *nirvikalpa-samādhi*, la consciencia se expande hasta hacerse una con la infinitud. No obstante, no se trata de la perdida de nuestra identidad, sino de la realización de nuestra verdadera identidad original.

Mumukṣu o 'el aspirante idóneo'

> *mumukṣutvaṁ kim? mokṣo me bhūyād iti dṛḍecchā.*
>
> ¿Qué es *mumukṣutva*? Es el deseo intenso de lograr la liberación.
>
> (*Tattva-bodha*, 1.4)

Mumukṣu es el aspirante idóneo que está completamente seguro de que lo que quiere en la vida es *mokṣa*. *Mumukṣutva* es la aspiración ardiente por la Verdad. Es una aspiración a realizar la realidad que supera con creces cualquier otra urgencia, ambición o deseo. Toda persona alberga un gran número de deseos. Aquellos que han comprendido las limitaciones de *artha*, *kāma* y *dharma* no se esfuerzan por la seguridad, el placer y la religiosidad, ni esperan que estas cosas resuelvan el problema esencial. Solo estas personas están en condiciones de emprender la búsqueda de la liberación.

El *mumukṣu* posee una sola aspiración que eclipsa todas las demás. Dicha aspiración es el resultado de la madurez y la comprensión que se originan desde la indagación, o *vicāra*. De todas las indagaciones, la indagación acerca de nuestra propia autenticidad es la más elevada. *Vicāra* consiste en el cuestionamiento de la verdadera naturaleza de lo observado. La respuesta buscada es el silencio que permanece en la experiencia de fusión con la consciencia absoluta. Se trata de un proceso evolutivo que va desde la identificación con el mundo objetual hasta la fusión con su fuente y origen. Para tal efecto, es esencial intuir la posibilidad de la consciencia carente de objetos no como una cualidad de la persona, sino como la base y el fundamento de la realidad. Las creencias y los dogmas son condicionamientos. Lo importante es la exploración, la indagación, el análisis y el cuestionamiento.

Śrī Śaṅkarācārya escribe:

vairāgyaṁ ca mumuṣutvaṁ
tīvraṁ yasya tu vidyate
tasminn evārthavantaḥ syuḥ
phalavantaḥ śamādayaḥ

Solo en aquel cuya renuncia y cuyo anhelo de libertad son intensos, la calma y las otras prácticas realmente darán frutos.

(*Viveka-cūḍāmaṇi*, 29)

Si uno está equipado con *viveka* (discriminación), *vairāgya* (desapego) y *ṣaṭ-sampat* (las seis virtudes), se manifestará el deseo intenso por la liberación de los repetidos nacimientos y muertes. En realidad, el deseo de liberación no consiste en querer obtener algo, sino más bien en la aspiración por deshacernos de todo anhelo egoísta mundano. El auténtico buscador de la Verdad es aquel que es consciente del problema fundamental. Quien carezca de aspiración intensa será incapaz de soportar las tentaciones. Esta claridad refleja un nivel muy avanzado en el camino espiritual. En los comienzos del sendero, la mayoría afrontamos dificultades, dudas, distracciones y obstáculos. A veces el sendero es claro, pero otras, se torna confuso y caemos. Solo es posible avanzar con *mumukṣutva* y determinación, paciencia, valentía, desapego, fe, fuerza de voluntad y alegría. Los *mumukṣus* evolucionan de manera relativamente rápida a través de la vida yóguica porque su dirección es clara: el compromiso de trascender la ignorancia y de alcanzar el autoconocimiento.

La Verdad no es un medio

La búsqueda espiritual que solo consiste en escapar del dolor y perseguir el placer no conduce a la verdadera liberación. Huyendo del infierno no llegaremos a Dios, porque esta actitud estropeará cualquier esfuerzo.

Si concebimos la meditación como un medio para escapar del sufrimiento de la ilusión y experimentar la Verdad, nuestro enfoque residirá en este tipo de logros. Toda acción realizada con una actitud que busca una «solución» carece valor: se vuelve un medio enfocado en la recompensa o el resultado.

¿Qué valor tiene servir al prójimo si lo hacemos solo para alcanzar la iluminación? ¿Qué significado tiene el amor que solo busca obtener la posición de santo? ¿Para qué meditar concentrándonos en el resultado futuro?

El yoga de la acción, o karma yoga, nos enseña que Dios no debe buscarse a través de la acción, sino en la acción misma. La Verdad no se revela por medio del servicio y la meditación, sino **en** el servicio y la meditación. Cuando estamos meditativamente atentos y situados en el presente, la Verdad se revela por sí sola en cada acción y en cada movimiento.

La motivación del buscador

La motivación, o la carencia de esta, jugará un papel clave en la efectividad de nuestra búsqueda. El término *motivación* proviene del latín *motivus*, que significa 'causa o razón del movimiento' y está relacionado con la voluntad y el interés. Es el estímulo que nos mueve a realizar determinadas acciones y persistir en ellas hasta culminarlas. La motivación está compuesta por factores mentales que activan, dirigen y mantienen la conducta orientándola hacia ciertas metas.

Cualquier esfuerzo que realizamos en la vida en pos de una meta requiere un incentivo ajeno a esta. Sin embargo, la búsqueda de Dios debe estar libre de toda motivación. La realidad simplemente es y carece de causa o apoyo. La motivación implica una meta externa, pero nada puede quedar fuera de la totalidad.

La realidad es inmotivada, ya que no posee ningún apoyo externo. La mayoría de la humanidad mantiene una actitud utilitaria, pero aquellos que intentan experimentar la realidad con este enfoque están en el camino equivocado. La búsqueda de la Verdad semeja más un juego que un negocio. La motivación es deseo; la consciencia está libre de deseos y es trascendental a estos: la manera de alcanzar la consciencia es vaciándonos de deseos.

Una demanda mezquina de la Verdad solo da origen a nuevas doctrinas. El fruto de una débil urgencia de realidad es otra teoría filosófica. Por el contrario, una sincera y honesta sed de Verdad desemboca en una visión reveladora que trasciende el pensamiento y prosigue de ese modo hasta acariciar la autenticidad. Solo una búsqueda vital ilumina lo que es, tal como es.

Epílogo

Aceptar la soledad

Además de informarnos y enseñarnos, el *jñāna-yoga* viene a recordarnos nuestra eterna soledad. Aunque tratemos de escapar de ella, la encontramos en todo momento y lugar. Incluso si conseguimos escondernos de la soledad en compañía de amigos o una pareja, hijos y nietos, o encubrirla con nuestra carrera profesional, la posición social, la fama y el dinero, a la postre, descubriremos que es imposible destruirla, aniquilarla o hacerla desaparecer por completo.

Hay quienes han bailado mucho sin afición por el baile y otros que han cantado durante horas sin ningún interés por la música. Muchos han escrito libros sin atracción por la literatura, han pintado sin inclinación al arte o han estudiado con intensidad sin pasión por el conocimiento. Son muchos los que han convertido lo más bello de este mundo en la fría moneda utilizada para comprar un puñado de atención. Más aun, muchas personas dan abrazos sin un sentimiento sincero, dispuestas a prostituirse a cambio de un momento de calidez.

Precisamos sinceridad para reconocer si estamos realmente interesados en la ropa, los automóviles, las joyas, el dinero, los árboles, las flores, los romances, la familia, las estrellas o los paseos por la orilla del mar. Es valiente admitir que la vida nunca nos ha interesado realmente y que no hemos vivido, sino que solo nos servimos de la vida como un medio para comprar la energía de otras personas y para escapar de la angustia producida por ese inmenso vacío llamado soledad. Pero no debemos olvidar que usar la vida como un medio para obtener algo más es el peor de los negocios. Nunca caigamos en la tentación de utilizar la vida para comprar otra cosa. Todo lo que se nos ofrece a cambio es una ilusión ya que, aparte de la vida, nada existe.

Buscar pareja, casarse, formar una familia, tener hijos, y soñar con nietos es bellísimo si lo que buscamos es amar. Aun así, sería realmente espantoso descubrir que hemos convertido a otros seres humanos en la tierra donde sepultamos nuestra soledad. La auténtica amistad solo florece cuando no la necesitamos. El verdadero aprecio y amor se manifiestan únicamente si no necesitamos utilizar a alguien como un medio para resolver nuestros propios problemas. Escapar de la soledad supone intentar huir de ese vacío infinito; es tratar de arrancar la sensación de inseguridad, de no pertenecer a nadie ni a ningún lugar en especial.

Sin embargo, el *jñāna-yoga* nos recuerda que la soledad es lo que somos, es decir, nuestra auténtica naturaleza.

Venimos y partimos de este mundo rodeados de personas, pero completamente solos. Vivimos en este planeta junto a muchas personas, que son sangre de nuestra sangre, así como parientes y amigos cercanos, aunque nunca nadie está suficientemente cerca como para llegar allí donde realmente estamos y poner fin a nuestra soledad. El *jñāna-yoga* nos propone la aceptación: acéptate y te revelarás en toda tu gloria. Acepta la soledad en ti y tu verdadera naturaleza se revelará en todo su esplendor.

Aceptar la soledad supone ascender los últimos cuatro peldaños de la escalera que conduce a nuestra realidad: iluminación, evolución, elevación y emancipación.

El primer paso es la iluminación, o despertar a nuestra autenticidad.

manuṣyāṇāṁ sahasreṣu
kaścid yatati siddhaye
yatatām api siddhānāṁ
kaścin māṁ vetti tattvataḥ

Entre miles de seres humanos, solo uno se
esfuerza por la perfección y, de entre los que
se esfuerzan y han alcanzado la perfección,
solo uno me conoce a mí en esencia.

(*Bhagavad-gītā*, 7.3)

Únicamente tomando consciencia de nuestra soledad, lograremos realizar el Uno sin segundo, *sac-cid-ānanda*, que es el Ser.

Oṁ prajñānaṁ brahma

Oṁ. La consciencia es Brahman.
(*Aiterya Upaniṣad* del *Ṛg Veda*, 3.3)

El segundo paso es la evolución, o el salto desde lo que creemos ser hacia lo que realmente somos.

Oṁ ahaṁ brahmāsmi

Oṁ. Yo soy Brahman.
(*Bṛhad-āraṇyaka Upaniṣad* del *Yajur Veda*, 1.4.10)

El tercer paso consiste en la elevación, o divisar nuestra alma más allá de nuestras ideas, conceptos y conclusiones.

Oṁ tat tvam asi

Oṁ. Tú eres eso.
(*Chāndogya Upaniṣad* del *Sāma Veda*, 6.8.7)

Y el cuarto paso es la emancipación, o liberación, cuando Dios deja de ser aquello para ser realizado como **esto**, o lo que está más cerca de ti que tú mismo.

Oṁ ayam ātmā brahma

Oṁ. El ser (Ātman) es Brahman.
(*Māṇḍūkya Upaniṣad* del *Atharva Veda*, 1.2)

Solo la realidad es

Es difícil distinguir y apreciar los detalles cuando la distancia supera los límites de nuestra capacidad visual. Demasiada distancia interfiere con nuestra percepción, pero sin distancia alguna también resulta imposible ver. *Jñāna-yoga* nos enseña que el obstáculo para ver a Dios es del segundo tipo. Ante la distancia, podemos construir aviones, barcos o naves espaciales, pero con extrema proximidad, la situación se torna imposible.

Ni Dios ni la Verdad están distantes. El problema somos nosotros y nuestra dificultad para percibir lo más cercano e íntimo.

No existe distancia alguna entre la Verdad y nosotros mismos, ya que esta se encuentra más cerca de nosotros incluso que nosotros mismos. El esfuerzo del *jñānī* por realizar el Ser no consiste en superar la distancia sino la cercanía, que, con su capacidad hipnótica, transforma lo milagroso en obvio y lo misterioso en evidente, envolviéndolo con la gris neblina de la vulgaridad. Esto no solo sucede con todo tipo de situaciones, lugares y personas, sino que también ocurre con Dios, la Verdad, la existencia y, finalmente, con nosotros mismos.

Perdido en la proximidad de nuestro horizonte, lo ordinario tiende a desaparecer. Al ignorar lo obvio, le restamos valor e interés. Ante al dilema de la cercanía, no queda más que la alternativa existencial de ser.

El *jñāna-yoga* nos recuerda no olvidar que no hay distancia alguna, que de hecho somos lo que estamos tratando de encontrar. Debido a que hemos olvidado esto, buscamos lejos, en el futuro, en otro lugar, en todas partes, excepto allí donde realmente estamos. Y abandonamos el aquí, el ahora y, por lo tanto, la realidad. Esperamos que suceda algo, olvidando que Dios y la vida obviamente están sucediendo ahora, y que nada más extraordinario podría ocurrir.

En tu ilusión, crees que algo oculta de ti la realidad y sueñas con encontrarla en el futuro. Nunca olvides que lo que descubrirás aquel día no habrá surgido en ese momento, sino que ya está aquí y ahora. Obsérvate, porque al observar descubrirás que siendo tú mismo la vida y la realidad, has estado esforzándote vanamente por obtenerla: has estado tratando de alcanzar la existencia mientras ya la eres.

El encuentro con nosotros mismos solo es posible en el ahora. Renunciar al ego es renunciar al pasado y dejar de actuar y reaccionar desde el ayer. Al preguntar «¿Quién soy yo?» nos situamos en el momento presente.

Nuestra autenticidad no se encuentra en algún lugar distante. El Ser no es un recuerdo, un deseo o una esperanza; no es un propósito o una meta a alcanzar. Situarnos en el Ser significa establecernos en el aquí y ahora.

El pasado fue el presente solo cuando lo experimentamos, y el futuro será el presente solo cuando lo experimentemos. La experiencia de la realidad sucede en el ahora. Ayer y mañana no son más que una ilusión, un sueño, una fantasía.

Vivimos ausentes. Por eso, la vía de la sabiduría nos invita a vivir estando presentes, lo que significa vivir cada instante con la profunda realización de que solo podemos permanecer en el ahora, que no hay otra alternativa que morar en el presente. Aparte de este momento, no hay adónde ir. Estar presente es ver que la vida no es nuestro recordado pasado ni nuestro anhelado futuro. La existencia consiste solo en este precioso momento, y, aparte de este momento, todo es ilusión.

Este presente no se puede clasificar como tiempo, porque morar en el ahora es saltar fuera la escala del tiempo a lo intemporal. Si estamos presentes en cada momento de nuestras vidas, no tenemos que esperar a que la muerte física nos conduzca a la eternidad.

Apéndice: La vida y obra de Śrī Śaṅkarācārya

Ādi Śaṅkara (788-820 c. e.) es considerado una de las mayores luminarias del hinduismo. A los doce años, varios eruditos discípulos y seguidores le otorgaron el título respetuoso de *ācārya*, y desde entonces fue llamado Śaṅkarācārya. Sin lugar a dudas, es el máximo exponente de la escuela *advaita*. Encarando los desafíos que el budismo presentaba al hinduismo en su época, Śaṅkara reorganizó y reacondicionó la tradición védica. Reafirmó las bases del monismo upanishádico e incluyó la adoración a la deidad como medio para acceder a la realización de la realidad última carente de forma.

Existen catorce biografías de Śaṅkarācārya. Entre estas, la más antigua es la *Bṛhat-śaṅkara-vijaya*, escrita por Citsukha pero solo fragmentos de la misma se han preservado. La biografía completa disponible más fiable y antigua es la *Mādhavīya Śaṅkara-vijaya* o *Śaṅkara-dig-vijaya* de Mādhava. Su autoridad se basa en gran medida en la fama de su autor, Vidyāraṇya Svāmī de Śṛṅgerī. El

Mādhavīya cuenta con dos comentarios: el *Advaita-rājya-lakṣmī* (1824 n. e.) por Achyutarāya Moḍaka y el *Ḍiṇḍimā* (1978 n. e.) por Dhanapati Sūri.

El *Śaṅkara-vijaya* de Ānandagiri no es digno de confianza ni credibilidad. Aunque el nombre del autor es Ānandagiri, no parece ser el mismo Ānandagiri que vivió en el siglo XIII n.e. y que escribió famosos comentarios (*ṭīkās*) sobre los escritos de Śaṅkarācārya. La mayoría de los manuscritos disponibles están incompletos y algunos parecen haber sido adulterados. Además, existen numerosas inconsistencias y discordancias entre ellos.

Otras dos biografías importantes son la *Cidvilāsīya Śaṅkara-vijaya* de Cidvilāsa (siglo 15-17 n. e.) y la *Keralīya Śaṅkara-vijaya* (siglo 17 n. e.). El resto de las biografías se escribieron siglos después de la desaparición de Śaṅkara. Estas incluyen leyendas e historias sobre él que a veces se contradicen entre sí. El *Śaṅkara-dig-vijaya* de Mādhavācārya o Vidyāraṇya Svāmī, así como otras biografías, se refieren a Śaṅkara como una encarnación de Śiva, que descendió a la Tierra con el objeto de neutralizar el budismo, contrarrestar el dualismo y restaurar la tradición védica original.

Sus padres y su nacimiento

El *Śaṅkara-dig-vijaya* describe el nacimiento de Śaṅkara de la siguiente manera:

ajñānāntar-gahana-patitān ātma-vidyopadeśais
trātuṁ lokān bhava-dava-śikhā-tāpa-pāpacyamānān

muktvā maunaṁ vaṭa-viṭapino mūlato niṣpatantī
śambhor mūrtiś carati bhuvane śaṅkarācārya-rūpā

El Señor Dakṣiṇāmurti (Śiva), el maestro de la Verdad suprema a través del silencio, abandonó su lugar de meditación. Y ahora se mueve en la forma de Śaṅkarācārya, impartiendo sus preciosos consejos de conocimiento a la gente del mundo, que ha sido atrapada en los bosques densos e ilimitados de la ignorancia y se ve seriamente amenazada por los cercanos incendios forestales de las ataduras familiares.

(*Śaṅkara-dig-vijaya*, 4.60)

Nació en el seno de una familia de *brāhmaṇas*, en un pueblo llamado Kālaḍi, a las orillas del río Pūrṇa, seis millas al este de Alwaye, en el sur de India. En la actualidad, el río, que se halla en Kerala, recibe el nombre de Periyār.

El abuelo de Śaṅkara, llamado Vidyādhirāja, adoraba al Señor Śiva en un templo de Kālaḍi. Su hijo, llamado Śivaguru, se casó con Āryāmbā, quien al igual que su propia familia, pertenecía a la casta *brāhmaṇa* Nambūdiri. Ambos adoraban al Señor Śiva diariamente e imploraban descendencia. La pareja se dirigió en peregrinaje a Thrissur, lugar en el que llevaron a cabo una *pūjā* al Señor Vadakkunathan (Śiva) durante 48 días. El Señor Śiva hizo su aparición. Satisfecho por la devoción de ambos, les prometió encarnar como su hijo. Āryāmbā quedó embarazada, pero antes de dar a luz, el Señor se les apareció nuevamente y les preguntó si preferían varios hijos ordinarios con vidas largas o un solo hijo brillante y extraordinario con una vida corta. La pareja optó por lo último, prefiriendo la calidad por encima de la cantidad. Durante la primavera, en la tarde, en el auspicioso momento de *abhijit-muhūrta* bajo la constelación de Ārdra, nació Ādi Śaṅkara.

Cuando Śaṅkara tenía siete años, su padre falleció y la responsabilidad de criar al niño recayó en la joven madre. En el mismo año, se realizó la ceremonia *upanāyana*, y el pequeño Śaṅkara recibió su hilo sagrado. Entonces la piadosa y joven Āryāmbā se hizo cargo de la educación de su hijo, asegurándose de que fuera instruido en las sagradas escrituras. Desde su más tierna infancia, Śaṅkara demostró una inteligencia sobrenatural, completando sus estudios de las sagradas escrituras en pocos años.

Su fe y devoción fueron evidentes desde el comienzo de su intensa vida, que fue rica en acontecimientos sobrenaturales. Cuando era un joven *brahmacāri*, fue a pedir limosna a la casa una mujer que vivía en la pobreza. Cuando ella abrió la puerta y vio al santo, su corazón se llenó de devoción. Sin embargo, ella no tenía comida que ofrecerle y le dio el único fruto *āmalaka* seco que quedaba en la casa. Śaṅkara se conmovió tanto ante la devoción de la mujer que al momento compuso un himno a la diosa Lakṣmī llamado *Kanaka-dhārā Stotra* (el himno de la corriente de oro) suplicando por el alivio de ese hogar.

dadyād dayānupavano draviṇāmbu-dhārām
asmin na kiñcana-vihaṅga-śiśau viṣaṇṇe
duṣkarma gharmam apanīya cirāya dūraṁ
nārāyaṇa-praṇayinī nayanāmbu-vāhaḥ

Que la diosa Lakṣmī nos otorgue una corriente de riqueza a través del viento de su misericordia, porque yo, completamente desamparado y desanimado por la pobreza, estoy tan indefenso como un gorrión recién nacido. Que la Diosa Lakṣmī elimine el sufrimiento debido a los pecados de mi pasado. ¡Oh, amada de Nārāyaṇa! Que tus ojos derramen sobre mí (la lluvia de tu misericordia).

(*Kanaka-dhārā Stotra*, 9)

Lakṣmī escuchó el himno de Śaṅkara y dejó caer de inmediato sobre la casa de la pobre mujer una lluvia de *āmalakas* (grosellas) de oro.

La orden de vida renunciante o *sannyāsī*

Las aspiraciones de Śaṅkara entraban en conflicto con los anhelos de su madre. Āryāmbā deseaba ver a su amado hijo convertido en un hombre de familia, pero él, ya desde era niño, anhelaba dedicarse por completo a la vida espiritual. La aspiración de Śaṅkara no era casarse sino vivir como monje. Su madre estaba preocupada de que no hubiera nadie que realizara los ritos funerarios en el día de su muerte. Śaṅkara le prometió solemnemente que él mismo se encargaría de su funeral cuando llegara la hora. Sin embargo, Āryāmbā se negó a otorgar su consentimiento. En una ocasión, cuando ambos se encontraban a la orilla de un río, un cocodrilo feroz agarró a Śaṅkara por la pierna y comenzó a arrastrarlo al río. «Querida madre», gritó el niño, «un cocodrilo me está arrastrando al río. Al menos déjame morir como *sannyāsī*: ¡concédeme tu permiso para aceptar la orden de vida renunciante!». La madre asustada le concedió su último deseo y le dio su consentimiento. Tan pronto como recibió su permiso, ocurrió un milagro: el cocodrilo lo liberó sin causarle ningún daño. Así, Śaṅkara asumió mentalmente la orden *sannyāsī*.

La madre estaba tan feliz de ver a su hijo sano y salvo que olvidó por completo su permiso. Sin embargo, Śaṅkara le recordó que a partir de ese momento su familia era la humanidad entera y su hogar ya no era Kālaḍi sino el universo. Śaṅkara efectuó todos los arreglos necesarios para dejar a su madre al cuidado de sus familiares, entregándoles a estos su humilde propiedad. Volvió a prometer a su madre que, llegado el momento, él se haría cargo de sus funerales. Tras despedirse de su madre y sus parientes, abandonó la comodidad de su hogar en busca de un maestro espiritual.

tasmāt sva-mātur api bhakti-vaśād anujñām
ādāya saṁsṛti-māhābdhi-viraktimān saḥ
gantuṁ mano vyadhita sannyasanāya dūraṁ
kiṁ nau-sthitaḥ patitum icchati vāri-rāsau

> Śrī Śaṅkara, por devoción, se despidió de su madre y del Señor Kṛṣṇa. Estando sumamente desapegado del mundo y ansioso por renunciar a todo, quería irse muy lejos y ser iniciado ritualmente como asceta. Cuando hay un bote disponible para el transporte, nadie cae al mar. Del mismo modo, las personas que creen firmemente en la renuncia no se sumergen en el océano de la vida mundana.
>
> (*Śaṅkara-dig-vijaya*, 5.80)

En busca de su maestro espiritual

Śaṅkara sabía que el gran maestro Govindapāda, discípulo de Gauḍapāda, residía en el norte, a orillas del río Narmadā. Después de dos meses de viajar a través de selvas, pueblos y bosques, finalmente llegó a la cueva donde Govindapāda estaba meditando. El aspirante a discípulo entró en la cueva y comenzó a cantar himnos en glorificación al gurú. Al escuchar el cántico, el santo abandonó su meditación y le preguntó al niño quién era. En respuesta, Śaṅkara recitó los diez versos conocidos como *Daśa-ślokī*, en los que se explica la verdadera naturaleza de la realidad última:

atha daśa-ślokī

> Aquí viene *daśa-ślokī*, un himno de diez versos sobre la liberación.

na bhūmir na toyaṁ na tejo na vāyuḥ
na khaṁ nendriyaṁ vā na teṣāṁ samūhaḥ
anekāntikatvāt suṣupty eka-siddaḥ
tad eko 'vaśiṣṭaḥ śivaḥ kevalo 'ham

No soy la tierra ni el agua, ni el fuego ni el aire, no soy el espacio. Tampoco soy ninguna de las facultades ni una combinación de ellas. Sin embargo, solo puedo ser demostrado en la experiencia del sueño profundo. Soy lo que permanece solo al final. Soy Śiva, el auspicioso.

na varṇā na varṇāśramācāra-dharmā
na me dhāraṇādhyānayogādayopi
anātmāśrayāhaṁ-mamādhyāsa-hānāt
tad eko 'vaśiṣṭaḥ śivaḥ kevalo 'ham

No hay castas (*vārṇas*) en mí, ni observancias ni deberes relacionados con las etapas de la vida (*varṇāśrama*). No hay concentración, meditación o yoga en mí. Los sentidos equivocados de «yo» y «mío» que descansaban en el no-Ser han de ser abandonados. Soy lo que permanece solo al final. Soy Śiva, el auspicioso.

na mātā pitā vā na devā na lokā
na vedā na yajñā na tīrthaṁ bruvanti
suṣuptau nirastātiśūnyātmakatvāt
tad eko 'vaśiṣṭaḥ śivaḥ kevalo 'ham

Los sabios afirman que no hay madre ni padre, dioses ni regiones de experiencia, ni los Vedas, ni sitios de sacrificio, ni lugares sagrados. Porque en el estado de sueño profundo, todo esto es negado por la experiencia del vacío completo. Soy lo que permanece solo al final. Soy Śiva, el auspicioso.

na sāṅkhyaṁ na śaivaṁ na tat pāñca-rātraṁ
na jainaṁ na mīmāṁsakāder mataṁ vā
viśiṣṭānubhūtyā viśuddhātmakatvāt
tad eko 'vaśiṣṭaḥ śivaḥ kevalo 'ham

No sigo la filosofía *sāṅkhya* o *śaiva*. No sigo la filosofía *pāñca-rātra*, *jaina* o *mīmāmsa*. Soy ese conocimiento distinto que es absolutamente puro. Soy lo que permanece solo al final. Soy Śiva, el auspicioso.

na cordhvaṁ na cādho na cāntarna bāhyaṁ
na madhyaṁ na tiryaṅ na pūrvā 'parā dik
viyad vyāpakatvād akhaṇḍaika-rūpaḥ
tad eko 'vaśiṣṭaḥ śivaḥ kevalo 'ham

No hay nada por encima o por debajo de mí. No hay nada dentro o fuera de mí. No hay nada en el medio ni a través de mí. No existe el este ni ninguna otra dirección en mí. Penetrando todo, tengo una forma indivisa. Soy lo que permanece solo al final. Soy Śiva, el auspicioso.

na śuklaṁ na kṛṣṇaṁ na raktaṁ na pītaṁ
na kubjaṁ na pīnaṁ na hrasvaṁ na dīrgham
arūpaṁ tathā jyotir ākārakatvāt
tad eko 'vaśiṣṭaḥ śivaḥ kevalo 'ham

No soy blanco ni negro, ni rojo ni amarillo, ni pequeño ni robusto, ni bajo ni largo. Así como la luz no tiene forma, yo no tengo ninguna forma fija. Soy lo que permanece solo al final. Soy Śiva, el auspicioso.

na śāstā na śāstraṁ na śiṣyo na śikśā
na ca tvaṁ na cāhaṁ na cāyaṁ prapañcaḥ
svarūpāvabodho vikalpāsahiṣṇuḥ
tad eko 'vaśiṣṭaḥ śivaḥ kevalo 'ham

No estoy gobernado por nadie. No hay escritura para mí. No tengo ningún discípulo. No tengo ninguna instrucción. No hay distinciones de "tú" ni "yo". Para mí no hay mundo. El conocimiento de nuestro verdadero Ser no admite diferentes percepciones. Soy lo que permanece solo al final. Soy Śiva, el auspicioso.

na jāgran na me svapnako vā suṣuptiḥ
na viśvo na vā taijasaḥ prājñako vā
avidyātmakatvāt trayāṇaṁ turīyaḥ
tad eko 'vaśiṣṭaḥ śivaḥ kevalo 'ham

No hay estado de vigilia en mí, ni de sueño ni de sueño profundo. No soy el Señor de la vigilia (*viśva*), de los sueños (*taijasaḥ*) o del sueño profundo (*prājña*). Estos estados aparecen en mí debido a la ignorancia, pero yo soy *turīya* quien está más allá de estos tres estados y sus respectivos señores. Soy lo que permanece solo al final. Soy Śiva, el auspicioso.

api vyāpakatvāt hitatva-prayogāt
svataḥ siddha-bhāvād ananyāśrayatvāt
jagat tuccham etat samastaṁ tad anyat
tad eko 'vaśiṣṭaḥ śivaḥ kevalo 'ham

Benevolente, el objetivo deseado, evidente, sin ninguna dependencia externa, este mundo y todo lo demás no tiene valor en comparación con eso [con el Ser]. Soy lo que permanece solo al final. Soy Śiva, el auspicioso.

na caikaṁ tad anyad dvitīyaṁ kutaḥ syāt
na kevalatvaṁ na cākevalatvam
na śūnyaṁ na cāśūnyam advaitakatvāt
kathaṁ sarva-vedānta-siddhaṁ bravīmi

¿Cómo puede ser el uno cuando no hay segundo? No hay unidad ni ausencia en ella. No hay vacío ni no vacío. Puesto que no tiene una segunda entidad, ¿cómo puedo hablar de eso, que es la esencia de todo el *vedānta*?

iti śrimac chaṅkarācārya-viracitaṁ daśa-ślokī samāptaṁ

Así concluye el espléndido *Daśa-ślokī* compuesto por Śaṅkarācārya.

Govindapāda se sintió muy complacido con la brillante exposición del *vedānta* proveniente de los labios de un aspirante tan joven y aceptó a Śaṅkara como discípulo. Permaneció con su gurú durante tres años, siendo instruido en las sagradas escrituras y practicando la *sādhana* prescrita. Como discípulo ejemplar, fue formalmente iniciado e instruido en los profundos significados de los *mahāvākyas.*

Un día, el río Narmadā se desbordó, amenazando con inundar las aldeas circundantes y con arrastrar las casas junto con sus habitantes. Cuando Śaṅkara vio que la cueva donde su gurú meditaba estaba a punto de ser inundada, recitó el mantra *jalākaraṣaṇa* y colocó su recipiente de agua en la entrada de la cueva. Tan pronto como el torrente llegó a la cueva, se detuvo y comenzó a retroceder. En pocos minutos, el río volvió a su lecho normal, salvando a la población de un desastre inminente.

Kāśi

Govindapāda envió a Śaṅkarācārya a Kāśi, hoy Benares, para exponer el significado del *Vedānta Sūtra*, el *Bhagavad-gītā* y los *upaniṣads* para beneficio del público en general. Asimismo, le ordenó escribir un comentario sobre el *Viṣṇu-sahasra-nāma.* Luego Govindāpada se sumergió en una profunda meditación, abandonó su cuerpo y entró en *mahā-samādhi.*

Cumpliendo fielmente la orden de su gurú, Śaṅkara emprendió su viaje y con el tiempo arribó a la ciudad de Kāśi, un importante centro de estudios. Allí se instaló cerca del templo de Viśvanātha dedicándose a meditar y enseñar *vedānta.* Algunas de las personas que asistieron a sus lecciones, le pidieron iniciación y se quedaron a vivir con él. El primero en convertirse en su discípulo fue Viṣṇuśarma, un niño de Chola-desa al sur de la India que recibió el nombre espiritual de Sānanda. Con el paso del tiempo, algunos de los discípulos comenzaron a quejarse de que Śaṅkara tenía una preferencia injustificada por Sānanda. No podían entender por qué Śaṅkara lo trataba de manera diferente, por lo que el maestro decidió revelar la santidad de su discípulo. Un día, Śaṅkara se estaba bañando en el sagrado Ganges junto con algunos discípulos. Vio a Sānanda en la otra orilla y lo llamó. Para sorpresa de todos, Sānanda caminó sobre el agua sin dudarlo y cruzó el río. Con cada paso que daba, una flor de loto aparecía para mantenerlo sobre el agua. Por eso, recibió el nombre Pādmapāda (pies de loto).

Otro día, cuando Śaṅkara regresaba de su baño ritual diario en el Ganges, se topó con un *caṇḍāla* (intocable) que tenía cuatro perros que le bloqueaban el camino. El maestro cortésmente le solicitó al *caṇḍāla* que se apartara del camino y lo dejara pasar. Para su sorpresa, el *caṇḍāla* le preguntó qué es lo que debería apartarse del camino, diciendo: «¡Oh, venerado santo! Enseñas que lo absoluto reside en todo lugar ya que es omnipresente; sin embargo, me tratas como si yo fuera algo diferente de ti. ¿Deseas separar la consciencia que hay en este cuerpo de la que yace en aquel? ¿Acaso hay alguna diferencia entre el sol reflejado en el Ganges y el reflejo del sol en un charco en el barrio de los *caṇḍālas*?».

El gran *ācārya* reconoció de inmediato su error, ya que el absoluto omnipresente reside en todo y en todos, y la persona a la que la sociedad considera como perteneciente a la categoría más baja también es Brahman. Inspirado por este encuentro, Śaṅkara compuso el *Manīṣā-pañcaka* y se inclinó a los pies de los intocables.

jāgrat svapna suṣuptiṣu sphuṭatarā yā saṁvid ujjṛimbhate
yā brahmādi pipīlikānta-tanuṣu protā jagat-sākṣiṇī
saivāhaṁ na ca dṛśya-vastviti dṛḍha-prajñā 'pi yasyāsti cet
cāṇḍālo 'stu sa tu dvijo 'tu gurur ity eṣā manīṣā mama

> Si una persona ha alcanzado el firme conocimiento de que no es un objeto de percepción, sino que es la consciencia pura que brilla claramente en los estados de vigilia, sueño y sueño profundo, y que, como testigo de todo el universo, habita todos los cuerpos desde el creador Brahmā hasta el de la hormiga, entonces él es mi gurú, independientemente de si es un paria o un *brāhmaṇa*. Esta es mi convicción.
>
> (*Manīṣā-pañcaka*, 1)

Luego el *caṇḍāla* desapareció, transformándose en el Señor Śiva. El Señor lo bendijo y le ordenó eliminar la superstición para reestablecer la religión, escribiendo comentarios a las sagradas escrituras y compartiendo su mensaje con toda la humanidad.

Otro día, mientras caminaba por la calle, Śaṅkara escuchó la voz de un erudito anciano que enseñaba gramática sánscrita. Lleno de compasión, se acercó al anciano y le dijo con amor que, en lugar de perder su valioso tiempo y energía con la gramática sánscrita, a su edad debería adorar a Dios. Este incidente lo inspiró a componer un himno de doce versos para Govinda llamado *Bhaja-govinda*, también conocido como *Dvā-daśa-mañjarīka-stotra*, o 'el himno de doce versos'. También puede interpretarse que estos versos glorifican a su maestro Govindapāda. Cada uno de los catorce discípulos que estaban con Śaṅkara en esa ocasión le añadieron un verso, y estos catorce versos se denominan en conjunto *Catur-daśa-mañjarīka-stotra*, o 'el himno de catorce versos', siendo muy apreciados en la literatura *advaita*.

(1)

bhaja govindaṁ bhaja govindaṁ
govindaṁ bhaja mūḍha-mate
samprāpte sannihite kāle
na hi na hi rakṣati ḍukṛṅ karaṇe

Reverencia a Govinda, ofrece culto a Govinda, adora a Govinda. ¡Oh, tonto! Las reglas gramaticales no te salvarán en el momento de tu muerte.

(2)

mūḍha jahīhi dhanāgama-tṛṣṇāṁ
kuru sad-buddhiṁ manasi vitṛṣṇām

yal labhase nija-karmopāttaṁ
vittaṁ tena vinodaya cittam

¡Oh tonto! Renuncia a tu sed de riqueza y dedica tu mente a pensar en lo real. Conténtate con lo que se deriva de las acciones pasadas.

(3)
nārī-stana-bhara-nābhī-deśaṁ
dṛṣṭvā mā gā mohāveśam
etan māṁsa-vasādi-vikāraṁ
manasi vicintaya vāraṁ vāram

No te ahogues en la ilusión, persiguiendo salvajemente las pasiones y la lujuria suscitadas al ver el ombligo y los senos de una mujer. Estas no son más que modificaciones de carne, grasa y sangre. Asegúrate de tener bien presente esto una y otra vez en tu mente.

(4)
nalinī-dala-gata-jalam ati-taralaṁ
tad vaj jīvitam atiśaya-capalam
viddhi vyādhy abhimāna-grastaṁ
lokaṁ śoka-hataṁ ca samastam

La vida de una persona es incierta como una gota de lluvia que tiembla en una hoja de loto. Debes saber que todo el mundo es víctima de la enfermedad, el ego y el sufrimiento.

(5)

yāvad vittopārjana-saktas
tāvan nija-parivāro raktaḥ
paścāj jīvati jarjara dehe
vārtāṁ ko 'pi na pṛcchati gehe

Mientras un hombre esté sano y pueda mantener a su familia, todos los que lo rodean le muestran afecto. Pero cuando su cuerpo tiembla por la vejez, ni siquiera los de su propia casa se molestan en hablar con él.

(6)

yāvat pavano nivasati dehe
tāvat pṛcchati kuśalaṁ gehe
gatavati vāyau dehāpāye
bhāryā bibhyati tasmin kāye

Cuando está vivo, los miembros de su familia le preguntan amablemente sobre su bienestar. Pero cuando el alma abandona su cuerpo, incluso su esposa huye por miedo al cadáver.

(7)

bālas tāvat krīḍā-saktaḥ
taruṇas tāvat taruṇī-saktaḥ
vṛddhas tāvac cintā-saktaḥ
parame brahmaṇi ko 'pi na saktaḥ

La infancia se pierde debido al apego al juego. La juventud se pierde por el apego a las mujeres. La vejez nos deja perdidos en los pensamientos del pasado. Casi nadie quiere perderse en Para-brahman.

(8)
kā te kāntā kas te putraḥ
saṁsāro 'yam atīva vicitraḥ
kasya tvaṁ kaḥ kuta āyātas
tattvaṁ cintaya tad iha bhrātaḥ

¿Quién es tu esposa? ¿Quién es tu hijo? Extraño es este *saṁsāra* (mundo). ¿Tú le perteneces a alguien? ¿De dónde vienes? Hermano, reflexiona sobre estas verdades.

(9)
sat-saṅgatve nissaṅgatvaṁ
nissaṅgatve nirmohatvam
nirmohatve niścala-tattvaṁ
niścala-tattve jīvan-muktiḥ

Del *sat-saṅga* (asociación con la Verdad) se deriva el desapego; del desapego procede la libertad del engaño, que conduce a la estabilidad interior. De la estabilidad interior viene la liberación en vida (*jīvan-mukti*).

(10)
vayasi gate kaḥ kāma-vikāraḥ
śuṣke nīre kaḥ kāsāraḥ
kṣīṇe vitte kaḥ parivāraḥ
jñāte tattve kaḥ saṁsāraḥ

¿Qué es la lujuria cuando la juventud ha acabado? ¿De qué sirve un lago sin agua? ¿Dónde está la familia cuando la riqueza se ha ido? ¿Dónde reside el *saṁsāra* (la continuidad de nacimientos y muertes) cuando se conoce la Verdad?

(11)

mā kuru dhana-jana-yauvana-garvaṁ
harati nimeṣāt kālaḥ sarvam
māyā-mayam idam akhilaṁ hitvā var budhvā
brahma-padaṁ tvaṁ praviśa viditvā

No presumas de riqueza, amigos o juventud. Cada uno de estos se puede destruir en un momento. Sabiendo que todo esto es ilusorio, libérate del mundo de *māyā* y alcanza la Verdad intemporal.

(12)

dina-yāminyau sāyaṁ prātaḥ
śiśira-vasantau antau punar āyātaḥ
kālaḥ krīḍati gacchaty āyus
tad api na muñcaty āśā-vāyuḥ

La luz del día y la oscuridad, el anochecer y el amanecer, el invierno y la primavera van y vienen. El tiempo baila y la vida decae. Pero la tormenta del deseo nunca se va.

(13)

kā te kāntā dhana-gata-cintā
vātula kiṁ tava nāsti niynatā
tri-jagati saj-jana-saṅgatir ekā
bhavati bhavārṇava-taraṇe naukā

¡Oh loco! ¿Por qué esta absorción en pensamientos sobre la riqueza? ¿No hay nadie que te oriente? La asociación con personas sabias (*sat-jana-saṅga*) es lo único en los tres mundos que te servirá de bote para atravesar rápidamente el mar del nacimiento y la muerte (*saṁsāra*).

(13a)

dvādaśa-mañjarikābhir aśeṣaḥ
kathito vaiyākaraṇasyaiṣaḥ
upadeśo 'bhūd vidyā-nipuṇaiḥ
śrīmac-chaṅkara-bhagavac-charaṇaiḥ

Este ramillete formado por doce versos fue impartido a un gramático por Śaṅkara que todo lo sabe, quien es adorado como el Bhagavatpāda.

El siguiente verso se le atribuye a Padmapāda:

(14)

jaṭilo muṇḍī luñchita-keśaḥ
kāṣāyāmbara-bahu-kṛta-veṣaḥ
paśyann api ca na paśyati mūḍho
hy udara-nimittaṁ bahu-kṛta-veṣaḥ

Muchos llevan el cabello enmarañado y otros tienen la cabeza limpia y afeitada. A otros les han arrancado el pelo. Algunos visten ropas color azafrán y se adornan con varias cosas. Todo eso solo sirve para ganarse la vida. Los tontos no pueden ver la Verdad aun cuando se revele ante ellos.

El siguiente verso es atribuido a Toṭācārya:

(15)
aṅgaṁ galitaṁ palitaṁ muṇḍaṁ
daśana-vihīnaṁ jātaṁ tuṇḍam
vṛddho yāti gṛhītvā daṇḍaṁ
tad api na muñcaty āśā-piṇḍam

La fuerza ha abandonado el cuerpo del anciano. Su cabeza se ha quedado calva, sus encías desdentadas y camina con la ayuda de un bastón. Incluso en este estado, todavía no está libre de su montaña de deseos.

El siguiente verso se le atribuye a Hastāmalaka:

(16)
agre vahniḥ pṛṣṭhe bhānuḥ
rātrau cubuka-samarpita-jānuḥ
kara-tala-bhikṣas taru-tala-vāsas
tad api na muñcaty āśā-pāśaḥ

Mira, aquí tenemos a un hombre que calienta su frente con el fuego y su espalda con el sol. Por la noche, se acurruca para mantenerse caliente. Recibe limosna en la mano y duerme debajo de un árbol. Incluso viviendo así, todavía no está libre de los lazos del deseo.

El siguiente verso se le atribuye a Subodha:

(17)
kurute gaṅgā-sāgara-gamanaṁ
vrata-paripālanam athavā dānam
jñāna-vihīnaḥ sarva-matena
muktiṁ na bhajati janma-śatena

¡Uno puede ir en peregrinación al Gangā-sāgara (el lugar sagrado donde el Ganges desemboca en el mar), ayunar o donar riquezas para caridad! Pero si te falta sabiduría (*jñāna*), no experimentarás *mukti*, incluso después de cien nacimientos.

El siguiente verso se le atribuye a Vārttikakāra (Sureśvara):

(18)
sura-mandira-taru-mūla-nivāsaḥ
śayyā-bhūtalam ajinaṁ-vāsaḥ
sarva-parigraha-bhoga-tyāgaḥ
kasya sukhaṁ na karoti virāgaḥ

Vive en templos o debajo de un árbol, duerme en el suelo y vístete con piel de ciervo. Renuncia a todos los apegos y el disfrute. ¿Quién no estaría feliz con tal desapego?

El siguiente verso se le atribuye a Nitānanda:

(19)
yoga-rato vā bhoga-rato vā
saṅga-rato vā saṅga-vihīnaḥ
yasya brahmaṇi ramate cittaṁ
nandati nandati nandaty eva

Uno puede deleitarse en el yoga o en el disfrute de los sentidos. Uno puede estar apegado o desapegado. Pero solo aquel cuya mente se deleita en Brahman es feliz, ciertamente feliz.

El siguiente verso se atribuye a Ānandagiri:

(20)
bhagavad-gītā kiñcid adhītā
gaṅgā-jala-lava-kaṇikā pītā
sakṛd api yena murāri samarcā
kriyate tasya yamena na carcā

Leyendo un poco del *Bhagavad-gītā*, bebiendo una sola gota de agua del Ganges, adorando a Murāri (Kṛṣṇa) solo una vez. Quien haga esto no tendrá ninguna discusión con Yama (el señor de la muerte).

El siguiente verso se le atribuye a Dṛḍhabhakti:

(21)
punar api jananaṁ punar api maraṇaṁ
punar api jananī jaṭhare śayanam
iha saṁsāre bahu-dustāre
kṛpayā 'pāre pāhi murāre

Nacer de nuevo, morir de nuevo y volver al útero de la madre. Este *saṁsāra* es muy difícil de cruzar. ¡Oh, Murāri! Sálvame a través de tu misericordia.

El siguiente verso se le atribuye a Nityanātha:

(22)
rathyā car paṭa-viracita-kanthaḥ
puṇyāpuṇya-vivarjita-panthaḥ
yogī yoga-niyojita citto
ramate bālonmattavad eva

No hay escasez de ropa para un monje, siempre que haya trapos desechados en la calle. Liberado del vicio y la virtud, el monje deambula. Este yogui, que vive en comunión con Dios, disfruta de la felicidad pura e incontaminada, como un niño o una persona embriagada.

El siguiente verso se le atribuye a Yogānanda:

(23)
kas tvaṁ ko 'haṁ kuta āyātaḥ
kā me jananī ko me tātaḥ
iti paribhāvaya sarvam asāram
viśvaṁ tyaktvā svapna-vicāram

¿Quién eres? ¿Quién soy? ¿De dónde vengo? ¿Quién es mi madre? ¿Quién es mi padre? Meditando así, ve que todo carece de esencia y abandona este mundo como si fuera un sueño vano.

El siguiente verso se le atribuye a Surendra:

(24)
tvayi mayi cānyatraiko viṣṇuḥ
vyarthaṁ kupyasi mayyasahiṣṇuḥ
bhava sama-cittaḥ sarvatra tvaṁ
vāñchasy acirād yadi viṣṇutvam

Viṣṇu es el único que habita en mí, en ti y en todas partes. Tu ira e impaciencia no tienen sentido. Permaneciendo en ecuanimidad (*samabhāva*) en cada situación, pronto alcanzarás la calidad de Viṣṇu.

El siguiente verso se le atribuye a Medhātithira:

(25)

śatrau mitre putre bandhau
mā kuru yatnaṁ vigraha-sandhau
sarvasminn api paśyātmānaṁ
sarvatrotsṛja bhedājñānam

No malgastes tus esfuerzos en granjearte el amor de alguien o en discutir con tus enemigos, amigos, hijos o parientes. Mírate a ti mismo en todos y abandona por completo los sentimientos de diferencia.

El siguiente verso se atribuye a Bhārativaṁśa:

(26)

kāmaṁ krodhaṁ lobhaṁ mohaṁ
tyaktvā 'tmānaṁ bhāvaya ko 'ham
ātma-jñāna-vihīnā mūḍhāḥ
te pacyante naraka-nigūḍhāḥ

Renuncia a la lujuria, la ira, la codicia y la ilusión y reflexiona sobre tu verdadera naturaleza. Los tontos carecen de autoconocimiento (*ātma-jñāna*) y arden en un infierno oculto.

El siguiente verso se le atribuye a Sumati:

(27)

geyaṁ gītā nāma-sahasraṁ
dhyeyaṁ śrī-pati rūpam ajasram

neyaṁ saj-jana saṅge cittaṁ
deyaṁ dīna-janāya ca vittam

Recita el *Bhagavad-gītā* y el *Viṣṇu-sahasra-nāma* regularmente, medita en Viṣṇu en tu corazón y canta sus mil glorias. Alégrate de estar con gente noble y santa y distribuye tu riqueza en caridad entre los pobres y los necesitados.

El siguiente verso se atribuye a Sumati:

(28)
sukhataḥ kriyate rāmā-bhogaḥ
paścād dhanta śarīre rogaḥ
yady api loke maraṇaṁ śaraṇaṁ
tad api na muñcati pāpācaraṇam

Quien se rinde a la lujuria por placer deja su cuerpo en manos de la enfermedad. Aunque la muerte pone fin a todo en el mundo, los seres humanos no abandonan el camino del pecado.

(29)
artham anarthaṁ bhāvaya nityaṁ
nāsti tataḥ sukha-leśaḥ satyam
putrād api dhana bhājāṁ bhītiḥ
sarvatraiṣā vihitā rītiḥ

La riqueza no proporciona ventaja alguna. Sobre esto se debe reflexionar siempre. No hay alegría en eso, esta es la realidad. Los ricos temen incluso a sus propios hijos. Este es el camino de la riqueza en todas partes.

(30)
prāṇāyāmaṁ praty āhāraṁ
nityānitya viveka-vicāram
jāpya sameta samādhi-vidhānaṁ
kurvavadhānaṁ mahad-avadhānam

Regula los aires vitales (*prāṇāyāma*) y retrae los sentidos (*pratyāhāra*), discierne entre lo real y lo irreal (*nityānitya viveka*), silencia la mente turbulenta y canta los santos nombres de Dios. Realiza todo esto con sumo cuidado.

(31)
guru-caraṇāmbuja-nirbhara-bhakataḥ
saṁsārād acirād bhava muktaḥ
sendriya-mānasa niyamād evaṁ
drakṣyasi nija hṛdaya-sthaṁ devam

Estando completamente consagrado a los pies de loto del gurú, que puedas pronto estar libre del *saṁsāra*. ¡A través de los sentidos disciplinados y la mente controlada, verás al Señor que reside en tu corazón!

(32)

mūḍhaḥ kaścana vaiyākaraṇo
ḍuḥkṛṅ-karaṇādhyayana-dhurīṇaḥ
śrīmacchaṅkara-bhagavac-chiṣyair
bodhita āsīc chodhita-karaṇaḥ

Así es como un gramático necio con una visión estrecha, que estaba perdido en el estudio de las reglas gramaticales, fue purificado y expuesto a la luz por los discípulos de Śaṅkara.

(33)

bhaja govindaṁ bhaja govindaṁ
govindaṁ bhaja mūḍha-mate
nāma-smaraṇādanyam upāyaṁ
nahi paśyāmo bhava-taraaar

¡Adora a Govinda! ¡Adora a Govinda! ¡Adora a Govinda! ¡Oh, tonto! No hay otra manera de cruzar el océano de la vida que cantar los nombres del Señor.

iti śrimac-chaṅkarācārya-viracitaṁ
bhaja-govindaṁ sampūrṇam

Así concluye todo el himno *Bhaja-govinda* compuesto por Śrī Śaṅkarācārya.

Badrikāśram

Después del encuentro con el erudito en gramática, Śaṅkara decidió retirarse a Badrikāśram (el área de Badrināth), en los Himālayas, para dedicarse a escribir comentarios a las escrituras. En el camino hacia Badrikāśram, él y sus discípulos atravesaron varios reinos, incluyendo la ciudad de Jyotirdhām, donde fue recibido con respeto por el rey. Permaneció en Badrikāśram durante cuatro años. Fue allí donde Śaṅkara rescató y reinstaló la deidad del Señor Nārāyaṇa de Nārada Kuṇḍa que había sido arrojada al río Alakanandā por sacerdotes budistas. En el mismo lugar, a la edad de dieciséis años, escribió su comentario sobre el *Viṣṇu-sahasra-nāma*, y el *Prasthāna-trayī* (*upaniṣads, Vedānta Sūtra* y *Bhagavad-gītā*), y el *Sanāt-sujātīya* (una sección filosófica del *Mahā-bhārata*). Dichos comentarios son de gran importancia porque establecen las bases y fundamentos del *advaita-vedānta*. Śaṅkara escribió profusamente, y continúo enseñando *vedānta* tanto a sus discípulos como al público en general.

El gran sabio Vyāsa visitó a Śaṅkara en ese lugar, disfrazado de un anciano que lo desafió a debatir y defender sus enseñanzas de la no dualidad. El intenso debate entre ambos duró cuatro días. Fue interrumpido solo por la intervención de Pādmapāda, quien declaró que mientras Śiva y Viṣṇu sigan discutiendo podrá haber paz en el mundo. Al comprender Vyāsa que su verdadera identidad había sido descubierta, bendijo a Śaṅkara y le concedio dieciséis años más de vida.

Finalmente, le expresó su anhelo de verle difundir su mensaje no dual por toda India.

Kumārila Bhaṭṭa

Kumārila Bhaṭṭa era un gran sabio de Assām, al noreste de India. Era un reconocido erudito del *mīmāṁsā* y un ritualista. Según la tradición, era una encarnación de Subrahmaṇya, el hijo de Śiva y Pārvatī. Su propósito era reestablecer la religión védica y contrarrestar la expansión del budismo. Fue famoso por sus textos sobre *mīmāṁsā* como el *Mīmāṁsā-śloka-vārttika*. En sus enseñanzas, remarcaba la superioridad del ritualismo por encima del conocimiento. Su mensaje difería del *advaita* al apoyar la existencia de un Dios personal, sin referirse a ninguna realidad trascendental a este. Estudió budismo para contrarrestarlo y estableer la superioridad del *sanātana-dharma*. Ocultó su origen brahmánico y se disfrazó de monje para ingresar al monasterio budista y ser aceptado como discípulo de Dharmakīrti. Sin embargo, fue descubierto. Los monjes conspiraron para matarlo, arrojándolo desde una torre, y así evitar que abandonara el monasterio con sus secretos filosóficos. Al percatarse de su complot, Kumārila pensó que, si los Vedas eran realmente una revelación divina, con toda seguridad se salvaría de la muerte. De hecho, fue arrojado desde una torre elevada, pero solo se lastimó uno de sus ojos. Se dice que la causa de dicha herida fueron sus dudas en la infalibilidad de los Vedas. Desde aquel día, Kumārila dedicó su vida a combatir el budismo en debates filosóficos.

Con el tiempo, reconoció que había cometido dos grandes pecados: primero, haber engañado a su gurú budista, y segundo, haber negado la existencia de Dios. Para expiar sus pecados, decidió quemarse vivo. Cuando Śaṅkara llegó a Prayāg, se le informó que el gran sabio de Assām estaba a punto de inmolarse.

Śaṅkara arribó al lugar cuando Kumārila ya había comenzado a quemarse. Desde la pira encendida, le dijo que las condiciones del encuentro obviamente no permitían un debate filosófico. En su lugar, invitó a Śaṅkara a debatir con su discípulo Maṇḍana Miśra, también conocido como Viśvarūpa. A pedido de Kumārila, Śaṅkara recitó el *tāraka-mantra* (mantra liberador: *śrī rāma jaya rāma jaya jaya rāma*) mientras el gran erudito del *mīmāṁsā* abandonaba su cuerpo. Esta escena nos transmite un símbolo interesante: un gran adepto del ritualismo que se suicida y se consume en las llamas de su propio ritual.

Maṇḍana Miśra

Maṇḍana Miśra vivía en Māhiṣmatī-pura, una ciudad situada en la orilla del río Narmadā, en la actual Madhya Pradesh. Śaṅkara y sus discípulos viajaron hasta Māhiṣmatī para encontrarse con Maṇḍana Miśra. El discípulo de Kumārila recibió una esmerada educación de parte de su maestro hasta lograr la más elevada erudición. Se casó con Ubhaya Bhāratī y se estableció en Māhiṣmatī. Su esposa era igualmente erudita, y ambos llevaban una vida ejemplar cumpliendo estrictamente con las reglas y regulaciones de las sagradas escrituras. Ubhaya Bhāratī se consideraba una encarnación de la diosa del conocimiento Sarasvatī, mientras que Maṇḍana Miśra era una encarnación del Señor Brahmā. Al igual que su maestro Kumārila, Maṇḍana Miśra era erudito de la escuela *mīmāṁsā*, la cual proviene directamente de la porción *karma-kāṇḍa* de los Vedas y pone énfasis en el aspecto ritualista de las escrituras.

Al llegar a la residencia de Maṇḍana Miśra, la puerta de su casa estaba cerrada, porque él estaba dentro ejecutando la ceremonia *śraddhā*. De acuerdo con las escrituras, un monje renunciante no puede entrar en la casa cerrada de un jefe de familia. Sin embargo, utilizando sus poderes, Śaṅkara ingresó en la vivienda y encontró a Maṇḍana, quien se enfureció porque pensó que era irrespetuoso estar presente en el ritual de honor a su padre fallecido. Pero Śaṅkara estaba decidido a liberar a Maṇḍana Miśra de su dedicación fanática al ritualismo dogmático, lo que lo había vuelto profundamente hostil hacia los monjes renunciantes. Dado que siempre había pensado que la gente tomaba *sannyās* para escapar de las regulaciones védicas, la visita de Śaṅkara no lo complació en absoluto.

Como Maṇḍana se comportó con tan profunda animosidad, Vyāsa y Jaimini, así como los *brāhmaṇas* presentes en el ritual, le aconsejaron que invitara a Śaṅkara y lo tratara con hospitalidad. Maṇḍana se dio cuenta de su error e invitó a Śaṅkara a participar en la *śraddhā*. Sin embargo, Śaṅkara rechazó la invitación, diciendo que no había venido a participar en rituales, sino a invitar a Maṇḍana a un debate filosófico.

Maṇḍana aceptó el desafío, pero pidió comenzar el debate al día siguiente cuando terminara el ritual.

El lugar para el debate fue la ciudad de Maṇḍleśvar, cerca de Maheśvar. Se cree que el antiguo templo de Gupteśvar Mahadev fue el lugar exacto del encuentro. Maṇḍana, siendo mayor que Śaṅkara, le dio el derecho de elegir el árbitro del debate. Śaṅkara se lo agradeció y alabó la cortesía de su oponente. Eligió a la esposa de Maṇḍana, Ubhaya Bhāratī, para que actuara como jueza.

Acordaron que, si Maṇḍana era derrotado, él debería adoptar *sannyāsa* y convertirse en seguidor del *vedānta*, y si Śaṅkara era derrotado, debería abandonar la orden de *sannyāsa* y convertirse en seguidor del ritualismo. Ubhaya Bhāratī les pidió a ambos participantes que se pusieran una guirnalda de flores y les dijo que la que se marchitara primero indicaría quien había perdido. El debate se centró en la interpretación de los Vedas. Śaṅkara presentó la interpretación advaítica y Maṇḍana la del *mīmāṁsā*. El debate duró varios meses. Muchos eruditos se reunieron para escuchar la elevada discusión. Con el paso del tiempo, se fue haciendo evidente que Maṇḍana Miśra estaba perdiendo. Su guirnalda se marchitaba notablemente. Su brillante intelecto y su gran erudición no lograban superar la realización directa de Śaṅkara de la realidad última.

Maṇḍana estaba casi a punto de aceptar la derrota cuando su esposa Ubhaya Bhāratī declaró que, para derrotar a un hombre casado, el oponente debía derrotar también a su esposa. Śaṅkara lo aceptó y enfrentó a Ubhaya Bhāratī. Ella le dijo que, aunque poseía conocimiento perfecto de todos los temas en cuestión, al ser un *sannyāsī* aún era ignorante acerca de la vida matrimonial, o *kāma-śāstras.* Entonces, se le otorgó a Śaṅkara un mes para investigar y estudiar la ciencia del amor conyugal.

Se cuenta que Śaṅkara utilizó sus poderes yóguicos para ingresar en el cuerpo del recién difunto rey Amaruka. En el cuerpo del rey, pudo aprender sobre la vida matrimonial como observador.

Cuando regresó a su cuerpo, Śaṅkara retomó el debate, en el cual finalmente Maṇḍana Miśra se dio por vencido. Tal como se había estipulado, Maṇḍana Miśra se transformó en uno de los cuatro discípulos más importantes de Śaṅkara y recibió el nombre de Sureśvarācārya. Al final, fue nombrado el primer líder de la orden monástica Śṛṅgeri Maṭhā. Su nombre cambió luego a Vārttikakāra (el comentador), debido a que escribió comentarios sobre los comentarios de Śaṅkara, especialmente el *Bṛhad-āraṇyaka Upaniṣad* y el *Taittirīya Upaniṣad.* Su esposa siguió el rumbo de su marido y se incorporó al grupo de Śaṅkara.

El funeral de su madre

Al enterarse de que su madre estaba muy enferma y de que su partida parecía inminente, Śaṅkara partió hacia Kālaḍi, su tierra natal. Deseaba cumplir con la promesa que le había efectuado y encargarse de su funeral. Usando sus poderes sobrenaturales, Śaṅkara llegó rápidamente a su Kālaḍi nativo. Aunque estaba muy enferma, su madre se sintió muy feliz al verle después de tanto tiempo. Cuando Śaṅkara entonó el *Śiva-bhujaṅga* en honor al Señor Śiva, los *śiva-dūtas,* servidores de Śiva, se hicieron presentes de inmediato para escoltar a Āryāmbā en su camino final. Sin embargo, Āryāmbā, que era una devota de Kṛṣṇa, tuvo miedo de ellos. Al percatarse de la situación, Śaṅkara entonó el himno *Viṣṇu-bhujaṅga,* glorificando al Señor Viṣṇu. De inmediato, los bellísimos *viṣṇu-dūtas* aparecieron para escoltar a la devota madre de Śaṅkara hasta Vaikuṇṭha, la morada del Señor Viṣṇu.

Al fallecer su madre, ningún pariente asistió al funeral o a ayudó en los ritos fúnebres. La familia se oponía terminantemente a que Śaṅkara realizara los ritos fúnebres por su condición de *sannyāsī.* Aunque de acuerdo con la etiqueta, un monje renunciante no debe realizar los ritos fúnebres de un familiar, Śaṅkara se lo había prometido a su madre. Al carecer de ayuda, fue él quien transportó el cadáver de su madre a la pira funeraria y así cumplió su promesa.

Su labor misionera

Śaṅkara continúo viajando por toda India, impartiendo con gran entusiasmo sus enseñanzas a todas las personas interesadas. Pero, en esta labor, no solo se encontró con devotos y seguidores sino también con detractores. Sin embargo, supo rechazarlos con su brillante y profunda sabiduría. En una época en que la ortodoxia era incapaz de defender los principios religiosos, Śaṅkara destruyó la superstición y protegió la tradición védica mediante la sabiduría upanishádica. Claramente, Śaṅkarācārya nunca vio en el dualismo un enemigo de su mensaje advaítico. Jamás pretendió eliminar o destruir las escuelas dualistas cuyas enseñanzas diferían de las suyas y tampoco consideró las líneas dualistas como rivales del *advaita-vedānta*. Su misión era reestablecer el mensaje de la no dualidad y enfatizar la homogeneidad de los diferentes sistemas védicos.

Varias biografías muestran diferencias e imprecisiones en sus descripciones del itinerario que Śaṅkara siguió durante su trabajo misionero. Sin embargo, todos coinciden en que el gran *ācarya* visitó todos los sitios de peregrinación más importantes.

A lo largo de sus viajes, Śaṅkara mantuvo innumerables discusiones y debates con numerosos eruditos, líderes y seguidores de diversas sectas y escuelas filosóficas. Gracias a su experiencia directa de la realidad última, su clara visión de la Verdad le permitió convencer a otros sobre su mensaje advaítico.

En Rameśvaram, debatió con los eruditos *śaivas*; en Ujjayinī, con *kāpālikas*; en Ananta-śayanam, con *vaiṣṇavas*; en Subrahmaṇya-sthala, con los seguidores del culto de Hiraṇya-garbha; en Tulajā-bhavānī Puram, con *śāktas* como; en Kuvalaya Puram, con los fieles de Mahālakṣmī; en Puraṅgavaram, con los devotos del Señor Gaṇeśa.

Otro milagro ocurrió en Tiruvidaimarudur, el estado de Tamil Nadu, que es uno de los tres sitios sagrados más importantes del culto a Śiva. Śaṅkara rezó al Señor Śiva, pidiéndole que el *mahā-liṅga* en el templo declarara abierta y públicamente la autenticidad de *advaita*. En respuesta a su oración, Śiva se manifestó desde el *mahā-liṅga*, alzó su mano derecha y proclamó: *satyam advaitam, satyam advaitam, satyam advaitam* o '*Advaita* es la verdad'. Todos los presentes se asombraron de este espectacular milagro y aceptaron a Śaṅkara como su maestro y su mensaje como verdadero.

El debate con los *kāpālikas*

El templo Mallikārjuna es uno de los doce templos sagrados *jyotir-liṅga* del Señor Śiva. Este templo está ubicado en la montaña Śrī Sailam, a la orilla del Pātāla-gaṅgā, río Kṛṣṇa, en el estado sureño de Andhra Pradesh. Śrī Śailam era una verdadera fortaleza de los seguidores de la secta *kāpālika*. Śaṅkara llegó acompañado de un grupo de discípulos. Después de intercambiar algunas palabras, los *kāpālikas* entendieron que no podrían derrotar a Śaṅkara en debate. Por lo tanto, idearon un plan para matarlo. Eligieron un momento en que el gran *ācārya* estaba solo y le enviaron un mensajero que le dijo que necesitaban la cabeza de un rey o de un gran sabio para propiciar al Señor Śiva, y puesto que no podían obtener la cabeza de un rey, le dijeron que su cabeza sería perfecta para este propósito. Cuando el mensajero *kāpālika* le pidió a Śaṅkara que le concediera su cabeza para el sacrificio, Śaṅkara se mostró de acuerdo de inmediato, pero le dijo al mensajero que debía decapitarlo en ausencia de sus discípulos mientras estaba en meditación profunda. El *kāpālika* hizo exactamente lo que le dijeron y regresó cuando Śaṅkara estaba solo y meditando.

Cuando Pādmapāda fue a tomar su baño sagrado

diario ese día, tuvo la premonición de que Śaṅkara estaba en gran peligro. Alarmado, rezó al Señor Nṛsiṁhadeva, su *Iṣṭa-devatā*, implorándole proteger a su amado maestro. El bendito Señor Nṛsiṁhadeva, mitad hombre y mitad león, lo poseyó y lo hizo llegar a la escena justo a tiempo para salvar a su maestro. Cuando Śaṅkara ya estaba a punto de ser decapitado, Nṛsiṁhadeva apareció y mató al asesino.

Gokarṇa

Desde Śrī Śailam, Śaṅkara viajó a Gokarṇa, donde se encontraba el templo sagrado de Gokarṇa, que es la morada del *Ātma-liṅgam Mahābaleśvar*, uno de los siete *mukti-sthalas* de Karnataka ampliamente venerado por los santos tamiles, o *nayanārs*, en sus himnos. Gokarṇa fue un importante centro de peregrinación en la costa oeste de la India. En este templo, Śaṅkara compuso un himno y adoró al Señor Śiva. Aquí había muchos seguidores *śaivas* cuyo maestro espiritual era Nīlakaṇṭha. Tuvo lugar un gran debate en ese lugar, al concluir el cual todos estos seguidores *śaivas* se hicieron discípulos de Śaṅkara.

Hariharapura

Desde Gokarṇa, Śaṅkara continuó hacia la aldea Hariharapura. En ese lugar, a las orillas del río Tuṅga, existe un templo dedicado a la diosa Śāradāmbā. Desde allí, prosiguió hacia Mūkambikā, en Kollur, en el distrito de Udupi, donde hay un templo dedicado a

Mūkambikā Devī. Fue allí donde Śaṅkara encontró a una pareja que lloraba sin consuelo por la muerte de su hijo. Su desesperación conmovió mucho a Śaṅkara, quien imploró a la Diosa Mūkambikā para que resucitara al niño. ¡Cuán grande fue la felicidad de sus padres al ver al niño abrir sus ojos y retornar a la vida!

Śaṅkara arribó a una aldea llamada Śrī Bali, llamada hoy Śivalli. Allí residía un *brāhmaṇa* muy devoto de nombre Prābhakara, cuyo hijo de trece años aparentaba haber nacido mudo. Debido a que nunca en su vida había pronunciado una palabra, su familia, vecinos y amigos le consideraban retrasado mental y lo trataban como tal. Cuando Prābhakara se enteró de la visita de Śaṅkara, se acercó al gran maestro y le rogó que viera a su hijo. En su corazón, tenía la fe y la esperanza de que por la gracia del sabio su hijo hablaría. Śaṅkara accedió gustoso y al ver al niño se percató de que estaba frente a una gran alma y le preguntó: «¿Por qué no hablas?». Ante lo cual, el niño respondió: «Es inútil hablar, ya que la realidad de lo que es no puede expresarse en palabras». Śaṅkara preguntó: «¿Quién eres tú?». La respuesta del niño consistió en una docena de brillantes versos en los que exponía la naturaleza del Ser. Sus palabras fueron preservadas para generaciones posteriores y más tarde fueron comentadas por el mismo Śaṅkara en un texto llamado *Hastāmalakīya-bhaṣya*. Con el debido consentimiento de su familia, el niño fue aceptado e iniciado como discípulo con el nombre Hastāmalaka, que significa 'uno cuya sabiduría es tan clara como una fruta en la palma de la mano'. Este fue el tercero de los discípulos íntimos de Śaṅkara. Posteriormente, Hastāmalaka fue nombrado líder del monasterio de Dvārakā y escribió varias obras importantes, algunas de las cuales fueron comentadas por su maestro.

Śṛṅgeri

Luego, Ādi Śaṅkara viajó a Śṛṅgeri, una ciudad y una *tālūka* (una división administrativa) central ubicada en el distrito de Cikkamagalūru. Śṛṅgeri se encuentra en la ribera del río Tuṅgā, donde más adelante se estableció el primer *maṭha* llamado Śṛṅgeri Śāradā-pīṭha. Śaṅkara recordó, quizás con nostalgia, cómo había descansado allí hacía una década, mientras buscaba a su maestro espiritual.

Śaṅkara y sus discípulos permanecieron en Śṛṅgeri durante varios meses. Cuando el rey Ādityavarma se enteró de que el gran *ācārya* estaba en el lugar, se ocupó de todas sus necesidades. Un grupo de devotos adinerados junto con el rey Sudhanvā, que reinaba en Ujjainī, fueron a visitarlo. Pādmapāda y un grupo de discípulos comenzaron a planear la fundación de un gran *maṭha* en Śṛṅgeri. Sin embargo, su maestro les pidió que fuesen prudentes y no iniciasen proyectos complicados. En su lugar, les sugirió abrir un pequeño templo dedicado a Śāradā Devī. Con la ayuda y la contribución de varios devotos y seguidores, construyeron un templo e instalaron una bella estatua de la Diosa. El mismo Śaṅkara adoró a la deidad y compuso himnos a Śāradā Devī. Ādi Śaṅkarācārya enseñó que el *bhakti* jamás debe abandonarse o subestimarse, incluso después de haber aceptado la orden de vida renunciante. Durante esta época, el gran maestro escribió algunas de sus obras más importantes.

Había un niño en Śṛṅgeri llamado Giri, aunque otros lo llamaban Kalānātha, que disfrutaba sirviendo directamente a Śaṅkara. Este niño, conocido con el nombre de Toṭaka, llegó a ser otro de sus discípulos más destacados. Sus principales virtudes no fueron los logros académicos o la brillantez intelectual, sino la entrega total y la dedicación a la hora de satisfacer las necesidades personales del maestro.

En cierta ocasión, Śaṅkara quería impartir enseñanzas a sus discípulos, pero estaba esperando a que Giri volviera del rio, donde había ido a lavar algunas ropas de su maestro. Eran muchos los discípulos que estaban impacientes por escuchar a Śaṅkara y quizás un poco molestos por la demora de Giri. Cansado de esperar y refiriéndose a las habilidades intelectuales de Giri, Pādmapāda dijo: «¿Por qué esperar a alguien que es similar a un muro?». Obviamente, al maestro no le agradaron dichas palabras y decidió bendecir a Giri con el conocimiento de todas las sagradas escrituras védicas. Cuando Giri retornó de su servicio, parecía extático y dichoso. Frente a su maestro, entonó un bellísimo himno glorificando al *ācārya* en la complicada métrica poética *toṭaka*. Dicho brillante himno fue conocido como *Toṭakāṣṭaka*. Desde entonces, Giri fue conocido como Toṭakācārya, en honor a dicho himno y a su métrica *toṭaka*. Posteriormente, sería designado como primer *jagad-guru* del *Jyotir-maṭha pīṭha*, el *maṭha* del norte fundado por Śaṅkarācārya cerca de Badrināth.

Sus obras también incluyen el *Śruti-sāra-samuddharaṇam*, una síntesis de la sabiduría upanishádica compuesto en métrica *toṭaka-candas* (métrica poética).

Cachemira

El último capítulo del *Mādhavīya Śaṅkara-vijaya* describe la visita de Śaṅkara al altar de Śāradā en Cachemira. El templo se encuentra en el pueblo de Śāradā en Cachemira Azad, en la ribera del río Nīlam. El templo se halla a una altura de 11 000 pies sobre el nivel del mar y a 70 millas de Śrīnagar. Antes de ser forzados a convertirse al islam, la población del lugar era muy devota hindú. Cachemira en aquella época era un centro importante de estudios védicos. En honor a este templo, Cachemira se denominaba Śāradā Deśa. Śāradā Devī era llamada también Cachemira Pura-vāsinī, o 'residente de Cachemira'. Śaṅkara se enteró de que el templo tenía cuatro puertas y un trono para la omnisciencia, *sarva-jña-pīṭha*. Solo quien fuera omnisciente podía sentarse en ese trono. Al escuchar esto, Śaṅkara sintió que era su mandato divino ir al templo y sentarse en el trono para establecer la superioridad absoluta del *advaita-vedānta*. Cuando Śaṅkara llegó a la puerta sureña, vio a un grupo de eruditos de diferentes escuelas y líneas. Lo detuvieron e iniciaron un debate, negándose a aceptar la superioridad del mensaje de Śaṅkara. Finalmente, todos se mostraron de acuerdo en que Śaṅkara estaba muy versado en las diferentes escuelas que ellos representaban. Entonces se abrió la puerta del altar de Śāradā. Śaṅkara estaba a punto de sentarse en el trono cuando escuchó la voz de la diosa Śāradā. Ella declaró que para ser digno de sentarse en el trono, uno debe ser omnisciente y puro. Quedaba claro que Śaṅkara no podía pretender pureza después de haber estado en el palacio del rey Amaruka. Sin embargo, Śaṅkara respondió que, si bien era cierto que había permanecido en el palacio del rey Amaruka, no lo había hecho con su propio cuerpo. La diosa aceptó la respuesta de Śaṅkara. Solo entonces, después de haber superado este examen final, Śaṅkara procedió a sentarse en el sagrado *sarva-jña-pīṭha*. El *ācārya* glorificó a la diosa Śāradā Devī en el primer verso del *Prapañca-sāra*.

Hay quienes afirman que Śaṅkarācārya se entrevistó con el gran maestro Abhinavagupta, en Cachemira, pero no está claro si esta persona fue el mismo famoso maestro del *trika* llamado Abhinavagupta. Hay también quienes afirman que Śaṅkarācārya escribió el *Saundarya-Laharī* mientras estuvo en Cachemira.

La partida

Desde Badrikāśram, Śaṅkara y sus discípulos se encaminaron hacia Kedārnāth. Tenía 32 años y siendo consciente de que el momento final se acercaba, eligió el sagrado lugar de Kedārnāth para abandonar el mundo. El gran maestro les dijo a sus discípulos que le formulasen en ese momento todas las preguntas que creyeran necesarias. Deseaba no dejar lugar a dudas o confusiones en sus enseñanzas. Solo Pādmapāda le preguntó qué deberían hacer después de su partida. El rey Sudhanvā le sugirió al maestro que designara a cuatro discípulos para establecer cuatro *maṭhas* en los cuatro rincones de India para reservar y difundir sus enseñanzas a través de la sucesión discipular. Śaṅkara eligió a Pādmapāda, Sureśvara, Hastāmalaka y Toṭaka para establecer los cuatro *maṭhas*. Dichos *maṭhas* se fundaron en el sur: Śāradā Pīṭha (en Śṛṅgeri, Karṇātaka); en el este: Govardhāna Maṭha (en Pūrī, Orissa); en el oeste: Kālikā Pīṭha (en Dvārakā, Gujarāt); y en el norte: Jyotir Maṭha (en Joṣīmath, Uttar Pradeś).

Śaṅkara dictó un libro con las reglas y regulaciones a seguir en los *maṭhas*. Dicho texto se denomina *Mahānuśāsana*. El rey Sudhanvā le solicitó a Śaṅkara que explicase la esencia del *vedānta*. Śaṅkara repitió el *Daśa-ślokī*, los mismos diez versos que había recitado en el primer encuentro con su maestro. Śaṅkara les dijo que quien meditase en el significado de estos versos encontraría la esencia de la sabiduría del *advaita-vedānta*. Todos los presentes entraron en profunda meditación. Śaṅkarācārya, por su parte, ingresó en *mahā-samādhi* y, a través de su poder, disolvió su cuerpo en los cinco elementos, desapareciendo de la visión de los mortales.

Śaṅkarācārya estableció las bases para los futuros *smārtas*, quienen ven en él su máxima autoridad. Fue tanto el defensor ortodoxo de la religión eterna como el *smārta* rebelde que rompió las reglas y las regulaciones de la orden renunciante de vida para cumplir con la promesa hecha a su madre.

La pronunciación del idioma sánscrito

Alfabeto- Vocales

Vocales cortas	अ *a* इ *i* उ *u* ऋ *ṛ* ऌ *ḷ*
Vocales largas	आ *ā* ई *ī* ऊ *ū* ॠ *ṝ*
Diptongos	ए *e* ऐ *ai* ओ *o* औ *au*

Alfabeto- Consonantes

Guturales:	क	*ka*	ख	*kha*	ग	*ga*	घ	*gha*	ङ	*ṅa*
Palatales:	च	*ca*	छ	*cha*	ज	*ja*	झ	*jha*	ञ	*ña*
Cerebrales:	ट	*ṭa*	ठ	*ṭha*	ड	*ḍa*	ढ	*ḍha*	ण	*ṇa*
Dentales:	त	*ta*	थ	*tha*	द	*da*	ध	*dha*	न	*na*
Labiales:	प	*pa*	फ	*pha*	ब	*ba*	भ	*bha*	म	*ma*
Semivocales:	य	*ya*	र	*ra*	ल	*la*	व	*va*		
Sibilantes:	श	*śa*	ष	*ṣa*	स	*sa*				
Aspiradas:	ह	*ha*	ऽ	' (*avagraha*) - el apóstrofe						

Las vocales se pronuncian de la siguiente manera:

a	अ	Se pronuncia como la letra «a» en español, pero es más breve.
ā	आ	Se pronuncia como la letra «a» en español.
i	इ	Se pronuncia como la letra «i» en español, pero es más breve.
ī	ई	Se pronuncia como la letra «i» en español.
u	उ	Se pronuncia como la letra «u» en español, pero es más breve.
ū	ऊ	Se pronuncia como la letra «u» en español.
ṛ	ऋ	Se pronuncia como la letra «r» en español, pero es más breve y se curva la lengua hacia arriba en dirección al cerebro, tras los alveolos.
ṝ	ॠ	Se pronuncia como una «r» cerebral el doble de larga; no fuerte sino suave.
ḷ	ऌ	Es como una «l» cerebral, retrofleja.
e	ए	Se pronuncia como la letra «e» en español.
ai	ऐ	Se pronuncia como «ai» en español.
o	ओ	Se pronuncia como la letra «o» en español.
au	औ	Se pronuncia como «au» en español.
ṁ	तं	*Anusvāra* – Sonido con resonancia nasal, como la letra «n» en la palabra francesa *bo**n***.
ḥ	तः	*Visarga* – añade un sonido de «h» aspirada al final de la sílaba, más la vocal de la sílaba. Por ejemplo: *taḥ*: 'ta-ha' *tīḥ*: 'ti-hi'

Las consonantes guturales se pronuncian desde la garganta:

k	क	Se pronuncia como la letra «k» en español.
kh	ख	Se pronuncia como la letra «k» en español seguida de una «h» aspirada.
g	ग	Se pronuncia como la «g» de ***g**ato*.
gh	घ	Se pronuncia como la «g» de ***g**ato* seguida de «h» aspirada.
ṅ	ङ	Se pronuncia como «ng» en español, como en la palabra *te**ng**o*.

Las consonantes palatales se pronuncian desde el paladar:

c	च	Se pronuncia como la «ch» en español (postalveolar), como en la palabra chiste.
ch	छ	Se pronuncia como la «ch» seguida de «h» aspirada.
j	ज	Se pronuncia de forma parecida a la «y» consonante (postalveolar), como la «ll» en la palabra lluvia, pero pronunciada con más fuerza.
jh	झ	Se pronuncia parecido a «y-h» con la «h» aspirada, como en la palabra lluvia pero con fuerza y aspirada.
ñ	ञ	Se pronuncia como la «ñ» en español (palatal), como en la palabra niño.

Las consonantes cerebrales se pronuncian tocando el paladar superior con la punta de la lengua enrollada hacia atrás:

ṭ	ट	Se pronuncia como una «t» en español, pero cerebral.
ṭh	ठ	Se pronuncia como una «t» en español, pero cerebral y con «h» aspirada.
ḍ	ड	Se pronuncia como una «d» en español, pero cerebral.
ḍh	ढ	Se pronuncia como una «d» en español, pero cerebral con la «h» aspirada.
ṇ	ण	Se pronuncia como una «n» en español, pero cerebral, como «rna», queriendo pronunciar «r» pero diciendo «na».

Las consonantes dentales se pronuncian apretando la lengua contra los dientes.

t	त	Se pronuncia como una «t» en español suave, con la lengua entre los dientes.
th	थ	Se pronuncia como una «t» suave en español, con la lengua entre los dientes y con «h» aspirada.
d	द	Se pronuncia como una «d» en español suave con la lengua entre los dientes.
dh	ध	Se pronuncia como una «d» suave en español, con la lengua entre los dientes y con «h» aspirada.
n	न	Se pronuncia como «n» suave en español, con la lengua entre los dientes.

Las consonantes labiales se pronuncian con los labios:

p	प	Se pronuncia como una «p» suave en español.
ph	फ	Se pronuncia como una «p» suave en español, con «h» aspirada.
b	ब	Se pronuncia como una «b» suave en español.
bh	भ	Se pronuncia como una «b» suave en español, con «h» aspirada.
m	म	Se pronuncia como una «m».

Las semivocales se pronuncian de la siguiente manera:

y	य	Se pronuncia como «y» semiconsonante, como en la palabra yo pero más suave, como la «i» en ion.
r	र	Se pronuncia como «r» simple en español.
l	ल	Se pronuncia como «l» en español.
v	व	Se pronuncia como «v» en español, con el labio inferior y los dientes superiores.

Las consonantes sibilantes se pronuncian como un tipo de silbido:

ś	श	Se pronuncia como «dz», es un sonido «z» alveolar y sonoro. Es palatal, como el sonido «sh» que se omite al tratar de acallar a alguien.
ṣ	ष	Se pronuncia como «sh»; es un sonido postalveolar. Es cerebral, se pronuncia igual que el anterior pero con la lengua contra el paladar superior.
s	स	Se pronuncia como «s»; es un sonido «s» alveolar como en español, como en la palabra sopa.

Cuando una consonante es aspirada, significa que se pronuncia emitiendo con cierta fuerza el aire de la garganta.

h	ह	Se pronuncia como la «h» aspirada, como en la palabra Sahara o la «j» de jerez.

Prabhuji

S.S. Avadhūta Śrī Bhaktivedānta Yogācārya
Ramakrishnananda Bābājī Mahārāja

Sobre Prabhuji

Prabhuji es escritor, pintor, *avadhūta*, creador del Yoga Retroprogresivo y maestro espiritual realizado. En el año 2011, decidió retirarse de la sociedad y adoptar una vida eremítica. Desde entonces, sus días transcurren en soledad, orando, escribiendo, pintando y meditando en silencio y contemplación.

Prabhuji es el único discípulo de S.D.G. Avadhūta Śrī Brahmānanda Bābājī Mahārāja, quien es a su vez uno de los más cercanos e íntimos discípulos de S.D.G. Avadhūta Śrī Mastarāma Bābājī Mahārāja.

Prabhuji fue designado como sucesor del linaje por su maestro, quien le confirió la responsabilidad de continuar el sagrado *paramparā* de *avadhūtas*, designándolo oficialmente como gurú y ordenándole servir como sucesor Ācārya con el nombre S.S. Avadhūta Śrī Bhaktivedānta Yogācārya Ramakrishnananda Bābājī Mahārāja.

Prabhuji es también discípulo de S.D.G. Bhakti-kavi Atulānanda Ācārya Mahārāja, quien es discípulo directo de S.D.G. A.C. Bhaktivedānta Swami Prabhupāda.

El hinduismo de Prabhuji es tan amplio, universal y pluralista que a veces, haciéndole honor a su título de *avadhūta*, sus enseñanzas vivas y frescas trascienden los límites de toda filosofía y religión, incluso la suya propia. Sus enseñanzas promueven el pensamiento crítico y nos llevan a cuestionar afirmaciones que suelen aceptarse como ciertas. No defienden verdades absolutas, sino que nos invitan a evaluar y cuestionar nuestras propias convicciones. La esencia de su sincrética visión, el Yoga Retroprogresivo, es el autoconocimiento y el reconocimiento de la consciencia. Para él, el despertar de la consciencia, o la trascendencia del fenómeno egoico, constituye el siguiente nivel del proceso evolutivo de la humanidad.

Prabhuji nació el 21 de marzo de 1958 en Santiago, capital de la República de Chile. Una experiencia mística acaecida a la edad de ocho años lo motivó a la búsqueda de la Verdad, o la Realidad última, transformando su vida en un auténtico peregrinaje tanto interno como externo. Ha consagrado su vida por completo a profundizar en la temprana experiencia transformativa que marcó el comienzo de su proceso retroevolutivo. Ha dedicado más de cincuenta años a la investigación y la práctica de diferentes religiones, filosofías, vías de liberación y senderos espirituales. Ha absorbido las enseñanzas de grandes yoguis, pastores, rabinos, monjes, gurús, filósofos, sabios y santos a quienes visitó personalmente durante sus años de búsqueda. Ha vivido en muchos lugares y ha viajado por el mundo sediento de la Verdad.

Desde muy pequeño, Prabhuji notó que el sistema educativo le impedía dedicarse a lo que era realmente importante: aprender sobre sí mismo. A pesar de la insistencia de sus padres, dejó de asistir a la escuela convencional a los 11 años y se dedicó a la formación autodidáctica. Con el tiempo, se convertiría en un serio crítico del sistema educativo actual.

Prabhuji es una autoridad reconocida en la sabiduría oriental. Es conocido por su erudición en los aspectos *vaidika* y *tāntrika* del hinduismo, así como en todas las ramas del yoga (*jñāna*, *karma*, *bhakti*, *haṭha*, *rāja*, *kuṇḍalinī*, *tantra*, *mantra* y demás). Su actitud hacia todas las religiones es inclusiva y conoce profundamente el judaísmo, el cristianismo, el budismo, el islam, el sufismo, el taoísmo, el sijismo, el jainismo, el shintoismo, el bahaísmo, la religión mapuche y demás. Aprendió acerca de la religión drusa directamente de los eruditos Salach Abbas y Kamil Shchadi.

Prabhuji estudió profundamente la teología cristiana con S.S. Monseñor Iván Larraín Eyzaguirre en la Iglesia de la Veracruz en Santiago de Chile y con Don Héctor Muñoz, diplomado en teología de la Universidad Católica de la Santísima Concepción.

Su curiosidad por el pensamiento occidental lo llevó a incursionar en el terreno de la filosofía en todas sus diferentes ramas. Profundizó en especial en la Fenomenología Trascendental y la Fenomenología de la Religión. Tuvo el privilegio de estudiar intensivamente por varios años con su tío Jorge Balazs, filósofo, investigador, escritor y autor de *El ciervo de oro*. Estudió en privado por algunos años con el Dr. Jonathan

Ramos, reconocido filósofo, historiador y profesor universitario licenciado de la Universidad Católica de Salta, Argentina. Estudió también con el Dr. Alejandro Cavallazzi Sánchez, licenciado en filosofía por la Universidad Panamericana, maestro en filosofía por la Universidad Iberoamericana y doctor en Filosofía por la Universidad Nacional Autónoma de México (UNAM).

Prabhuji posee un doctorado en filosofía *vaiṣṇava* del respetable Instituto Jiva de Vrindavan, India, y un doctorado en filosofía yóguica recibido de la Yoga Samskrutum University.

Sus estudios profundos, las bendiciones de sus maestros, sus investigaciones en las sagradas escrituras, así como su vasta experiencia docente, le han hecho merecedor de un reconocimiento internacional en el campo de la religión y la espiritualidad.

Su búsqueda espiritual lo llevó a estudiar con maestros de diversas tradiciones y viajar lejos de su Chile natal a lugares tan distantes como Israel, India y Estados Unidos. Prabhuji estudió hebreo y sánscrito para profundizar en las sagradas escrituras. También estudió pali en el Centro de Estudios Budistas de Oxford. Además, aprendió latín y griego antiguos con Javier Álvarez, licenciado en Filología Clásica por la Universidad de Sevilla.

Su padre, Yosef Har-Zion ZT"L, creció bajo una estricta disciplina porque era hijo de un suboficial mayor de carabineros. Como reacción a la educación que recibió, Yosef decidió educar a sus propios hijos con libertad completa y amor incondicional. Prabhuji creció sin presión alguna. Desde sus primeros años, su padre siempre le mostró el mismo amor, más allá de sus éxitos o fracasos en la escuela. Cuando Prabhuji decidió dejar la escuela para dedicarse a su búsqueda interior, su familia lo aceptó con profundo respeto. Desde los diez años, Yosef le hablaba de la espiritualidad hebrea y la filosofía occidental. Solían entablar conversaciones acerca de la filosofía y la religión, durante días enteros, hasta altas horas de la noche. Yosef le ofreció apoyo en lo que deseara hacer en su vida y siempre lo ayudó en su búsqueda de la Verdad. Prabhuji fue el auténtico proyecto de libertad y amor incondicional de su padre.

Desde muy temprana edad y por propia iniciativa, Prabhuji comenzó a practicar karate y a estudiar filosofía oriental y religiones de manera autodidacta. Durante su adolescencia, nadie interfería con sus decisiones. A los 15 años, entabló una profunda, íntima y larga amistad con la famosa escritora y poeta uruguaya Blanca Luz Brum, quien fuera su vecina en la calle Merced en Santiago de Chile. Viajó por todo Chile en busca de gente sabia e interesante de la que aprender. En el sur de Chile, conoció a machis que le enseñaron la rica espiritualidad y el chamanismo mapuches.

Dos grandes maestros contribuyeron en el proceso retroprogresivo de Prabhuji. En 1976, conoció a su primer Gurú, S.D.G. Bhakti-kavi Atulānanda Ācārya Swami, a quien llamaría Gurudeva. En aquellos días, Gurudeva era un joven *brahmacārī* que ocupaba el cargo de presidente del templo de ISKCON en Eyzaguirre 2404, Puente Alto, Santiago, Chile. Años más tarde, dio a Prabhuji la primera iniciación, la iniciación brahmínica y finalmente, inició a Prabhuji en la orden sagrada de renuncia llamada *sannyāsa* dentro de la Brahma Gauḍīya Saṁpradāya. Gurudeva lo conectó con la devoción a Kṛṣṇa. Le impartió la sabiduría del *bhakti-yoga* y le instruyó en la práctica del *māhā-mantra* y el estudio de las sagradas escrituras.

En 1996, Prabhuji conoció a su segundo maestro, S.D.G. Avadhūta Śrī Brahmānanda Bābājī Mahārāja en Rishikesh, India. Guru Mahārāja, como lo llamaría Prabhuji, le reveló que su propio gurú, S.D.G. Avadhūta Śrī Mastarāma Bābājī Mahārāja, le había dicho años antes de morir que una persona vendría del Occidente y le solicitaría ser su discípulo. Le ordenó aceptar solo y únicamente a ese buscador específico. Cuando preguntó cómo podría identificar a esta persona, Mastarāma Bābājī le respondió: «Lo reconocerás por sus ojos. Debes aceptarlo porque será la continuación del linaje».

Desde su primer encuentro con el joven Prabhuji, Guru Mahārāja lo reconoció y lo inició oficialmente en el *māhā-mantra*. Para Prabhuji, esta iniciación marcó el comienzo de la etapa más intensa y madura de su proceso retroprogresivo. Bajo la guía de Guru Mahārāja, estudió *vedānta advaita* y profundizó en la meditación.

Guru Mahārāja guio a Prabhuji en sus primeros pasos hacia el sagrado nivel del *avadhūta*. En marzo del 2011, S.D.G. Avadhūta Śrī Brahmānanda Bābājī Mahārāja ordenó a Prabhuji, en nombre de su propio maestro, aceptar la responsabilidad de continuar el linaje de *avadhūtas*. Con dicho nombramiento, Prabhuji es el representante oficial de la línea de esta sucesión discipular para la presente generación.

Además de sus *dikṣā-gurus*, Prabhuji estudió con importantes personalidades espirituales y religiosas como S.S. Swami Dayananda Sarasvatī, S.S. Swami Viṣṇu Devānanda Sarasvatī, S.S. Swami Jyotirmayānanda Sarasvatī, S.S. Swami Pratyagbodhānanda, S.S. Swami Swahananda de la Ramakrishna Mission y S.S. Swami Viditātmānanda de la Arsha Vidya Gurukulam. La sabiduría del tantra fue despertada en Prabhuji por S.G. Mātājī Rīnā Śarmā en India.

Prabhuji deseaba confirmar su iniciación *sannyāsa* con el linaje del *vedānta advaita*. Su *sannyāsa-dīkṣā* fue confirmada por S.S. Swami Jyotirmayānanda Sarasvatī, fundador de la «Yoga Research Foundation» y discípulo de S.S. Swami Śivānanda Sarasvatī de Rishikesh.

En 1984, aprendió y comenzó a practicar la técnica de la Meditación Trascendental de Maharishi Mahesh Yogui. En 1988, realizó el curso de *kriyā-yoga* de Paramahaṁsa Yogananda. Después de dos años, fue iniciado oficialmente en la técnica de *kriyā-yoga* por la Self-Realization Fellowship.

En Vrindavan, estudió el sendero del *bhakti-yoga* en profundidad con S.S. Narahari Dāsa Bābājī Mahārāja, discípulo de S.S. Nityananda Dāsa Bābājī Mahārāja de Vraja.

También estudió el *bhakti-yoga* con varios discípulos de Su Divina Gracia A.C. Bhaktivedānta Swami Prabhupāda: S.S. Kapīndra Swami, S.S. Paramadvaiti Mahārāja, S.S. Jagajīvana Dāsa, S.S. Tamāla Kṛṣṇa Gosvāmī, S.S. Bhagavān Dāsa Mahārāja y S.S. Kīrtanānanda Swami entre otros.

Prabhuji ha sido honrado con varios títulos y diplomas por muchos líderes de prestigiosas instituciones religiosas y espirituales de la India. El honorable título de Kṛṣṇa Bhakta le fue otorgado por S.S. Swami Viṣṇu Devānanda (el único título de Bhakti Yoga otorgado por Swami Viṣṇu), discípulo de S.S. Swami Śivānanda Sarasvatī y fundador de la «Organización Sivananda». El título de Bhaktivedānta le fue conferido por S.S. B.A. Paramadvaiti Mahārāja, fundador de «Vrinda». El título Yogācārya le fue conferido por S.S. Swami Viṣṇu Devānanda, el «Paramanand Institute of Yoga Sciences and Research of Indore, la India», la «International Yoga Federation», la «Indian Association of Yoga» y el «Shri Shankarananda Yogashram of Mysore, India». Recibió el respetable título Śrī Śrī Rādhā Śyam Sunder Pāda-Padma Bhakta Śiromaṇi directamente de S.S. Satyanārāyaṇa Dāsa Bābājī Mahant de la Chatu Vaiṣṇava Saṁpradāya.

Prabhuji dedicó más de cuarenta años al estudio del *haṭha-yoga* con prestigiosos maestros del yoga clásico y tradicional como S.S. Bapuji, S.S. Swami Viṣṇu Devānanda Sarasvatī, S.S. Swami Jyotirmayānanda Sarasvatī, S.S. Swami Satchidananda Sarasvatī, S.S. Swami Vignanananda Sarasvatī y Śrī Madana-mohana.

Llevó a cabo varios cursos sistemáticos de formación de profesores de *haṭha-yoga* en prestigiosas instituciones hasta alcanzar el grado de Maestro Ācārya en dicha disciplina. Completó sus estudios en las siguientes instituciones: Sivananda Yoga Vedanta, Ananda Ashram, Yoga Research Foundation, Integral Yoga Academy, Patanjala Yoga Kendra, Ma Yoga Shakti

International Mission, Prana Yoga Organization, Rishikesh Yoga Peeth, Swami Sivananda Yoga Research Center y Swami Sivananda Yogasana Research Center.

Prabhuji es miembro de la Indian Association of Yoga, Yoga Alliance ERYT 500 y YACEP, la International Association of Yoga Therapists y la International Yoga Federation. En 2014, la International Yoga Federation le honró con la posición de Miembro Honorario del World Yoga Council.

Su interés por la compleja anatomía del cuerpo humano lo llevó a estudiar quiropráctica en el prestigioso Instituto de Salud de Espalda y Extremidades en Tel Aviv, Israel. En 1993, obtuvo el diploma de manos del Dr. Sheinerman, fundador y director del instituto. Posteriormente, obtuvo el título de masajista terapéutico en la Academia de la Galilea Occidental. Los conocimientos adquiridos en este campo agudizaron su comprensión del *haṭha-yoga* y contribuyeron a la creación de su propio método.

El «Hatha Yoga Retroprogresivo» es el fruto de los esfuerzos de Prabhuji por perfeccionar su propia práctica y sus métodos de enseñanza; se trata de un sistema basado especialmente en las enseñanzas de sus gurús y en las escrituras sagradas. Prabhuji sistematizó diferentes técnicas yóguicas tradicionales creando una metodología apta para el público occidental. El Yoga Retroprogresivo aspira a la experiencia de nuestra auténtica naturaleza, promoviendo el equilibrio, la salud y la flexibilidad a través de dieta apropiada, limpiezas, preparaciones (*āyojanas*), secuencias (*vinyāsas*), posturas (*āsanas*), ejercicios de respiración (*prāṇāyāma*), relajación (*śavāsana*), meditación (*dhyāna*), así como ejercicios con cierres energéticos (*bandhas*) y sellos (*mudras*) para dirigir y potenciar el *prāṇa*.

Desde su infancia, y a lo largo de toda su vida, Prabhuji ha sido entusiasta admirador, estudiante y practicante de karate-do clásico. Desde los 13 años, estudió en Chile estilos como el kenpo y el kung-fu, pero se especializó en el estilo japonés más tradicional del shotokan. Recibió el grado de cinturón negro (tercer dan) de Shihan Kenneth Funakoshi (noveno dan). Aprendió también de Sensei Takahashi (séptimo dan) y practicó el estilo Shorin Ryu con el Sensei Enrique Daniel Welcher (séptimo dan) quien le confirió el rango de cinturón negro (segundo dan). A través del karate-do, profundizó en el budismo y obtuvo conocimiento adicional acerca de la física del movimiento. Prabhuji es miembro de la Funakoshi's Shotokan Karate Association.

Prabhuji creció en un entorno artístico y su amor por la pintura comenzó a desarrollarse en su infancia. Su padre, el renombrado pintor chileno Yosef Har-Zion ZT"L, le motivó a dedicarse al arte. Aprendió con el famoso pintor chileno Marcelo Cuevas. Las pinturas abstractas de Prabhuji reflejan las profundidades del espíritu.

Desde su más tierna infancia, Prabhuji ha sentido una especial atracción y curiosidad por los sellos postales, las tarjetas postales, los buzones, los sistemas de transporte postal y toda la actividad relacionada con el correo. Ha aprovechado cada oportunidad para visitar oficinas de correos en diferentes ciudades y países. Se ha adentrado en el estudio de la filatelia, que es el campo del coleccionismo, la clasificación y el estudio de los sellos postales. Esta pasión le llevó a convertirse en filatelista profesional, distribuidor de sellos autorizado por la American Philatelic Society y miembro de las siguientes sociedades: Royal Philatelic Society London, Royal Philatelic Society of Victoria, United States Stamp Society, Great Britain Philatelic Society, American Philatelic Society, Society of Israel Philatelists, Society for Hungarian Philately, National Philatelic Society UK, Fort Orange Stamp Club, American Stamp Dealers Association, US Philatelic Classics Society, Filabras – Associação dos Filatelistas Brasileiros y Collectors Club of NYC.

Basándose en sus amplios conocimientos de filatelia, teología y filosofía oriental, Prabhuji creó la «Filatelia Meditativa» o el «Yoga Filatélico», una práctica espiritual que utiliza la filatelia como soporte para la práctica de atención, concentración, observación y meditación. La Filatelia Meditativa se inspira en la antigua meditación hindú del *maṇḍala* y puede llevar al practicante a estados elevados de consciencia, a la relajación profunda y a la concentración que promueve el reconocimiento de la consciencia. Prabhuji escribió su tesis sobre este nuevo tipo de yoga, «La filatelia meditativa», atrayendo el interés de la comunidad académica de la India debido a su innovador enfoque de conectar la meditación con diferentes aficiones y actividades. Por esta tesis, fue honrado con el doctorado en Filosofía Yóguica por la Universidad Yoga Samskrutum.

Durante muchos años, Prabhuji vivió en Israel, donde amplió sus estudios de judaísmo. Uno de sus principales profesores y fuentes de inspiración fue el

Rabino Shalom Dov Lifshitz ZT"L, a quien conoció en 1997. Este gran santo lo guio durante varios años en los intrincados senderos de la Torá y el Jasidismo. Ambos desarrollaron una relación muy íntima. Prabhuji estudió el Talmud con el Rabino Rafael Rapaport Shlit"a (Ponovich), Jasidismo con el Rabino Israel Lifshitz Shlit"a y la Torá con el Rabino Daniel Sandler Shlit"a. Prabhuji es un gran devoto del Rabino Mordechai Eliyahu ZT"L, quien personalmente lo bendijo.

Prabhuji visitó EE. UU. en el año 2000 y durante su estadía en Nueva York, se percató de que era el lugar más adecuado para fundar una organización religiosa. Le atrajeron especialmente el pluralismo y la actitud respetuosa de la sociedad americana hacia la libertad de culto. Le impresionó el profundo respeto tanto del público como del gobierno hacia las minorías religiosas. Después de consultarlo con sus maestros y solicitar sus bendiciones, Prabhuji se trasladó a los Estados Unidos. En el 2003 nació la Misión Prabhuji, una iglesia hindú destinada a preservar la visión universal y pluralista del hinduismo de Prabhuji y su «Yoga Retroprogresivo».

Aunque no buscó atraer seguidores, durante 15 años (1995-2010), Prabhuji consideró las solicitudes de algunas personas que se acercaron a él pidiendo ser discípulos monásticos. Aquellos que eligieron ver a Prabhuji como a su maestro espiritual aceptaron voluntariamente votos de pobreza y dedican sus vidas a la práctica espiritual (*sadhāna*), la devoción religiosa (*bhakti*) y el servicio desinteresado (*seva*). Aunque Prabhuji ya no acepta nuevos discípulos, continúa guiando al pequeño grupo de discípulos veteranos de la Orden

Monástica Ramakrishnananda que fundó.

En el 2011, Prabhuji fundó el Avadhutashram (monasterio), en Catskills Mountains, en el norte de Nueva York, EE. UU. El Avadhutashram es la sede central de la Misión Prabhuji, su ermita y la residencia de los discípulos monásticos de la Orden Monástica Ramakrishnananda. El *āśram* organiza proyectos humanitarios como el «Programa Prabhuji de Distribución de Alimentos» y el «Programa Prabhuji de Distribución de Juguetes». Prabhuji opera diferentes proyectos humanitarios inspirado en su experiencia de que servir la parte es servir al Todo.

En enero de 2012, la salud de Prabhuji lo obligó a renunciar oficialmente a dirigir la misión. Desde entonces, ha vivido en soledad, completamente alejado del público, escribiendo y absorto en contemplación. Su mensaje no promueve la espiritualidad colectiva, sino la búsqueda interior individual.

Prabhuji ha delegado a sus discípulos la elección entre mantener sus enseñanzas exclusivamente dentro de la orden monástica o difundir su mensaje para el beneficio público. Ante la petición explícita de sus discípulos, Prabhuji ha accedido a que se publiquen sus libros y se difundan sus conferencias, siempre que ello no comprometa su privacidad y su vida eremítica.

En 2022, Prabhuji fundó el Instituto de Yoga Retroprogresivo en el cual sus discípulos más antiguos pueden compartir sistemáticamente las enseñanzas y el mensaje de Prabhuji a través de video conferencias. El instituto ofrece apoyo y ayuda para una comprensión más profunda de las enseñanzas de Prabhuji.

Prabhuji es un respetado miembro de la American Philosophical Association, la American Association of Philosophy Teachers, la American Association of University Professors, la Southwestern Philosophical Society, la Authors Guild, la National Writers Union, PEN America, la International Writers Association, la National Association of Independent Writers and Editors, la National Writers Association, la Alliance Independent Authors y la Independent Book Publishers Association.

La vasta contribución literaria de Prabhuji incluye libros en español, inglés y hebreo como por ejemplo *Kuṇḍalinī-yoga: el poder está en ti*, *Lo que es, tal como es*, *Bhakti yoga: el sendero del amor*, *Tantra: liberación en el mundo*, *Experimentando con la Verdad*, *Advaita Vedānta: ser el Ser*, comentarios sobre el *Īśāvāsya Upaniṣad* y el *Sūtra del Diamante*.

Sobre la Misión Prabhuji

Prabhuji, S.S. Avadhūta Śrī Bhaktivedānta Yogācārya Ramakrishnananda Bābājī Mahārāja, fundó la Misión Prabhuji en el 2003, una iglesia hindú destinada a preservar su visión universal y pluralista del hinduismo.

El propósito principal de la misión es preservar las enseñanzas de Prabhuji sobre Pūrvavyāpi-pragatiśīlaḥ Yoga, o el Yoga Retroprogresivo, el cual propugna el despertar global de la consciencia como la solución radical a los problemas de la humanidad.

La Misión Prabhuji opera un templo hindú llamado Śrī Śrī Radha-Śyāmasundara Mandir, el cual ofrece adoración y ceremonias religiosas a los feligreses. La extensa biblioteca del Instituto de Yoga Retroprogresivo proporciona a sus profesores abundante material de estudio para investigar las diversas teologías y filosofías exploradas por Prabhuji en sus libros y conferencias. El monasterio Avadhutashram educa a los discípulos monásticos en diversos aspectos del enfoque de Prabhuji sobre el hinduismo y les ofrece la oportunidad de expresar devoción a Dios en forma de servicio devocional, contribuyendo desinteresadamente con sus habilidades y formación a los programas de la Misión, como el Programa de Distribución de Alimentos Prabhuji, un evento semanal en el que decenas de familias necesitadas del norte de Nueva York reciben alimentos frescos y nutritivos.

El servicio y la glorificación del gurú son principios espirituales fundamentales en el hinduismo. La Misión Prabhuji, siendo una iglesia hindú tradicional, practica la milenaria tradición de *guru-bhakti* de reverencia al maestro. Algunos discípulos y amigos de la Misión Prabhuji, por iniciativa propia, contribuyen a preservar el legado de Prabhuji y sus enseñanzas interreligiosas para las generaciones futuras mediante la difusión de sus libros, videos de sus charlas internas y sitios web.

Sobre el Avadhutashram

El Avadhutashram (monasterio) fue fundado por Prabhuji en el año 2011, en Catskills Mountains, en el norte de Nueva York, EE. UU. Es la sede central de la Misión Prabhuji y la ermita de S.S. Avadhūta Śrī Bhaktivedānta Yogācārya Ramakrishnananda Bābājī Mahārāja y sus discípulos monásticos de la Orden Monástica Ramakrishnananda.

Los ideales del Avadhutashram son el amor y el servicio desinteresado, basados en la visión universal de que Dios está en todo y en todos. Su misión es distribuir libros espirituales y organizar proyectos humanitarios como el Programa Prabhuji de Distribución de Alimentos y el Programa Prabhuji de Distribución de Juguetes.

El Avadhutashram no es comercial y funciona sin solicitar donaciones. Sus actividades están financiadas por Prabhuji's Gifts, una empresa sin ánimo de lucro fundada por Prabhuji, que vende productos esotéricos de diferentes tradiciones que Prabhuji mismo ha utilizado en prácticas espirituales durante su proceso evolutivo con el propósito de preservar y difundir la artesanía tradicional religiosa, mística y ancestral.

Avadhutashram
Round Top, Nueva York, EE. UU.

El Sendero Retroprogresivo

El Sendero Retroprogresivo no requiere que formes parte de un grupo o seas miembro de una organización, institución, sociedad, congregación, club o comunidad exclusiva. Vivir en un templo, monasterio o *āśram* no es un requisito, porque no se trata de un cambio de residencia sino de consciencia. No te insta a creer, sino a dudar. No requiere que aceptes algo, sino que explores, investigues, examines, indagues y cuestiones todo. No propone ser como deberías ser, sino como eres realmente.

El Sendero Retroprogresivo apoya la libertad de expresión pero no el proselitismo. Esta ruta no promete respuestas a nuestras preguntas, pero nos induce a cuestionar nuestras respuestas. No nos promete ser lo que no somos ni lograr lo que no hemos alcanzado ya. Es un sendero retroevolutivo de autodescubrimiento que conduce desde lo que creemos ser a lo que somos en verdad. No es el único camino, ni el mejor, ni el más sencillo, ni el más directo, sino que es un proceso involutivo por excelencia que señala lo que es obvio e innegable pero que generalmente pasa desapercibido: lo sencillo, inocente y natural. Es un camino que comienza y termina en ti.

El Sendero Retroprogresivo es una revelación continua que se amplía eternamente. Profundiza en la consciencia desde una perspectiva ontológica, transcendiendo toda religión y sendero espiritual. Es el descubrimiento de la diversidad como realidad única e inclusiva. Se trata del encuentro de la consciencia consigo misma, consciente de sí misma y de su propia realidad. En realidad, este sendero es una simple invitación a danzar en el ahora, a amar el momento presente y a celebrar nuestra autenticidad. Es una propuesta incondicional a dejar de vivir como víctimas de las circunstancias para hacerlo como apasionados aventureros. Es una llamada a volver al lugar que nunca hemos abandonado, sin ofrecernos nada que no poseamos, ni enseñarnos nada que no sepamos ya. Es un llamado a una revolución interna y a entrar en el fuego de la vida que solo consume sueños, ilusiones y fantasías, pero no toca lo que somos. No nos ayuda a alcanzar nuestro objetivo deseado, sino que nos prepara para el milagro inesperado.

Esta vía fue nutrida durante una vida dedicada a buscar la Verdad. Consiste en una agradecida ofrenda a la existencia por lo recibido. Pero recuerda, no me busques a mí, sino que búscate a ti. No es a mí a quien necesitas, porque eres tú lo único que realmente importa. Esta vida es solo un maravilloso paréntesis en la eternidad para conocer y amar. Lo que anhelas yace en ti, aquí y ahora, como lo que realmente eres.

Tu bienqueriente incondicional,
Prabhuji

Prabhuji hoy

Prabhuji está retirado de la vida pública

Prabhuji es el único discípulo de S.D.G. Avadhūta Śrī Brahmānanda Bābājī Mahārāja, quien es a su vez uno de los más cercanos e íntimos discípulos de S.D.G. Avadhūta Śrī Mastarāma Bābājī Mahārāja.

Prabhuji fue designado como sucesor del linaje por su maestro, quien le confirió la responsabilidad de continuar el sagrado *paramparā* de *avadhūtas*, designándolo oficialmente como gurú y ordenándole servir como sucesor Ācārya con el nombre S.S. Avadhūta Śrī Bhaktivedānta Yogācārya Ramakrishnananda Bābājī Mahārāja.

Prabhuji es también discípulo de S.D.G. Bhakti-kavi Atulānanda Ācārya Mahārāja, quien es discípulo directo de S.D.G. A.C. Bhaktivedānta Swami Prabhupāda.

En el año 2011, decidió retirarse de la sociedad y adoptar una vida eremítica. Desde entonces, sus días transcurren en soledad, orando, escribiendo, pintando y meditando en silencio y contemplación. Ya no participa en *sat-saṅgs*, conferencias, encuentros, reuniones, retiros, seminarios, grupos de estudio o cursos. Les rogamos a todos respetar su privacidad y no tratar de contactarse con él por ningún medio para pedir encuentros, audiencias, entrevistas, bendiciones, *śaktipāta*, iniciaciones o visitas personales.

Las enseñanzas de Prabhuji

Como *avadhūta* y maestro realizado, Prabhuji siempre ha apreciado la esencia y la sabiduría de una gran variedad de prácticas religiosas del mundo. No se considera miembro o representante de ninguna religión en particular. Aunque muchos lo ven como un ser iluminado, Prabhuji no tiene la intención de presentarse como predicador, guía, *coach*, creador de contenido, persona influyente, preceptor, mentor, consejero, asesor, monitor, tutor, orientador, profesor, instructor, educador, iluminador, pedagogo, evangelista, rabino, *posek halajá*, sanador, terapeuta, satsanguista, apuntador, psíquico, líder, médium, salvador o gurú. De hecho, según Prabhuji la búsqueda del Ser es individual, solitaria, personal, privada e íntima. No se trata de un esfuerzo colectivo que debe emprenderse a través de la religiosidad social, organizada, institucional o comunitaria.

Por ello, Prabhuji no hace proselitismo ni predica ni intenta persuadir, convencer o hacer que nadie cambie su perspectiva, filosofía o religión. Otros pueden considerar sus reflexiones valiosas y aplicarlas total o parcialmente en su propio desarrollo, pero las enseñanzas de Prabhuji no deben interpretarse como un consejo personal, asesoramiento, guía, métodos de autoayuda o técnicas para el desarrollo espiritual, físico, emocional o psicológico. Las enseñanzas propuestas no aspiran a ser soluciones a los problemas espirituales, materiales, económicos, psicológicos, emocionales, románticos, familiares, sociales o corporales de la vida.

Prabhuji no ofrece milagros, experiencias místicas, viajes astrales, sanaciones, conectarse con espíritus, poderes sobrenaturales o salvación espiritual.Aunque el énfasis de Prabhuji no ha sido atraer seguidores, durante 15 años (1995-2010), consideró las solicitudes de algunas personas que se acercaron a él pidiendo ser discípulos monásticos. Aquellos que eligieron ver a Prabhuji como su maestro espiritual aceptaron voluntariamente votos de pobreza y dedican sus vidas a la práctica espiritual (*sādhanā*), la devoción religiosa (*bhakti*) y el servicio desinteresado (*seva*). Prabhuji ya no acepta nuevos discípulos, pero continúa guiando al pequeño grupo de discípulos veteranos de la Orden Monástica Ramakrishnananda que fundó.

Servicios públicos

A pesar de que el monasterio no acepta nuevos residentes, voluntarios, donaciones, colaboraciones o patrocinios, el público está invitado a participar en los servicios religiosos diarios y los festivales devocionales del templo Śrī Śrī Radha-Śyāmasundara.

Libros por Prabhuji

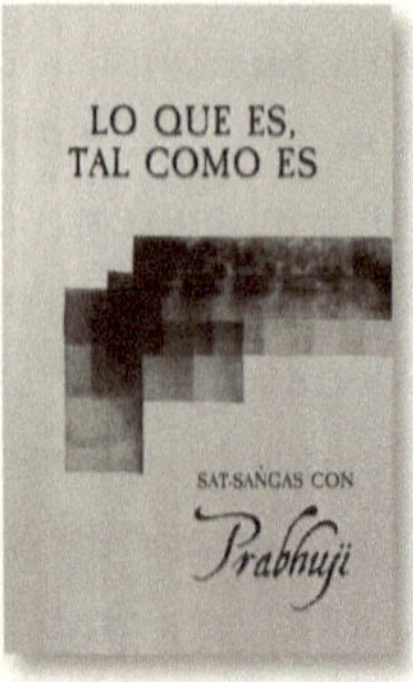

Lo que es, tal como es: Satsangas con Prabhuji (Español)
ISBN-13: 978-1-945894-27-5

What is, as it is: Satsangs with Prabhuji (Inglés)
ISBN-13: 978-1-945894-26-8
Ruso: ISBN-13: 978-1-945894-18-3

***Kuṇḍalinī-yoga*: El poder está en ti (Español)**
ISBN-13: 978-1-945894-31-2

Kundalini Yoga: The power is in you (Inglés)
ISBN-13: 978-1-945894-30-5

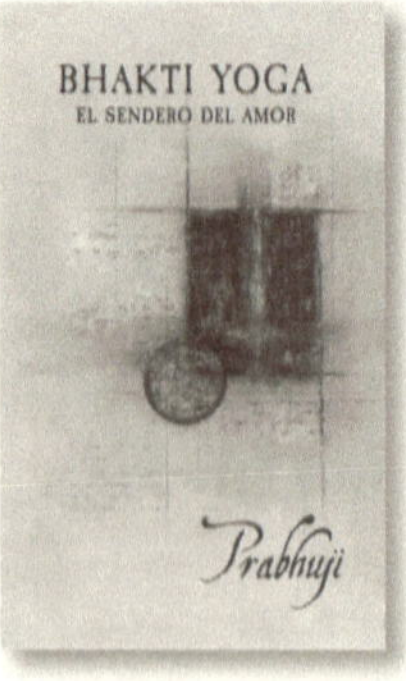

***Bhakti-yoga*: El sendero del amor (Español)**
ISBN-13: 978-1-945894-29-9

Bhakti Yoga: The path of love (Inglés)
ISBN-13: 978-1-945894-28-2

Experimentando con la Verdad (Español)
ISBN-13: 978-1-945894-33-6

Experimenting with the Truth (Inglés)
ISBN-13: 978-1-945894-32-9

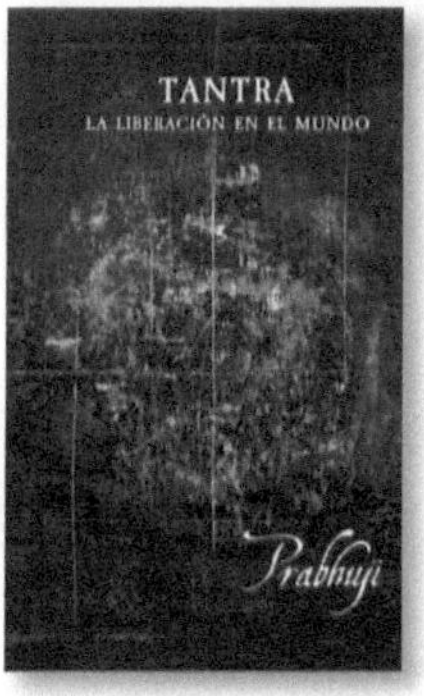

Tantra: La liberación en el mundo (Español)
ISBN-13: 978-1-945894-37-4

Tantra: Liberation in the world (Inglés)
ISBN-13: 978-1-945894-36-7

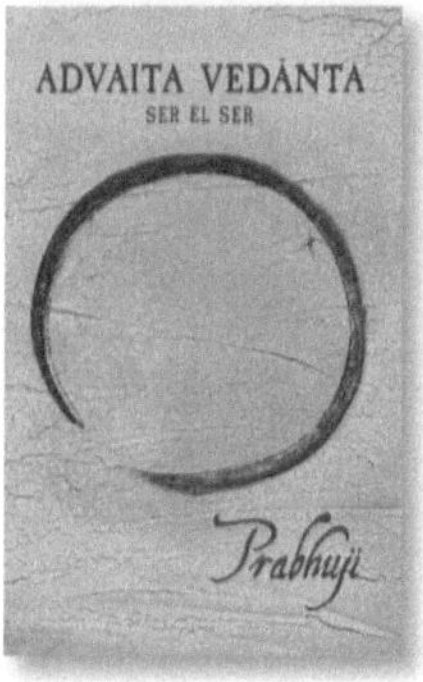

***Advaita Vedānta*: Ser el Ser (Español)**
ISBN-13: 978-1-945894-35-0

Advaita Vedanta: Being the Self (Inglés)
ISBN-13: 978-1-945894-34-3

***Īśāvāsya Upaniṣad*
comentado por Prabhuji**
(Español)
ISBN-13: 978-1-945894-40-4

***Īśāvāsya Upanishad*
commented by Prabhuji**
(Inglés)
ISBN-13: 978-1-945894-38-1

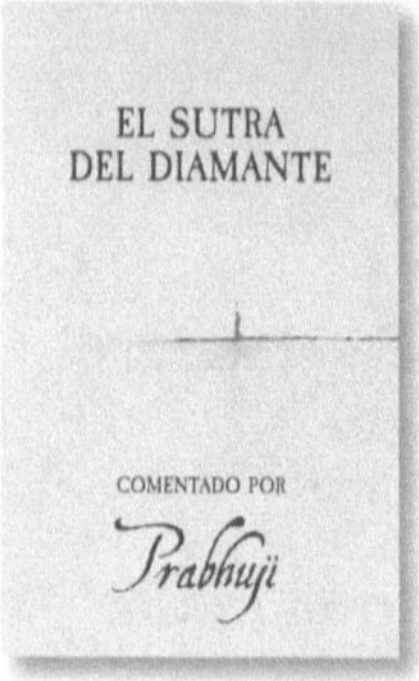

**El *Sūtra* del Diamante
comentado de Prabhuji**
(Español)
ISBN-13: 978-1-945894-54-1

**The Diamond *Sūtra*
commented by Prabhuji**
(Inglés)
ISBN-13: 978-1-945894-51-0

Soy el que soy
(Español)
ISBN-13: 978-1-945894-48-0

I am that I am
(Inglés)
ISBN-13: 978-1-945894-45-9

www.ingramcontent.com/pod-product-compliance
Lightning Source LLC
Chambersburg PA
CBHW030049100526
44591CB00008B/72
9781945894169